"十四五"高等职业教育规划教材

社 交 礼 仪

（第2版）

胡成富　著

中国财经出版传媒集团
中国财政经济出版社

图书在版编目（CIP）数据

社交礼仪／胡成富著．－－2版．－－北京：中国财政经济出版社，2020.9（2021.12重印）
“十四五”高等职业教育规划教材
ISBN 978－7－5223－0009－2

Ⅰ.①社…　Ⅱ.①胡…　Ⅲ.①社交礼仪－高等职业教育－教材　Ⅳ.①C912

中国版本图书馆CIP数据核字（2020）第168856号

责任编辑：葛　新　　　　责任校对：张　凡
封面设计：陈宇琰　　　　责任印制：刘春年

社交礼仪（第2版）
SHEJIAO LIYI

中国财政经济出版社出版

URL：http：//www.cfeph.cn
E－mail：cfeph@cfeph.cn

社址：北京市海淀区阜成路甲28号　邮政编码：100142
营销中心电话：010－88191522　编辑部门电话：010－88190640
天猫网店：中国财政经济出版社旗舰店
网址：https：//zgczjjcbs.tmall.com
北京中兴印刷有限公司印刷　各地新华书店经销
成品尺寸：185mm×260mm　16开　15.5印张　330 000字
2020年12月第2版　2021年12月北京第2次印刷
定价：36.00元
ISBN 978－7－5223－0009－2
（图书出现印装问题，本社负责调换，电话：010－88190548）
本社质量投诉电话：010－88190744
打击盗版举报热线：010－88191661　QQ：2242791300

前言

礼仪，是人类社会长期交往的产物，是人类文明与进步的象征，它与人类历史一样长久，是人们社会交往的一种行为规范。随着社会的发展与进步，特别是随着世界各国在经济、政治、文化等领域的交流不断扩大，礼仪已成为国际交往和社会交往的一门重要知识，它在具有民族文化特点的同时，越来越具有跨文化性即国际通用性。

我国素有"礼仪之邦"之美称，有着优良的礼仪传统，它成为灿烂的民族文化中不可缺少的一部分。随着我国改革开放的深入发展，特别是对外交流的日益增加，礼仪知识的学习和培训受到了社会各个行业的广泛重视，学礼仪、讲礼仪已经成为一种社会风尚。同时将礼仪的学习和培训与净化社会风气，加强社会主义精神文明建设，建立和谐社会联系在一起。

本教材在编写中贯彻了教育部关于深化职业教育改革，全面提高人才培养质量的要求，着眼于素质教育，突出职业特点，重视实践教学，加强案例教学和实训环节。本教材适用于高等教育文秘专业、旅游管理专业、酒店管理专业、民航服务专业以及相关专业的教学，同时也可以作为一些大型会议活动服务行业人员礼仪培训教材。

本教材的编写者胡成富教授多年来一直从事该领域教学，具有丰富的实践经验。本教材自2005年出版以来，有近百所院校使用，广受好评。本次修订再版，根据礼仪发展变化实际，对教材内容进行了重新调整和修改，并增加了新的内容。

在本教材的编写过程中，得到了有关院校领导、老师和空中乘务专业学生的关心和支持。同时，编写过程中参考了许多专家学者的有关著述，在此一并表示诚挚的谢意。

由于作者水平有限，加之时间较紧，书中难免存在错误和疏漏，望广大师生和读者予以指教和纠正，使其日臻完善，以飨读者。

本教材能为教学改革起到抛砖引玉的作用，成为读者的良师益友，则是作者的最大欣慰。

作者

2020 年 7 月

目录

第一章

礼 仪 概 述

——人类交往的默默伴侣

内 容 提 要

本章主要介绍礼仪的含义、发展、特性、原则、功能及礼仪的学习。通过本章的学习，对礼仪的知识从整体上加以了解和把握。

重点和难点

礼仪的定义，礼仪的原则和养成。

第一节 什么是礼仪

一、礼仪的含义

礼仪（Etiquette），伴随人类社会的交往而产生，又伴随人类的发展而发展。人类社会发展到今天，礼仪越来越具有跨文化性，越来越具有世界通用性。它已成为当今人们交往活动的一种行为规范，成为社会交往乃至国际交往活动中的“通行证”和“入城钥匙”。

那么究竟什么是礼仪呢？现代礼仪学的观点对礼仪的含义界定为：礼仪是人类社会交

往的产物，它一般是指人际交往活动中所形成的那些具体行为规范以及国家或社会团体在社会活动和交往中所采用的一种形式化、规范化的行为准则。比如，不同社会成员在人际交往中的相互称呼、握手、介绍、馈赠等有关礼节与礼貌；在一些较为正式的社会活动和社交场合常常会有些仪式，如各种典礼仪式、剪彩仪式、庆典仪式、迎送仪式等。这些都属于礼仪。

礼仪概念的内涵较为深刻，外延较为广泛。应主要从以下两个方面加以把握：

1. 礼仪是人类社会长期交往的结果，与人类社会是一对孪生兄弟，默默的伴侣

礼仪伴随人类交往活动而产生、发展和变化，是在长期交往活动过程中逐渐形成的。可以说，任何一种礼仪的具体方式都可追寻到它形成变化的历史痕迹与线索。不论是我国几千年的历史，还是世界各国的历史中都可以很清楚地看到这一点。比如，人们见面总少不了握手。据考证，握手这种礼节，一是来源于早期的人类社会，那时，人们为了生存，外出时手中总要拿着棍棒、石器等用以自卫，当彼此表示友好没有敌意时，就放下手中武器以掌相击，久而久之演变成今天的握手礼节；二是来源于古代欧洲，双方见面为了表示友好手中没有武器，以手相握而成为握手的礼节。因此，礼仪与人类社会的文明史共存，是人类文明与进步的一个重要表现；同时它也与一个民族的政治、经济、文化、历史融为一体。

2. 礼仪是一个广泛的概念，应从两个方面加以理解

第一，礼仪是指人们在社会生活中，通过人际交往而形成的礼节、礼貌。礼貌是指在人际交往时应具备的品质与行为；礼节则是在人际交往中惯用的形式。它实际上是礼貌的具体表现方式。没有礼节，就无所谓礼貌；讲礼貌就必然伴有具体的礼节。这些礼貌、礼节是人际交往中具体的言行规范，它比较具体、微观、细小。我们可以将它概括为一个“礼”字。

第二，礼仪是指国家或社会团体在正式场合交往活动中所采用的规范化、形式化的仪式。比如，古代有各种祭祀仪式，现代社会中结婚有婚礼仪式，学校有开学典礼仪式和毕业典礼仪式，外国元首来访有欢迎仪式等。这些仪式是比较正式的、规范的、有一定规模的。我们可把此概括为一个“仪”字。换言之，前者的“礼”是具体的交往言行规范，后者的“仪”是正式化、形式化的仪式。

至此，礼仪有广义与狭义之分。狭义即指“仪”的内容——即正式的仪式活动；广义则指“礼”与“仪”二者的统一。我们所说的礼仪，一般是从广义角度而言的。

当然，从不同的角度，对礼仪这一概念可以做出不同的理解。比如：

从交往的角度看，礼仪可以被理解为是人际交往中的一种交际方式、方法，是一种交往的艺术。

从个人修养的角度看，礼仪可以被认为是一个人的内在的修养和素质的外在表现。

从道德的角度看，礼仪可以被界定为待人接物、为人处世的行为准则。

从民俗风习的角度看，礼仪可以说是在人际交往中所应遵从的风俗习惯。

从传播学的角度看，礼仪是人际交往中的信息沟通和传播的技能与技巧。

从美学的角度看，礼仪是人的心灵美的外在表现。

从社会管理的角度看，礼仪是一种社会规范，是保持良好社会秩序的重要规范和约束。

从社会精神文明建设的角度看，礼仪可使社会成员和公民保持行为美，语言美，互谅互让，体现良好的社会公德。

从文化的角度看，礼仪是人类交往实践的产物和结晶。一个时期的礼仪是一个时期文化的缩影。

以上对礼仪的不同角度的诠释，可以更全面地准确把握礼仪这一概念。

二、礼仪的性质

礼仪，应该属于社会规范的范畴，具体应该属于民族文化中的规范文化。什么是文化？简言之，文化是指人类有意识的劳动所形成的一切成果。文化离不开一定的民族，因此，文化都具有一定的民族性。民族文化是一个民族生存发展的魂。中华民族几千年历经磨难却生生不息，就是因为中华民族文化锦延有继从未断裂过。

文化主要由三种成分构成。

（一）物质文化

物质文化主要指人类通过劳动所创造出来的物质成果。物质文化具体形式非常多，比如，各种建筑、各种工具、各种用品、各种凝结着劳动的食品等。大的如万里长城、运河；中的如各类建筑群，西安的唐城、中国香港的宋城、北京十大建筑；小的如一根针、一双筷子等。

（二）认知文化

认知文化主要指人类用以观察世界、了解世界、认识世界的手段，主要由思想、态度、价值、信仰等构成，其代表是“知识”。知识即为狭义的文化。各种科学知识、理论学说就是认知文化的结晶。

（三）规范文化

规范，就是人们行为的规则、做事的方法、行动的要求等，它是社会成员行为的准则。在社会生活中形成了各种各样的社会规范，成为一个国家、一个民族、一个社区、一个群体正常运行的基础。

可见，礼仪主要是调节社会行为或交往行为的规范。礼仪与民族文化关系十分密切，礼仪是民族文化的一种具体形式，主要包括在认知文化和规范文化中，特别是规范文化。可以说，礼仪就是一种规范文化。它虽然与阶级相联系，与道德相联系，但不属于阶级和道德的范畴。比如，一个人在与他人交往时礼节不周，人们一般只会认为这个人不懂礼节、礼貌，而不会认为他不讲道德。

三、礼仪的特征

礼仪的特征主要体现在四个方面。

（一）社会历史性

礼仪不是个人意志的产物，而是人类社会长期发展形成的。人类要生存和发展，需要进行各种形式的生产和活动，而任何一种形式的生产和活动想要顺利完成，就离不开他人的协助和帮助，这就需要和他人进行交往；不仅要有个体间的交往，社会的发展和进步更需要团体间、地域间、民族间、国际间的交流和合作。在这些个体间的交际和团体间的交往过程中就形成了礼仪。任何一种礼仪都能看到其历史痕迹，礼仪是人类历史发展的产物，是人类历史交往的伴侣。

（二）民族文化性

礼仪与一个民族的风土人情、习俗习惯密切联系在一起。任何一种礼仪都是在一定的民族发展进程中形成、发展的。因此礼仪与民族文化，特别是与一个民族的风俗习惯联系得更为紧密，它是民族文化的缩影，是民族文化的一部分，脱离民族文化的礼仪是不存在的。在一定意义上讲，“礼出于俗，俗化为礼”。饮食是文化，建筑是文化，艺术是文化，风俗是文化，礼仪也是一种文化，是一种民族文化。但也应该看到，随着民族的交往，特别是国际交往的开展，礼仪又有一定的共通性。因此，礼仪既有民族文化性，同时又具有跨文化性、国际性。为此，我们学习礼仪知识，不仅要了解国际交往中的通用性礼仪，同时也要注意不同民族文化背景下的民族性礼仪，特别是要了解不同民族的习俗与禁忌。同时我们也要看到，由于民族文化的差异性，所以不同民族的礼仪也具有差异性，特别是东西方文化的差异会使得往往同一个言行可能会大相径庭。比如，点头礼，有一些民族是表达同意的意思，而有一些民族则恰恰表达的是不同意的意思。

（三）约定俗成性

礼仪不同于法律法规和规章制度，其具有非强制性，它是在长期交往过程中逐渐形成的，为越来越多的人所自愿接受并照着去做，约定而俗成，成为一种交往行为的规范，共同遵守。正因为礼仪的约定俗成性，决定了礼仪对人的言行举止具有约束作用，但这种约束不像法律、法规那样具有外在强制，而是来自周围的、环境的、舆论上、心理上的压力形成的约束，可以更多地触及一个人的心理。

（四）继承发展性

礼仪在交往中形成，但又不是一成不变的。它在继承以往礼仪的一些合理内容和形式的同时，又随着社会的政治、经济、文化的发展而发展变化。旧的礼仪逐渐被剔除，具有新的时代气息的礼仪被采用。社会变迁越快，礼仪相对变化也会快一些。回顾我国改革开放 40 多年政治、经济、文化的发展变化，与之相联系的礼仪，特别是与人们的生活方式、行为方式相联系的礼仪，也发生了不少的变化。纵观历史，礼仪发展变化的总趋势是：逐渐简化、更加灵活、更加注重实效。

第二节 礼仪的发展

礼仪作为一个学科体系，是在现代社会形成的。随着理论的研究和社会实践的发展，它逐渐成为一门新兴的人文科学。从礼仪的历史渊源看，它是从古代礼仪不断继承和扬弃而来的。任何一个民族、一个国家的礼仪，最初都是伴随人们的交往过程逐渐形成的。其礼仪最初的“原生态”往往与他们的居住环境、生存条件、出行方式、劳动样式、生活方式，以及他们的习俗、习惯，乃至于他们的宗教信仰，以至于社会的生产力、生产关系的发展变化等紧密相关。

一、我国古代礼仪

中国是一个有五千年文明历史的国家，更是一个自古文明于世的礼仪之邦。早在三千年前的西周时期，就已基本形成了我国古代礼仪的框架。到了春秋时期，更是由孔子、孟子、荀子等人集大成之，集中体现在《三礼》即《周礼》、《仪礼》、《礼记》三部儒家经典著作之中。特别是以孔子为代表所形成的礼仪体系，一直影响中国社会长达二千多年，至今还对我国乃至东亚各国和世界一些国家产生着深刻影响。

在中国古代，礼仪的含义十分广泛，与现代的礼仪含义有很大的不同。我国古代的礼仪基本有四种含义。

(1) 礼仪是国家的典章制度，它包括了政治、经济、文化、军事制度等，被视为“国之根基”、“君之大柄”。孔子则明言“礼者何，即事之治也”。这一含义集中体现在《周礼》的论述中。《管子·枢言》指出：“法出于礼，礼出于俗，并将其确定为“国之四维”——“礼、义、廉、耻”，是治国的纲纪准则。《管子·牧民》指出：“国有四维，一维绝则倾，二维绝则危，三维绝则覆，四维绝则灭。倾可正也，危可安也，覆可起也，灭不可复错也。”可见，在我国古代把礼仪的这一含义看得多么重要。

(2) 礼仪是做人的道德规范，强调礼仪在社会生活中的作用。对人必须“约之以礼”。孔子曾说：“礼者，人道之极也。”从这个含义上看，我国古代把礼仪与做人的道德密切联系在一起，在一定意义上认为礼仪不周就是缺乏道德，这比今天人们对礼仪的道德性看得更重要。

(3) 礼仪是指个人和社会的行为准则，强调礼仪调解人际交往的作用。孔子曾提出“非礼勿视，非礼勿听，非礼勿言，非礼勿动”。在《礼记》中就有“礼，不逾节，不侵侮，不好狎”，其意为以礼仪来调节人际交往的行为。这一含义在《周礼》、《仪礼》中也有许多的论述。

（4）礼仪是指各种正式场合中的仪式，在古代祭祀、庆典等一些场合中体现得很明显。比如，西安的天坛（古称“圜丘”，比北京的天坛早近千年）就是当时祭天用的，祈求风调雨顺，古籍中有详细祭祀仪式的记载。管仲说：“礼仪者，尊卑之仪表也，故动有仪则令行。”他所说的礼仪指的就是仪式。这一含义在《仪礼》中有很多的论述。

我国古代礼仪的核心是维护封建等级制度，坚持人的等级差别。“刑不上大夫，礼不下庶民。”同时，我国古代的礼仪也具有明显的二重性：一是指出了礼仪的一些基本原则，行为规范，“礼之用，和为贵”，是礼仪的基本要求，具有一定的通用性、社会性，为现代礼仪所借鉴；二是礼仪的实质是维护封建统治制度，具有鲜明的阶级性，是糟粕，这一点是理所当然地被否定和抛弃的。今天我们学习礼仪，就是要继承我国古代礼仪中那些优秀的内容，并将其发扬光大。

二、我国现代礼仪

我国现代礼仪是在继承我国古代礼仪和其他优秀民族礼仪基础上发展形成的。我国现代礼仪与我国古代礼仪存在三大不同：

（1）基础不同。古代礼仪是以封建等级制度为基础的，而现代礼仪是以社会平等、人格平等为基础的。

（2）目标不同。古代礼仪是以维护封建统治秩序为目的的，而现代礼仪则重视人际交往的顺利与和谐。

（3）范围不同。古代礼仪往往只限制在上层社会，“礼不下庶民”，与平民百姓无关。而现代礼仪则存在于各种人际交往活动中。

由此可见，我国现代礼仪的核心内容是指人际交往的行为规范，是社会秩序的“润滑剂”，是社会文明进步的体现。

我国现代礼仪不仅继承了我国古代礼仪的精华，而且也吸收了国外其他民族优秀的礼仪，特别是现代国际礼仪中有益的内容，为我所用。现代国际礼仪主要是在西方民族文化和西方古代礼仪基础上形成和发展起来的。由于东西方民族文化的差异性和历史背景的不同，现代国际礼仪不仅与我国古代礼仪有明显区别，也与我国现代礼仪有一定的差别，主要表现在西方礼仪在礼仪活动中强调个人至上、强调礼仪价值、强调礼仪的交际务实三个特点上。当然，由于世界经济和文化的不断交流与融合，国际交往的不断扩大，全球经济一体化的发展，我国现代礼仪中越来越多地吸收了国际礼仪中一些具有普遍性的内容，为此，在一些国际交往中必须要遵循相关的国际礼仪惯例，这是十分必要和重要的。继承我国优秀的文化遗产，吸收人类一切优秀的文化成果，这也是我们学习现代礼仪应有的正确态度。

第三节 礼仪的原则

我们这里所说的礼仪原则是指在日常的社交礼仪活动场合中，应该遵循的一般的、共同的礼仪规律，它具有普遍的指导意义。掌握这些礼仪原则，才能更好地学习礼仪，运用礼仪，使人际交往和礼仪活动得以顺利进行。

一、平等的原则

这一原则要求在礼仪活动中，对交往的对象必须平等相待，一视同仁。我们的交往对象不管在年龄、性别、种族、文化、职业、身份、地位、财富等方面是否相同，也不管他们与自己的关系亲疏远近，都应该给予相同的待遇。绝不可厚此薄彼，分成等级，“看人下菜碟”。当然，在社交活动中运用礼仪时，允许因人而异，因事而异，根据不同的交往对象采取不同的具体方法。平等的原则是礼仪活动的基础。

二、真诚的原则

这一原则要求在人际交往中运用礼仪时，要以诚待人，真心诚意。具体而言就是不能虚情假意，表里不一。只有这样，在运用礼仪时才能表现出对交往对象的尊敬和友好，才能被对方接受和理解，从而达到增进友谊，加强合作的效果。如果仅仅把礼仪当成一种交往的手段，甚至把礼仪当成一种道具和伪装，口是心非，言行不一，表里不一，弄虚作假，投机取巧；或当时一套，事后一套，求人时一套，被人所求时又是一套，这就有悖礼仪的基本宗旨。把礼仪当成“厚黑学”，肯定是行不通的，必然是要失败的。真诚的原则在各行各业礼仪服务和社会交往中是非常重要的。

三、宽容的原则

这一原则要求我们在礼仪活动中，既要严于律己，又要宽以待人。在人际交往中，要允许他人有个人行动和独立进行自我判断的自由。对不同于自己和不同于众人的行为，应该给予存在的空间，给予理解和体谅。要尊重人，容忍人。千万不要求全责备，过分苛求，也不必要求他人处处效法自己，与自己所要求的保持完全一致。礼仪交往的具体行为如何，应该让对方自己在交往活动中加以体验和纠正。这是尊重对方的表现。曾经有这样一个例子：刚到某公司公关部的小王，一次他跟随公司老总去参加一个社交活动。活动中，他的老总与另外一家公司的老总谈话时，他发现对方老总背靠沙发，跷起二郎腿，一副傲慢的样子，于是他就有意无意地加以纠正。结果对方老板当场表示歉意并说明自己腰椎有疾，所以才背靠沙发。结果弄巧成拙，很是尴尬。

四、自律的原则

这一原则要求我们在具体运用礼仪时，要做到自我约束、自我控制、自我要求、自我对照、自我反省、自我检查。古人云："己所不欲，勿施于人"。从总体上看，礼仪规范由对待自己的要求和对待他人的做法两大部分构成。对待自己的要求是礼仪的基础和出发点。只有从自身做起，才能影响他人，感动他人，才能使交往顺利进行。一个人在交往活动中能够做到慎独和克己自律，遵守礼仪，一定会受到别人的喜爱和尊重。

五、敬人的原则

这一原则要求我们在交际活动中运用礼仪时，对交际对象既要互谦互让，互尊互敬，友好相待，和睦相处，更要对交往对象重视、恭敬、友好。孔子曾说过："礼者，敬人也"。可见，在礼仪交往的两大构成部分中，如何对待交往对象比如何要求自己更为重要。这实际上是礼仪的核心和灵魂。这就要求敬人之心长存，不可失敬于人，不可有损于他人的自尊，更不可伤害他人的人格。

如何做到敬人的原则呢？礼仪专家们曾提出敬人三 A 原则，即接受（Accept）、重视（Appreciate）和赞美（Admire）。

接受，就是对交往对象要热情相迎，不得怠慢，不得冷落，不得排斥。在礼仪活动中，对交往对象不能分亲疏、分等级，应一律以礼相待。

重视，就是关心、关注对方，做到目中有人，"我的眼里只有你"。要真正地重视交往对象应该注意三点：一是记住重要的交往对象的名字，特别是有四类人员的名字要记住，即非常非常重要的对象（英文为 VVIP）、非常重要的对象（英文为 VIP）、重要的对象（英文为 IP）、特殊对象（英文为 SP）。记住交往对象的名字要注意两点：不要记错名字，张冠李戴；不要读错名字，名字中有不认识的字千万不要乱读，否则将是非常难堪的。二是善用尊称。要根据交往对象的身份、地位，交往的时间、地点、场合，来准确地进行角色定位，把握正确的尊称。千万不能随心所欲想当然地称呼对方。三是注意倾听。当和交往对象进行沟通时，要放下手中的事情，专心致志地倾听，目视对方，以眼神、笑容或点头来表示自己正在洗耳恭听，绝不能敷衍了事或三心二意。

赞美，就是在交往过程中，对交往对象进行恰到好处地表示欣赏、肯定、称赞和钦佩。当然。赞美要注意适可而止、实事求是和恰如其分这三点。

敬人的原则也是尊人的原则，要尊重交往的对象。这里涉及现实社会礼仪交往中的越来越被广泛认可的三个共识。一是"女士优先"的原则。其是指在社交场合中应该做到女士优先。这体现了人类社会对女性伟大的尊重。二是尊重隐私的原则。其是指在社交场合每个人的隐私都应该得到尊重。特别是在涉外交往活动中更是如此，在国内现在也越来越被重视，特别是对个人的三大隐私（女士的年龄、婚姻、经济收入）不要打听、询问、传播等。三是尊重风俗的原则。其是指在社交场合要尊重交往对象的习俗。特别是对少数民族的风俗习惯和信仰方面的习俗等一定要重视、尊重。

六、遵守的原则

这一原则要求我们在具体运用礼仪时，每一位参与者都必须自觉、自愿地遵守礼仪的要求，以礼仪去规范自己在实际活动中的一言一行，一举一动。这一原则适用于任何参与礼仪交往的人。不论他的身份、职位、学历、资历、年龄、性别、财富等如何，都应自觉地遵守、应用礼仪。因为礼仪活动不是单方面的，而是双方面的，不能一方遵守而另一方不遵守，那样，礼仪活动就会难以顺利进行，交际就难以成功。对于礼仪，不仅仅只是为了学习。了解礼仪知识，更重要的是要在实际中加以应用，付诸实践。遵守的原则要求人人自觉遵守礼仪规范，但同时更要求首先要从自我做起。每个人都这样去做了，遵守礼仪就会在全社会蔚然成风。

七、适度的原则

这一原则要求我们在具体运用礼仪时，必须注意方式方法，使之合乎规范，把握分寸，恰当得体。具体地说要注意以下几点：

一是要内外有别。这里所说的“内与外”是相对而言的，如国内外、区域内外、群体内外等。因为内与外是两个不同的范畴，由于文化的差异、规范的不同、认知的区别，实施礼仪行为时要注意区别。我国古代就有“十里不同风，百里不同俗”的经典之言，就是说风土人情有很大的不同。同理，在交往活动中运用礼仪时，一些具体的礼仪要求也是不尽相同的，为此必须要区别对待，做到适度。

二是要根据不同的时间、地点、场合、情景，做到分寸得当，恰到好处。时间、地点、场合、情景不同，就要具体情况具体对待，切不可一成不变。比如，对同样的一个人，在不同的交际场合，对他的称谓就应该有所不同。因为他的角色发生了变化，就必须根据角色的定位不同采取恰当的称谓。一名公司的经理同时又是一名员工的师傅，那么这位员工在集体场合称呼经理为师傅就很不合适，因为这样称呼混淆了职业角色与个人之间的关系；若在私下交往的时候称呼经理，就会使亲密的师徒关系产生疏远感。再如，现在一些航空公司的空乘人员在面对乘客的环境下，相互以“张姐”、“王哥”等相称，就很不合适。可见，适度的原则是很重要的。

三是要热情有度。礼仪交往中需要热情，对交往的对象要表现出积极主动的态度，而决不能表现出高傲自大或摆出一副冷冰冰的面孔。但是也必须要适度，关心和热情不能过分，否则，会让人感到虚伪、不舒服、不自在。比如，现在许多服务行业人员十分重视服务礼仪，对客户非常热情，但往往没有注意到热情有度，导致顾客十分反感。礼仪做得不到位，不能很好地表达自己的敬人之意；但凡事过犹不及，运用礼仪过了头，也会适得其反，这也是必须注意的。运用礼仪要真正地做到恰到好处，恰如其分，就要认真学习，勤学苦练，勇于实践。这是唯一的途径。

八、随俗的原则

这一原则要求我们在具体运用礼仪时，要做到“入乡随俗”。这是因为交往的范围非常大，交往的对象非常广，国家、民族、地域的不同，文化、风俗、习惯的差异，等等。这就要求在交往的时候，为了使交往的双方能够相互尊重，交往能够顺利进行，交往者就要注意入乡随俗。具体地说要注意以下几点：

一是要尊重对方习俗，这是前提。一个民族、一个地域的风俗习惯，是在其长期的历史发展过程中形成的，是其文化的一部分，并融入其生活的各个方面，如饮食、服饰、交往、婚俗等生活方式的方方面面。任何一种风俗习惯一旦形成，就表现出相对的稳定性，轻易不会发生变化；同时，任何一种风俗习惯都有其合理的因素，不能简单地说某一种风俗习惯是好，而另外一种风俗习惯是坏。为此，在交往中各方必须平等相待。不论国家大小、民族强弱、人种的差别、性别的不同、财富的多寡、地位的高低等，都不能以自己的爱好、习惯来要求对方适应自己，或以自己的方式为中心，我行我素。这样去做，交往肯定难以顺利进行。

二是交往前要问俗，这是保证。尊重习俗，交往前就要问俗。只有了解交往对象的具体风俗习惯是什么，有哪些习俗和禁忌，才可能真正做到入乡随俗。比如，香港回归祖国前，中国人民解放军驻港部队在进驻香港前，每个军人都要认真学习香港各个方面的相关知识，包括交往礼仪和习俗等，以保证在香港执行任务时做到准确无误。在社会交往要做到“三问”，即“入境问禁，入国问俗，入门问讳”。

三是交往中要随俗，这是原则。在不违背有关原则的前提下，交往中尽量做到随同对方的习俗。具体体现在两个方面：作为客人时做到“客随主便”；作为主人时做到“主随客便”。

九、从简的原则

这一原则要求我们在具体运用礼仪时，要从实际出发，在不影响礼仪效果的时候，应该注意简化，不要搞烦琐哲学；不能脱离实际，死抱条条框框不放。古人曾指出：“礼繁则难行，卒成废阁之书”。把礼仪搞成繁文缛节，必将使礼仪脱离群众，曲高和寡。礼仪也有一个内容和形式的问题。内容是指礼仪活动的主题、目的、要求、效果；形式是指具体的方式。应该做到内容和形式的统一。执行从简的原则应该注意两点：

一是在不影响礼仪交往效果的前提下，应该做到尽量简化。这是因为随着人民的物质生活和文化水平的提高，生活节奏的加快，社会压力的加大，人们在交往中对简化、简单、简捷的要求已成为共同心理和愿望。同时也应该看到，礼仪形式并非越复杂越好，繁文缛节已与时代不符。

二是在不影响礼仪效果的前提下，应该注意节约，不要不切实际地讲排场、搞场面、造声势、摆阔气；要重实效、讲质量。为此，礼仪安排要有针对性，从实际出发，做到热情、周到、友好、细致。礼仪从简已成为一种趋势和潮流，这一点不仅在世界各国的外交礼仪中已经明显地表现出来，同时从我国近些年来的涉外礼仪改革中也已经充分地体现出来。因此，我们在社交礼仪和工作礼仪中更应该注意这一点。

第四节 礼仪的功能和学习

一、礼仪的功能

礼仪是在长期的人际交往和社会交往中逐渐形成和发展的。我国经过 40 多年的改革开放，人民的物质生活和文化水平有了很大的提高，20 世纪末已经从整体上进入了小康社会，2020 年中国全面建成小康社会，人们的生活方式和交往方式都发生了深刻的变化；我国的综合国力大大增强，在世界上的地位越来越高，我国的对外交往和交流日益增多。因此，学习礼仪、应用礼仪，已经成为当今的一种时尚，受到社会各界的普遍重视。之所以人们越来越重视对礼仪的学习和应用，是因为学习、应用礼仪有着重要的意义。概括地说，礼仪的功能主要体现在四个方面。

（一）协调人际关系，促进社会交往

不论礼节礼貌还是各种礼仪，都是约定俗成的言行规范，是人际交往和人际关系的“润滑剂”。学习和掌握它，特别是能自觉地遵守它，就能使交往顺利地进行，否则会引起不必要的麻烦，使交往难以成功。比如，当我们参加一些社交活动，如宴请或舞会时，不知道宴请、舞会的一些礼节礼仪；或与他人交往见面时不会正确地称呼他人，举止谈吐礼节不周，那么轻则闹出笑话，被他人视为不懂规矩，重则会被视为“不受欢迎、不可交往的人”。笔者多年前就亲身经历过一件难忘的事情，也正是这件小事让笔者在社交中时时处处注意礼仪，讲究礼仪。多年前，笔者应邀去市内一所学校讲课，去时为了简便，自己骑自行车去的。没想到因路不熟时间又紧，到了三岔路口就不知道该怎么走了。这时路边正好有一个修理自行车的老汉，心想他肯定熟悉路。因着急，就单腿跨车停在路边问他：“老师傅，理工大学怎样走?”没想到他抬起头看看我后并没马上回答，而是对我说：“你能不能把腿放下来再问我”。这时我才感到非常失礼，赶紧把单跨在自行车上的腿放下来并表示歉意，之后他才告诉我怎么走。在路上我一直在想，连修理自行车的老汉都注意你是否讲究礼节，不懂礼貌，不讲礼仪，真是寸步难行。在当今社会，不懂交往、不会交往的人很难取得事业上的成功。要学会交往，建立良好的人际关系，就必须学习掌握必要的礼仪知识，并自觉地加以运用。

（二）加强国际合作，促进国际交流

随着我国改革的不断深化、对外开放的不断扩大，我国的国际地位日益提高，国际交流和国际合作也在不断地发展和加强。在国际交流与合作中，自觉地遵守相关的涉外礼仪已成为国人的一种共识。只有很好地了解、学习礼仪知识，认真遵守这些礼仪规范，才能更好地促进国际交流与合作。比如，涉外活动中的迎送礼仪，就要严格按着国际通行的惯例去做。否则，不仅会影响与交往对象国的关系，而且会影响自己在世界的形象。所以，涉外交往中的礼仪关系重大。同样，作为涉外工作的具体工作人员必须要懂得有关涉外礼仪常识，并认真去遵守，不然就会影响工作的开展，甚至影响国与国之间的关系。这方面的教训有很多。比如，在20世纪80年代初期，有一次中东地区某国家的一位外交官夫人到我国某城市观览，当地政府举行了热情的欢迎宴会款待外交官夫人一行，由于服务人员在上菜时不懂得该国的有关习俗与禁忌，不知道有“左手忌”的问题，引起这位外交官夫人极大不满，一气之下掀翻了餐桌，造成了极坏的影响，使本来热情友好的宴会不欢而散，十分尴尬。类似的问题在一些涉外经济活动中也时有发生。有一家生产药品的企业，它的设备和技术都很好，就是因为要上一个大的项目缺少资金，想要和德国一家企业合作引进资金，德国企业也有意联手。可就在这家德国企业代表团来厂进行考察后准备签订协定书前，该药厂的厂长在高兴之时习惯地往地上吐了一口痰。可他怎么也没想到，就是因为他的一口痰，吐走了合作伙伴，吐掉了一笔大生意。在他看来，就一口痰有何大惊小怪。可在外国人看来，厂长的一口痰折射出企业的生产卫生环境，代表了企业的形象和员工的素质。可见，在国际合作与交流中，礼仪知识的学习和应用非常重要，它常常涉及很强的政治与外交政策方面的严肃性问题。

我国从加入世贸组织到共建“一带一路”，与世界各国在政治、经济、文化、科技、体育、军事等方面的交流与合作越来越多，越来越深入。我国多次举办具有世界影响力的大会，如APEC大会、亚太经合组织大会、博鳌论坛、东盟“10+1”会议、中国国际进口博览会、奥运会和冬奥会，以及科技、文化、军事、科技等世界盛会，我国和世界各国的交流和合作将会更加广泛。因此，学习礼仪知识，加强礼仪培训，遵守礼仪规范，促进国际交流，应该成为我们每个人的自觉行动。

（三）规范个人言行，提高自身修养

一个人修养的好与坏，代表着一个人素质的高低，反映社会的文明与进步。一个人的修养受到多种因素的影响，但基本包括两个大的方面：一是文化水平的高低，二是德行教养的好坏。二者概括起来就是一般所说的“文化教养”。对一个人的修养而言，文化与教养相互影响又相互区别，共同制约着人的修养，但二者的作用又是不同的。文化的高低代表着一个人的知识水平，虽然与人的修养有关，但不能直接体现一个人的修养；相反，一个人的教养则直接表现着一个人的修养。在人际交往中，礼仪往往是衡量一个人文明程度的准绳。它不仅反映一个人的交往技巧和应变的能力，而且还反映一个人的气质风度、道德情操、阅历见识、精神风貌。这些常常通过一个人交往中的言谈举止体现出来。因此，在这个意义上，完全可以说礼仪就是教养。有道德才能高尚，有教养才能文明。通过一个人对礼仪运用的程度，可以知晓他教养的高低、文明的程度和道德的水准。同样，一个人通过学习礼仪，运用礼仪，就会有助于规范个人言行，提高自身修养。

（四）净化社会风气，促进文明建设

我国素有“礼仪之邦”之美称。随着社会的发展和进步，发“礼仪之邦”之传统，扬“礼仪之邦”之美名，是今天我们实现中华民族伟大复兴，建设社会主义现代化强国的重要内容，也是我国社会主义精神文明建设的一个重要内容。我国古人就曾指出：“礼仪廉耻，国之四维；四维不张，国乃灭亡”，“道之以政，齐之以刑，民免而无耻；道之以德，齐之以礼，有耻且格”，将礼仪列为立国的精神要素之本。荀子也曾说过：“人无礼则不立，事无礼则不成，国无礼则不宁”，将遵守礼仪、运用礼仪看成是净化社会风气、提升个人和社会精神品位的重要方面。我国在建设社会主义物质文明的同时，大力加强和推进社会主义精神文明建设，为此，中共中央专门做出了关于加强社会主义精神文明建设的决定，提出了若干具体的要求。其中一项重要的内容就是要求全体社会公民做到“五讲、四美、三热爱”。“讲文明、讲礼貌、讲卫生、讲秩序、讲道德，心灵美、语言美、行为美、环境美”，这些内容与礼仪的要求完全一致。比如，礼貌行为可表现为四类：公共场合的基本行为准则是社会公德；工作场所的基本行为是职业道德；人际交往中的基本行为是交际品德/个人品德；家庭生活中的基本行为是家庭美德。因此，可以说，提倡礼仪的学习和运用，与大力推进社会主义精神文明建设，则是异曲同工，相互配合，相互促进的。今天的许多社会现实已经充分地证明了这一点：凡是一个单位、一个地区、一个城市的公民、市民、员工，在社交活动和社会活动中讲礼仪、用礼仪、遵守礼仪，那么，精神文明建设肯定就会搞得好，其他的各项建设也会做得好。这种社会主义的礼治建设与道德建设、法制建设是密切相关的，对我国的现代化建设是不可缺少的。

我们的各类高等学校，担负着对青年学生进行政治思想品德、科学文化知识、业务技能的教育和培训，促进德、智、体、美的全面教育和发展。学习和运用礼仪，对提高学生的自身的素质，加强校风、学风建设，拓展就业门路，都具有现实和长远的意义。

二、礼仪的学习

随着礼仪在社会广泛的学习和应用，礼仪的研究和实践也得到了长足的发展，礼仪已经成为一门人文科学，是一门多学科边缘性的实践学科。

礼仪，从其整体的构成看，它的构成要素主要包括四种：即礼仪的主体、礼仪的客体、礼仪的形态和礼仪的环境。

礼仪的主体——礼仪活动的操作者和实施者。它既可以是个人，也可以是组织。当礼仪活动的规模较小时，则一般是个体，是微观的交际活动；当礼仪活动的范围和规模较大时，则一般为组织。没有主体，礼仪活动则难以进行。

礼仪的客体——礼仪活动的对象。它是礼仪活动的指向者和承受者。礼仪的客体外延较为广泛，它可以是人，也可以是物；可以是物质的，也可以是精神的；可以是具体的，也可以是抽象的；可以是有形的，也可以是无形的。主体与客体是相互对立又相互依存的，并在一定条件下可以相互转化。

礼仪的形态——礼仪活动所表现的形式。它实际上是指礼仪活动所表现出来的结果，即具体的内容与形式的统一。

礼仪的环境——礼仪活动进行的特定的时空条件。它大体上有两种，一是自然环境，二是社会环境。礼仪环境在一定的条件下制约着礼仪的实施和效果。

由以上四项要素构成的礼仪，根据其适用的对象和范围的不同，礼仪的内容可以有不同的划分。比如，按礼仪主体划分，可分为个体交际礼仪和群体交往礼仪；按礼仪环境划分，可分为人际交往礼仪、公共场所礼仪、工作场合礼仪、国际交往礼仪；按礼仪活动的性质划分，可分为家庭礼仪、社交礼仪、政府礼仪；按礼仪活动的行业或职业划分，可分为政务礼仪、商务礼仪、服务礼仪、社交礼仪、涉外礼仪等。本教材的礼仪内容，主要是针对高等院校民航服务、文秘、旅游、金融、酒店服务等专业学生所应该掌握的基本的社交和相关服务方面的礼仪知识。

如何学习和运用好礼仪呢，这当然涉及一些学习的方法和途径。我们认为要学习和运用好礼仪，最重要的是要注意四个方面。

（一）礼仪基本知识的学习

礼仪作为一门学科，有其自身相应的理论和知识。为此，礼仪的学习和运用，首先要认真学习好这些理论知识，这是基本的前提。这些理论知识内容涉及礼仪的基础理论知识和基本的交往礼节知识、交往的礼仪知识，同时也涉及相关的边缘学科知识。实际上，这些内容是很广泛的。比如，涉外交往就必须要了解和掌握对象国的民族风俗和禁忌。这方面的内容就十分丰富。要学习好这些礼仪知识，一是要学好书本知识。可以利用教材、图书资料、广播电视、网络等多种渠道和方式进行自学，系统地、全面地了解和学习礼仪知识。二是在有条件的情况下，参加专业方面的培训。在老师、培训专家、礼仪顾问等专业人员的指导下，才能把礼仪知识理解得更深刻，掌握得更透彻，把握得更准确。

（二）加强礼仪掌握的训练

从根本上说，礼仪不是纯粹的理论知识，而是一门应用性很强的学科。很多内容仅仅了解、知道还远远不够，重要的是不仅要会说，而且要会做。简单的比如交际中的举止——坐、立、行、谈，包括鞠躬、微笑等；稍复杂的比如交往中的各种仪式礼仪等。这些内容必须要经过认真、严格的训练，即实训。这方面的训练应该是专业的培训，要请专业人士有计划、有针对性、有目的、有考核地进行。同时，对礼仪的训练应该是循序渐进的，不可贪多求快，要从基本的开始，从易到难，由简单到复杂。另外，对一些规范、标准，要反复练习、重复体验、考核通过，才算真正掌握。训练的目的有两个：对涉及的应用礼仪内容会做；对涉及的个人礼仪内容，特别是个人的行为规范，达到自我养成，变成自觉行为和习惯做法。

（三）重视礼仪实践的应用

礼仪，不仅是学习、了解其知识，训练、掌握其要求，最重要的是要理论联系实际，应用于实践。这其中最重要的是要从我做起，从自身做起。礼仪具有很强的自我实践性，特别是一些微观的礼仪，要从我做起，一点一滴地去做，要带头去做。从我做起有两个含义：一是个体举止言谈规范，要自我实践，以身作则，从我做起，影响他人；二是在礼仪活动中，主动将礼仪应用于实践，使礼仪在实践中得到应用和推广，礼仪在实践中应用和推广的同时，又得到了检验和升华。

（四）将礼仪化为个人的自觉

礼仪的知识可以学习，礼仪的规范可以训练，学到的礼仪要在实践中得到应用，促进交往、交流的顺畅进行，加强合作，共同发展进步。做到这些并不是礼仪的全部，礼仪的最高境界是要化为自觉，内化为个人的素质，自我得到发展，这是核心。要做到这一点，就要通过一点一滴的养成，达到个人的自觉和习惯。生活和工作中就有许多这样的事例：一个人在工作场合面对客户时，他的礼仪不论说、做各方面都很到位，可离开了特定的环境，他的礼仪表现就会“原形毕露”，甚至判若两人。其根本原因在于，礼仪还没有入心入身。“让文明成为一种习惯，将礼仪化为一种自觉”，这是专业学生学习礼仪的基本要求。

礼仪的学习，礼仪的训练，礼仪的实践，礼仪的养成，这四个方面是密切联系在一起的，是缺一不可的。学习是基础，训练是条件，实践是根本，养成是境界。要真正的学习好礼仪，必须做到这四个方面的结合，学习——训练——实践——养成，做到学练一致，教养一致，学用一致。学习礼仪知识，应用礼仪知识；规范自己言行，带动身边他人，促进文明进步。

思考与练习

一、思考题

1. 什么是礼仪？如何理解礼仪的含义？

2. 我国古代礼仪的基本含义有哪些？其礼仪体系形成的各个历史时期、代表人物和代表性经典著作是什么？

3. 如何认识我国现代礼仪与我国古代礼仪的关系？

4. 礼仪的性质和特征是什么？

5. 礼仪的主要原则有哪些？

6. 联系实际谈一谈学习礼仪有何现实意义？

7. 联系实际谈一谈如何学习和应用好礼仪？

二、案例分析题

1. 上大学的张小华同学终于放暑假了，她可以轻轻松松地跟随爸爸妈妈一起去已经多年未去的姑妈家了。姑妈家在美丽的新疆伊犁地区，姑夫是一位在政府工作的当地少数民族干部，非常热情、豪放。姑妈一家人听说远在北京多年未见的亲戚要来，真是喜出望外，早早就对吃住进行了安排。小华一家在伊犁要待5天，除了休息外，将安排两次大的活动。一次是和姑妈全家一起参加当地一所中学的夏令营联欢晚会；一次是和姑妈全家一起到一个信仰伊斯兰教的好朋友家参加家庭宴会。

联欢晚会是在伊犁河畔举行的篝火晚会。姑妈是这所学校的校长。晚会上，她向到会的所有老师和同学介绍了张小华全家和正在北京上大学的张小华，受到了热烈的欢迎。特别是张小华，成了学生和家长们喜欢的中心人物。学生们一次次要求张小华表演节目。张小华能歌善舞，看到这样热烈的场面和从未见过的如此美丽的篝火晚会，真是高兴极了。她不负众望，表演的节目受到了全场热烈的欢迎。爸爸妈妈都非常高兴，特别是姑妈更是打心眼里高兴，张小华给她脸上增光。

临离开伊犁的前一天，她们一起参加具有当地民族特色的家庭晚宴。晚宴在浓郁热烈的当地民族风俗气氛中进行。所有的食物都是主人亲手烹饪的。宴请的形式也完全按当地维吾尔族习惯进行。室内铺着羊毛地毯，墙上挂着民族风情的挂毯和壁画。十几个人席地而坐，或坐或跪，面前摆放着一道道丰盛的菜肴，其中有非常有名的手抓羊肉和手抓饭。张小华从来没见过这样的情景，更不要说去吃了。她既感到新奇，又感到一时难以适应。她坐不会坐，跪不会跪；最让她没办法做到的是用手抓羊肉和手抓饭，还有那闻不习惯的膻味。她勉强坚持了一小会，就自己要来了一个小凳子坐下，然后又要来碗和筷子，也不管别人怎样，忙乱地吃了点饭和菜，就告辞了，不管爸爸、妈妈、姑妈和热情的主人怎样挽留。结果这场家庭宴会怏怏而散。为此，姑妈心里也是闷闷不乐。

根据上面的内容回答下列问题：

(1) 张小华新疆之行的两次活动，从礼仪的角度来分析，是成功的还是失败的？为什么？

(2) 分析张小华参加联欢晚会和家庭宴会活动的成功和不足。用礼仪的相关理论知识进行对比分析。

(3) 你有过类似的经历吗？把你的经历告诉你班上的同学，与他们分享。

2. 刘雅轩是南方某高校空乘专业毕业的学生，已经被国内一家航空公司招聘为正式员工，经过岗前严格的再培训和考核后，顺利上岗已经3个月了。她在学校学习就很刻苦，各门课程成绩优秀，特别是她喜欢学习的服务礼仪等课程成绩更好，老师、同学都交口称赞。经过航空公司的再培训和实际的空中服务，她的服务意识和服务水平有了更大的提高。可是，最近发生了一件事情，怎么也无法让她的任课老师理解。事情是这样的：她的礼仪老师胡海洋借出差开会之机，专程来到她所在的航空公司，就教学等工作征求公司的意见，同时看望在公司工作的几个学生。胡老师因要坐一夜的火车一大早到公司，所以，去公司前先给刘雅轩打了电话，刘雅轩正好没有航班在公司休息。刘雅轩见到风尘仆仆的老师，非常高兴。老师见到已经工作的学生更是高兴。出于礼节，老师先到公司接洽。因公司刚上班，所以老师提着皮箱，在刘雅轩的带领下，从一楼走到六楼，从六楼下到二楼，又从二楼上到另外的五楼，才见到公司的部门领导。

当胡老师办完事坐下休息的时候，老师的心情久久不能平静，心里很不是滋味。让胡老师想不通的是，为什么一个学习服务礼仪的优秀学生，经过航空公司培训合格，并且已经为旅客服务了3个月的员工，见到了自己坐了一夜火车的老师，竟然看着老师自己提着皮箱楼上楼下的奔走而不知道去帮助一下呢？对礼仪的知识和服务的意识，她学习过，也培训过，又工作过。可为什么却有这样的行为呢？

请你用礼仪的原理帮助胡老师分析一下原因，解除他心中的不解。此事对你有何启发？对你学好礼仪有何帮助？

第二章

服饰礼仪

——第二肌肤宜人得体

内容提要

本章主要介绍在社交礼仪活动中，根据交往场合、对象、目的的不同，如何使自己的服饰得体，符合礼仪的要求。重点介绍三种重要的场合中服饰礼仪的风格、要求；同时介绍社交场合中主要的几种服装的穿法和佩饰佩戴的原则。通过本章的学习，了解和掌握社交活动中的服饰礼仪，使你的服饰更加得体，让你的交往更具有魅力。

重点和难点

本章的重点是三种重要的场合中服装的风格和要求，以及主要几种服装正确的穿法和搭配的要求；难点是服装色彩搭配的方法，以及佩饰佩戴的基本要求。

第一节 服装的性质

服饰（Dress and Personal Adornment），是服装和装饰的统称。它在社会交往和涉外交往中具有重要的社会功能，它是一个人的职业、个性、形象的展示，是人的身份、地位、修养和品位的客观体现。为此，在社会交往中，要让自己的第一肌肤——面容、体肤、手脚、胡须、牙齿、毛发保持清洁卫生，符合礼仪要求；还要特别注意自己的第二肌肤——穿着的礼仪。俗话说“人靠衣貌马靠鞍”，“三分长相七分打扮”，就是这个道理。

随着人们物质文化生活水平的不断提高，服饰的作用不仅在人们生活中的地位越来越高，而且在人们的交往中越来越受到重视，特别是在一些职业活动中，如商务礼仪、政务礼仪、服务礼仪、外交礼仪、社交礼仪等活动中，服饰礼仪是丝毫不能马虎的，必须引起高度的重视。国内就曾有一家企业的老板，在一次与外商的谈判时，因为穿着打扮不符合礼仪的要求，使本来可以合作的项目“泡汤了”。其原因就是在这种正规的商务礼仪场合，与外资企业家谈判，应该着正装，而他自以为年轻气盛，为体现朝气蓬勃的特点，自以为是地穿了一套时尚而又休闲的服装，没想到恰恰是这套服装砸了他的生意。所以，在社交活动中必须使自己的衣着符合社交礼仪的要求。

一、服装的作用

服装，是人们对穿着的衣服的统称。在人际交往中，服装被称之为“第二肌肤”，就是说它不仅可以挡风、遮雨、防暑、御寒、遮体、掩羞，起到其物理性的功能，而且在现实社会中，它还有着重要的社会功能。主要表现在三个方面。

（一）审美功能

服装，在生活中的第一个作用就是可以美化身体，通过穿着打扮，可以扬长避短，展示个性美，彰显出个人的形象，反映出个人的精神风貌，体现出个体的生活情趣。莎士比亚曾说：“服饰往往可以表现人格”。这一点在生活中表现得越来越明显，越来越突出。随着人们物质生活和文化水平的提高，人们越来越注意穿着打扮，美化自己，美化生活。

（二）交际功能

俗话说：“衣着是无声的语言”。在社交场合，服装在一定意义上好似每个人手里拿着的一封无言的介绍信，时时刻刻在向自己的每一个交往对象传递着各种信息。美国心理学家彼德·罗福甚至认为：“一个人的服装并不只是表露了他的情感，往往还透露出他的人生哲学。”也就是说一个人可以通过穿着打扮，体现出他的职业、身份、地位、兴趣、爱好、个性，以及他的性格和品位。正是这无声的语言，在交往活动中起着交际的作用。交往中他人通过你的服装，你的穿着，就能大体上判断出你是怎样的一个人，包括你的职业、个性、爱好，以及你的交往目的等。著名的意大利影星索非亚·罗兰就曾深有感触地说过："你的服装往往表明你是哪一类人物，代表着你的个性。一个和你会面的人往往自觉不自觉地根据你的衣着来判断你的为人。"所以，在交往中，他人正是通过这些判断，形成对一个人的印象，产生对一个人的好感程度，从而决定是否进行深入交往。服装的这种交际功能常常是无意识的、不知不觉地对人产生作用。

（三）心理功能

人们在社会生活和交往中，通过自己的穿着打扮以及他人的穿着打扮，对自己产生心理影响。人们都有这样的体会：当自己穿上一套比较时尚的衣服，比较引人注目，或引起他人的羡慕时，就会精神焕发，自信心十足，产生一种自豪感和自尊感。服装的心理影响表现出双向性和二重性，即服装既可以影响自己的心理，也可以影响别人的心理；服装的心理影响既可以是积极的，也可以是消极的。此外，服装的这种影响又可以通过对一个人的心理影响而产生对其行为的影响。比如，自己穿上一套整洁干净的衣服后，走路、说话、办事等各种举止都会很注意，生怕自己的行为举止与这套衣服不相符。这时，好像这套衣服是一个监督者在监督着自己。

我们每个人都应该十分重视自己的服装，这样强调在一点也不过分。孔子就曾经说过："见人不可以不饰，不饰无貌，无貌不敬，不敬无礼，无礼不立"。这里的"饰"，就是指服装。可见，重视服装是人际交往成功的一个前提。

二、服装的要素

服装主要由三个基本要素构成，即色彩、款式和面料。

（一）色彩

之所以把色彩列为第一要素，是因为色彩对人的视觉冲击最强烈、最快速、最深刻。色彩，是物体对光的反射后通过人的视觉而被感知的一种心理现象。由于服装的色彩给人以最深刻的印象，所以，色彩被称为"服装之第一可视物"。世界著名的服装设计大师伊迪丝·里德才说："也许在取得衣着成功方面，色彩是最有帮助的要素。色彩可以是你的朋友，也可以是你最凶恶的敌人。"

1. 色彩的性质

色彩，从它的组成看，有原色、间色和复色。原色，即各种颜色组成的基本色彩，见图 2-1。有三种原色：红、黄、蓝。三种原色又叫第一次色；由任意两种原色组成的颜色叫间色。由红与黄组成紫色；黄和蓝构成绿色；红和蓝构成橙色。这些又叫第二次色。由两种间色再构成的新的颜色叫第三次色；复色则是色度不纯、比较灰暗的混合色。

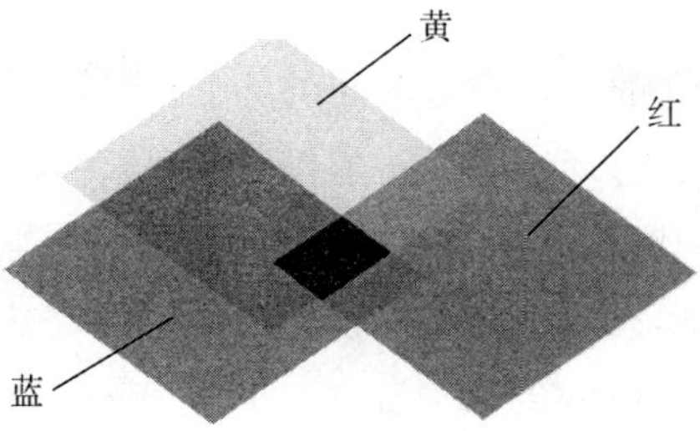

图 2－1　三原色

色彩有如下基本特性：

（1）色彩的冷暖。色彩的冷暖又叫色彩的相貌特征或色相。由于色相的不同，会使人产生温暖或寒冷的感觉。使人产生温暖的感觉称为暖色彩；使人产生寒冷的感觉称为冷色彩。

暖色彩会使人产生温暖、热烈、兴奋、向上、向前的感觉，如红色、橙色、黄色；而冷色彩则会使人产生寒冷、抑制、平静、向后的感觉，如蓝色、青色、紫色。

（2）色彩的轻重。色彩的轻重就是色彩的明暗变化程度，即色彩的明度。色彩明度的深浅变化也给人心理不同的感觉。色彩越浅，明度越强，给人以上升和轻快的感觉；色彩越深，明度越弱，给人以下沉和沉重的感觉。

（3）色彩的软硬。色彩的软硬即色彩的鲜艳明亮变化的程度，也叫纯度。色彩的纯度越高，就越鲜艳明快，给人以柔软的感觉；色彩的纯度越低，就越深暗，给人以硬的感觉。软色彩适合喜庆的着装，而硬色彩适应庄重的着装。图 2－2 所示为色彩基本特征关系示意图。

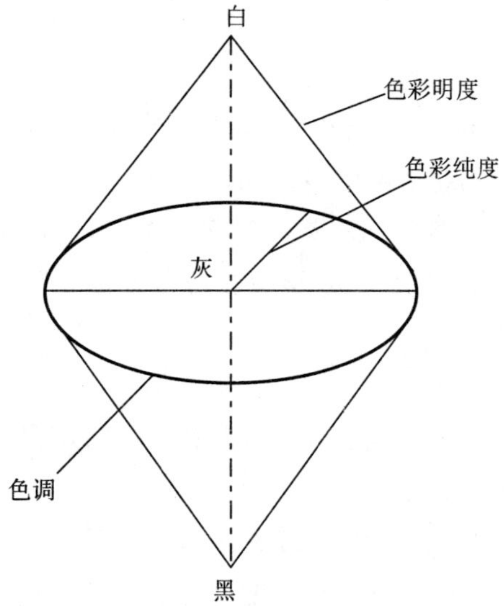

图 2－2　色彩基本特征关系示意图

2. 色彩的感觉

色彩通过人的视觉会对人的心理产生不同的感受。这就是色彩心理学问题。这里，我们对最主要的十大色彩产生的心理感觉逐一加以介绍。

（1）红色，是暖色系的代表。红色的光波最长，最容易刺激人的视觉感知。人们见到红色，就容易联想到红日、烈火、钢花、红旗、热血，引起热烈、兴奋、高涨、向前、扩张、喜爱的心理感觉，喜欢红色的人精力充沛、热情奔放、感情丰富。红色象征着革命、节日、欢乐、喜事、吉庆。

（2）黄色，其波长属于中等，在光谱中它最容易被吸收，因而特别耀眼明丽。从亮度看，它是色彩中最亮的颜色，给人以温和、干净、明亮、富丽、健康、愉快的感觉。

（3）蓝色，是最令人遐想的色彩，蔚蓝的天空，湛蓝的大海。蓝色属于相当严肃的色彩，具有深邃的特征，表现出宁静和镇定自若。

（4）绿色，是一种令人感到安详、恬静、稳重、温和与清新的颜色。这种颜色能让人产生无限遐想，它给人以青春活力和喜悦之感。

（5）紫色，是冷色系的代表。紫色象征着高贵、威严、神秘感，代表着权利，表现出贵族意识，同时也有多愁善感、焦虑不安之感。偏暖紫色有沉着安定、高贵之感；偏冷的深紫色常让人产生凄凉的感觉；浅紫色能给人以轻盈、风雅的感觉。

（6）白色，它与黑色、灰色被色彩学称之为中性色。从物理学的角度看，它们不能称之为有色彩，而在心理学上则被认为在色彩的系列之中。白色，纯净、素雅、干净、明亮，给人以纯真、神圣、明快、轻盈的感觉。同时，白色容易产生膨胀的感觉，容易暴露出身体的缺点。

（7）黑色，为中性色。黑色，给人以严肃、稳重、深沉、收缩、向后的感觉；常常让人产生压抑、悲哀、险恶的联想；黑色，也会给人高贵、雍容的感觉。黑色可以隐匿许多缺点。

（8）灰色，它是一种中间色的代表。它给人以朴素、随和、庄重的感觉。灰色，特别是中性灰，它具有与任何颜色相搭配的多样性，是万无一失的颜色。

（9）褐色，给人以安详、静谧的感觉，被称之为安逸、祥和的颜色。

（10）橙色，其波长仅次于红色。它鲜明夺目，有华贵富丽、温暖之意味，体现出活泼和光辉，富丽而温柔的感觉。

3. 色彩的搭配

在社交中，特别是在公务等正式场合，服装色彩的搭配是非常有讲究的。为此，要掌握服装色彩搭配的基本方法和技巧。

（1）同种色搭配法（又叫统一法）。就是在进行色彩搭配时，运用同一种色系中在明度上不同的色彩，按深浅不同的程度进行搭配，使服装的上下颜色略有变化，创造出和谐之感。这种搭配出来的色彩适合于工作场合和庄重的社交场合。

（2）邻近色搭配法（又叫类似色搭配法）。就是在进行色彩搭配时，运用色彩轮（见

图 2－3）中的两种邻近的色彩进行色彩的搭配、组合，使衣服的上下部分有所区别，创造出一种新的服装整体色彩效果。这种搭配的服装色彩适合各种场合，特别是适合于工作和社交场合。

图 2－3 色彩轮示意图

（3）对比色搭配法。就是在进行色彩搭配的时候，运用色彩轮中构成 150°角中两边的色彩进行搭配、组合。这种搭配创造出来的服装整体色彩效果，显然比类似色搭配法所创造出来的整体色彩效果更为明显、强烈，富有个性化。这种搭配的色彩效果一般不适合于公务场合和较为正式的社交场合，可适用于休闲和娱乐的场合。

（4）相对色搭配法。就是在进行色彩搭配时，运用色彩轮中的两种相对的色彩，即两种互为对顶角的色彩进行搭配、组合。显然，这种搭配出来的两种色彩对比非常强烈、鲜明，形成强烈的反差。如果简单地进行这种色彩方法的搭配，那么这种搭配的色彩效果在很多场合都是不适合的。但是，这种搭配的方法如果运用得好，也会达到很好的效果。要达到比较理想的搭配效果，其关键是这两种颜色的面积比例。一般说来，两种颜色的面积比例至少为 2:1，或比例更大。

（5）点缀搭配法。就是在进行色彩搭配时，在运用同种色搭配法的时候，为了使整体的色彩有所变化，而在某一局部的小范围里，选用其他某种不同的色彩加以点缀美化，来达到妙笔生花的作用。这种方法运用得好，会产生很好的效果。此方法主要适用于工作场合的服装配色。比如，一套端庄大方的民航空姐套装，搭配一条色彩合适的丝巾，立刻会产生美的效果。

（6）分解色搭配法。就是在进行色彩搭配时，将穿着者所喜欢的某一种颜色按照颜色构成的基本原理，将其分解成两种（最多三种）颜色，进行搭配。根据所处场合的需要，采用这样搭配的方法，其搭配的效果既满足了穿着者的个人心理需要，又避免了一种颜色单调、呆板的现象。比如，一位女士喜欢紫色，可如果浑身上下穿一种紫色，并不美观。那么，可以将紫色分解成蓝绿色和紫红色：上身为紫红的上衣，下身为蓝绿色的下裙，则美观大方，飘逸洒脱。再如，一位女士春季喜欢穿碎花的衣服，如果全身都是这种碎花衣服，感觉像一只花豹跑出来了，显然不好看。而若采用将碎花作为上衣（或下裙），同时选择碎花中的一种颜色（或深或浅）作为素色为下裙（或上衣），效果会非常好，能充分展示出这位女士青春、靓丽、端庄、内涵、文雅的气质。

（7）黑白色搭配法。就是在进行色彩搭配时，主要运用黑色和白色两种颜色进行搭配和组合。这种搭配的色彩效果对比鲜明，轻盈、潇洒。如果在明度上把握好适当的变化，效果是非常好的。这种色彩搭配的方法最简单，效果也很理想，可以说是万无一失，不分性别，对任何年龄、职业的人都适用，基本上可以适用于任何场合。

在采用上述的方法进行色彩搭配的时候，为了使效果更佳，有时还需要采用一些方法进行色彩的调节。比如，当整个色彩过于单调、乏味时，可以采用强调的方法，加入某种较为强烈的色彩作为重点，使其产生紧张感、变换感；当色彩过于深沉、淡雅的时候，会使人感到软弱、无力，整体失衡。此时可采用平衡法，在保持个人风格的前提下，添加与之相反的色彩，进行调节，达到平衡；当两种色彩对比过分强烈的时候，可运用分割法，在两种颜色的交界处进行分割，使其产生和谐感；当两种颜色的组合不甚协调的时候，可以采用渐变法，在两种颜色之间配以呈现阶梯变化的色彩，使之形成次序而有层次的渐变，达到和谐的效果。

此外，还有呼应法、对应法、轻重法，等等，不再赘述。

服装色彩的搭配还要注意坚持“一般原则”、“三色原则”与“统一原则”。

一般原则：场合和规格越高，服装的色彩种类应越少（最好为单色），颜色越偏深，款式越简单，面料越挺括越好。

“三色原则”：在正式场合，特别是在着正装的时候，其色彩在总体上以少为佳，将其色彩控制在三种色彩之内。这样做，有助于保持正装的庄重、简洁、和谐，避免繁杂、低俗的感觉。

“统一原则”：着装时，在色彩上要做到两个统一：一是服装自身的色彩在整体上要和谐统一。根据交往的场合、职业、个性、目的等要求，使服装色彩在整体上和谐统一。二是服装的色彩和服装佩饰的色彩也要做到和谐统一。佩饰的色彩要服从服装的色彩。做到了这两个和谐统一，就能够使整体服饰的色彩达到“变化当中有统一，统一当中有变化”的效果，既有主色调，又不显呆板。

（二）款式

服装的款式，是指它的种类、式样和造型。款式的选择不仅与着装者所在的场合、性别、年龄、体形、职业、爱好有关，而且还受文化、习俗、宗教及流行趋势的影响。

服装的种类很多，按不同的标准来划分可以分为不同的种类，比如，按其场合可分为正装和便装，正装又分为工装、套装、职业装；便装可分为休闲装、生活装、牛仔装；套装又可分为西装套装、民族服装、手工缝制装、时装套装。比如，按其社会的功能可以分为职业（办公）装类、社交装类、休闲装类等；按民族性来划分，可分为西装类、民族装类；按其用途来划分，可分为生活装类和戏剧装类等。每一类中又可以再分为不同种类的服装，每一种类又可以有很多具体的款式。服装的款式会根据人们的心理需要和社会服装潮流变化而不断变化和创新，这就是款式的流行。在社交场合，服装款式的选择要求比较高，因为服装款式的礼仪规范最严格、最具体。服装款式的选择要符合场合，适合身份，维护形象，尊重对方。

这里主要介绍西装、套裙、制服和礼服的款式。

1. 西装

西装（Business Suit）按不同的标准划分，西装可分为单件西装和西装套装、单排扣西装和双排扣西装。

单件西装是指一件不与裤子配套的西装上衣。单件西装显然仅适用于非正式的场合；西装套装则是指上衣和裤子成套，面料、颜色、款式一致，风格上相互呼应的多件西装。通常，多件西装套装有两件套和三件套之分。两件套是指一衣一裤；三件套是指一衣、一裤和一件背心。按传统的看法，三件套要比两件套显得更正规一些。可见，西装套装适用于正式的交往场合。

单排扣西装是指西装上衣的纽扣是单排的；双排扣西装是西装上衣的纽扣是双排的。一般认为，单排扣西装比较传统，而双排扣西装则比较时尚。单排扣西装上衣具体有一粒纽扣、两粒纽扣和三粒纽扣三种情况。相比较而言，一粒纽扣和三粒纽扣的西装上衣比两粒纽扣的西装上衣穿起来显得更为时髦一些；而两粒纽扣西装上衣则显得更为正统一些。双排扣西装上衣最常见的有两粒、四粒和六粒纽扣三种情况。两粒、六粒纽扣这两种款式的双排纽扣西装属于流行款式，而四粒纽扣的西装则明显具有传统的风格。

目前，在社交场合以两件套单排两粒纽扣西装为主导。

西装造型，即西装的外观形状，又称西装的版型。目前世界上的西装造型主要有四种，即欧式西装、英式西装、美式西装、日式西装。

欧式西装的主要特征是，上衣呈倒梯形，多为双排两粒纽扣或双排六粒纽扣式，且纽扣的位置较低，强调肩部和背部，不太重视腰部，后摆无开衩。这主要体现了欧洲人体形的特征。

英式西装的主要特征是，讲究西装的贴身、自然，不太强调肩部，腰部略收，后摆两侧有开衩，衣领呈“V”字型，且较窄。

美式西装的主要特征是，宽松舒适，较欧式西装稍短一些。多为单排纽扣式，“V”字型领，腰部宽大，后摆中间开衩。

日式西装的主要的特征是，上衣的外观呈现为“H”型，领子较低、较窄，后摆不开衩，多为单排纽扣式。

以上四种西装各有自己的特点，应度身选择。比较而言，中国人更适合英式西装和日式西装。

2. 套裙

套裙（Suit Dress）指的是西装套裙，它是女士的西装。套裙可分为两件套（上衣和裙子）和三件套（上衣、裙子和马甲/背心）。在造型上，套裙的款式大体上可分为“H”型、“X”型、“A”型、“Y”型四种类型。

“H”型套裙的主要特点是，上衣较为宽松，下裙多为筒式，显得优雅、含蓄和帅气，也可以为体形肥胖的人遮丑。

“X”型套裙的主要特点是，上衣多为紧身式，而裙子则大多为喇叭式，这种上宽下松腰部纤细的造型，轮廓清晰而生动，显得婀娜多姿，楚楚动人。

“A”型套裙的主要特点是，上衣为紧身式，裙子则为宽松式，可以充分显示出着装者上身的优势，适当地遮盖下身的不足。同时这种造型还显得松紧有度，富于变化和动感。

“Y”型套裙的主要特点是，上衣为宽松式，裙子多为紧身式，并且以筒式为主。这种上松下紧的造型可以较好地遮盖上身的不足，又可以较好地表现出下身的优势，给人以亭亭玉立的感觉，端庄大方。

在款式上，主要是上衣和裙子款式的变化，而背心变化不大。上衣的变化主要表现在衣领和衣扣两个方面。衣领会因流行的变化而变化；衣扣也呈现出单、双排扣式，明、暗扣式，一粒、多粒式等式样的变化。此外在上衣的门襟、袖口、衣袋等方面也经常花样翻新。裙子样式的变化更多更快。如常见的有：端庄大方、线条优美的西装裙、一步裙、围裹裙、筒式裙、折裥裙；洒脱飘逸、高雅漂亮的百褶裙、旗袍裙、开衩裙、“A”字裙、喇叭裙等。

3. 制服

制服（Uniform）是工作单位或行业部门根据职业岗位的性质统一制作的服装。制服多为两件套式。制服的上装有西装式、猎装式、夹克式、衬衫式、两用衫式，等等。制服的下装有裤装式、裙装式、背带装式，等等。制服最大的特点是严肃性、职业性，有的行业制服还具有法律上的规范要求，如军服、警服等。一般情况下，制服中的上装不要短于腰部；裤装式的制服不要成为短裤式样的；裙装式的制服，裙摆要长于膝盖。同时制服不能紧身，特别是不能让衣服紧紧地箍在身上以此来显示自己的身材。

4. 礼服

礼服（Full Dress）是指对出席礼仪性活动时着装的特指。在西方，将礼服分为大礼服、晨礼服和小礼服三种。

大礼服又叫燕尾服，它造型别致，为黑色或深蓝色的上装，前摆齐腰剪齐，后摆长达脚跟，开叉如燕尾型。燕尾服是晚间最正式的礼服，用于隆重、庄重的场所，如婚礼、晚宴、授勋仪式、授奖仪式等。这些场合大多都要求穿燕尾服。燕尾服是男士的大礼服。女士传统的大礼服则是袒胸露背拖地的单一色的连衣裙式服装。

晨礼服，白天参加典礼、婚礼，教堂做礼拜等场合穿着，它可作为男士的日间正式礼服。其面料为黑色或灰色的毛料，上装的前面置一粒纽扣，从前门襟向后向下呈人字型拖下，后摆呈圆形，腰围下摆开叉，领子为剑领。正规晨礼服的长裤是吊带裤，吊带的颜色是黑色或黑白色条纹的花色。晨礼服曾是欧洲上层社会贵族阶层出席英国爱斯考脱赛马场举行的“金杯赛”时所穿的服装，因此它又叫“赛马礼服”。

小礼服又叫无尾礼服、晚宴服、便礼服，它多在晚间参加晚宴、音乐会、酒会等场合穿着。小礼服的领带是黑色的领结，而不是真的领带。

目前，许多西方国家在这些场合着装也趋于简化。在许多隆重场合，男士常常以穿质地上好的深色西装来代替礼服。目前，国际上一些重要的社交场合，着装多以深色的西装套装或民族服装为主。

（三）面料

面料（Clothing Materials）是构成服装的基本材料。

服装的面料可以说是门类繁多。优质、高档的面料大都具有穿着舒适、吸汗透气、挺括悬垂、触觉柔美、视觉高贵等特点。它直接影响着服装的物理性质，关系到服装的色彩、造型的表现效果，诠释着服装的风格和特征。

正式的社交场合，服装面料的选择应该以纯棉、纯毛、纯丝、纯麻为好。用这四种纯天然质地的面料制作的服装档次较高，有利于健康。当然，有的时候穿纯皮革制作的服装也是可以的。

从目前服装面料的市场和应用制作的情况看，常用的面料主要有七种。

（1）棉布。棉布是各类棉纺织品的总称。它的优点是贴身、柔和、吸汗、散热、透气、保暖、轻松；缺点是易打皱、易缩水，外观上看不大挺括美观。为此，在穿着时要经常熨烫。

（2）麻布。麻布是面料中强度最高的。它是以各种麻类植物纤维制成的一种布料。一般被用来制作休闲服、工作服，目前也多以其制作普通的夏装。它的优点是强度极高，吸湿、导热、透气性甚佳。它的缺点则是穿着不甚舒适，外观较为粗糙、生硬。

（3）丝绸。丝绸是面料中最柔软的。它是以蚕丝为原料纺织而成的各种丝织物的统称。它可被用来制作各种服饰，尤其适合用来制作女士服装。它的优点是轻薄、合身、柔软、滑爽、透气，色彩绚丽，富有光泽，高贵典雅，穿着舒适。它的缺点则是易生褶皱，不够挺括，容易吸身，不够结实，褪色较快。

（4）呢绒。呢绒又叫毛料，它是对用各种羊毛、羊绒织成的织物的泛称。它通常适用于制作礼服、西装、大衣等正规、高档的服装。它的优点是防皱耐磨、手感柔软、高雅挺括、富有弹性、保暖性强。它的缺点主要是洗涤较为困难，不大适用于制作夏装。

（5）皮革。皮革是经过鞣制而成的动物毛皮面料。它多用于制作时装、冬装。它又可以分为两类：一是革皮，即经过去毛处理的皮革。二是裘皮，即处理过的连皮带毛的皮革。皮革的优点是厚重保暖，雍容华贵。它的缺点则是价格比较昂贵，贮藏、护理方面要求较高。皮革一般属于休闲装，不在正装之列。

（6）化纤。化纤是化学纤维的简称。通常它分为人工纤维与合成纤维两大门类。它的优点是色彩鲜艳、质地柔软、悬垂挺括、滑爽舒适。它的缺点则是耐热性、耐磨性、吸湿性、透气性较差，遇热容易变形，容易产生静电。它虽可用来制作各类服装，但总体档次不高，难登大雅之堂。

（7）混纺。混纺是天然纤维与化学纤维混合纺织而成的织物，可用来制作各种服装。它的长处是既吸收了棉、麻、丝、毛与化纤各自的优点，又尽可能地避免了它们各自的缺点，而且在价值上相对较为低廉，所以大受欢迎。

随着轻纺工业的发展，服装的面料也朝着更舒适、更实用、更经济、更便捷的方向发展。

第二节 服装的穿着

服装的穿着，就是着装。严格地说，着装和穿衣不完全是一回事。穿衣，从其自身的含义看，就是把衣服穿在身上，它看重的仅仅是服装的实用性，把衣服穿在身上，起到遮羞、蔽体、御寒、纳凉的作用而已。着装则大不相同，着装实际上是一个人基于自身的修养、阅历和审美的品位，在对服装流行时尚、所在场所、自身特点及搭配技巧进行综合考虑基础上，在力所能及的前提下，对服装所进行的精心选择、搭配和组合。可见，服装的穿着是一门学问和艺术，同时也是一门技巧。它不仅仅只是穿衣戴帽，而是由此体现出人们的教养和品位。

那么，怎样着装才符合社交礼仪的规范呢？最主要涉及两个方面的问题：一是服装穿着的一般原则；二是具体穿着的技巧。

一、服装穿着的原则

服装穿着要遵循 TPO 原则，它是服饰礼仪的基本原则。其中，T、P、O 分别是英文时间（Time）、地点（Place）和目的（Objective）三个单词的首字母。它的基本含义是要求人们在选择和穿着服装时，必须要考虑着装时间、地点、目的的协调一致性。

（一）时间（T）

显而易见，在不同的时间里，着装的类别、式样、造型应该是不同的。比如，寒冷的冬天，应该穿保暖、御寒的服装，同时服装的基本色调以深色为主；炎热的夏天，应该穿吸汗、透气性好的、纳凉的服装，同时服装的基本色调以浅色为主。白天，参加各种活动，与他人见面，衣服应该得体、严谨；晚上，一般居家不外出，衣服应该随意、休闲，等等。试想一下，如果一个人的穿着打扮不按季节和不分白天还是夜晚，那肯定让人难以理解和接受，更谈不上美了。

（二）地点（P）

时间和空间总是紧密相依的。我们着装也总是处在一定的空间、地点当中。比如，身处于单位或家中，出席会议或在海滨散步，当然着装的款式理当有所不同，切不可一成不变，否则会令人不可思议。例如，穿泳装出现在海滨、浴场，是很正常的，是情理所要求的；但若是穿着它去上班、逛街，则非令人哗然不可。在西方国家里，一位少女着吊带背心、超短裙，是司空见惯的；但她若是以这种装束出现在着装保守的阿拉伯国家里，就显得很不合适宜。

服装穿着的地点，又可以叫着装的场合。不同的场合，要求有不同的服装款式。人们穿着服装的具体地点和场合会有很多种，但不管怎样，最基本的要求是服装要与具体的环境相协调。一是要与所在的具体社会环境相协调，主要是要与具体的人文环境、民族文化、交往的对象相协调一致，这样，就会缩短彼此交往的心理距离，容易产生“自己人”的心理效应，形成良好的心理共融；二是要与所在的自然环境相和谐，主要是环境的物理状态、景色、气候等，这样会使交往的双方产生良好的心境，有助于彼此的和谐。

（三）目的（O）

目的，就是指我们在着装时所表现出的目的性。从目的上讲，人们的着装往往有意或无意地体现出一定的意愿性。这种意愿性就是自己的着装留给他人的印象怎样。一个人的着装总会给他人留下一定的印象，为此，我们在着装时应该适合自己所扮演的社会角色。不表现着装的目的性，在现代社会中是不大可能的。服装的款式在表现服装的目的性方面发挥着鲜明的作用。是表现出自尊还是颓废，是敬人还是傲慢，是礼貌还是无理，等等，都可以从中得知。比如，在社交活动中，一个人身着款式庄重的服装前去应聘新职或洽谈生意，说明他郑重其事、渴望成功；若在这类场合选择款式暴露或很随便的服装，则表示其随随便便，对求职、生意敷衍了事，毫不认真。可见，服装的这种目的性是非常明显的。

二、服装穿着的技巧

服装穿着的技巧主要应做到三个方面，即衣着得体、衣着同景、衣着得法。

（一）衣着得体

衣着得体，就是说衣着要适合个人身体的情况，这不仅是社交礼仪的基本要求，也是任何人穿衣时应该注意的基本问题。这主要涉及四个方面的内容。

1. 衣着要适合自己的体形

人的体形各不一样，高矮胖瘦各不相同。比如，有的又瘦又高，有的又矮又胖；有的上长下短，有的下长上短；等等。为此，服装要能穿得美，就要量体穿衣。

那么，怎样选择衣服，让它符合自己的体形呢？除了尺寸合适外，还要学会正确地运用服装的色彩、款式、面料三大要素的性质和特点，从而达到对身体的扬长避短，显美隐丑的目的。

（1）在色彩上，恰当地运用冷暖色彩的心理影响来达到理想的目的。浅色明亮的暖色调会使人产生扩张的感觉，而深色暗重的冷色调会使人产生收缩的感觉。为此，胖型的人就要尽量穿冷色调的服装；相反，瘦型的人则应该穿暖色调的服装。没有特殊的情况，则千万注意不要把冷暖色调穿反，那就会欲盖弥彰，“越涂越丑”。

（2）在花色上，恰当地运用线条和图案的心理作用来达到自己的愿望。竖条纹的式样有增高的感觉，而横格、大花的式样有变宽的感觉。为此，一个人若是胖且矮的身材，在可能的情况下，应该穿带有竖条纹的衣服，这样会产生增高的感觉；反之，一个人若是瘦且高的身材，在可能的情况下最好穿带有横格或带有大花的服装，则会有增胖的感觉。同时还要注意的是，不要让服装上带有横线之处出现在你身体的不美之处。因为水平横线具有极强吸引目光的作用，这就等于把别人的眼球吸引过来看你不美之处。

（3）在款式上，恰当地运用服装的松、紧状态所产生的不同感觉来达到较为理想效果。宽松的衣服可以遮盖形体不美之处，而紧身的衣服则会充分显露身体的形状。为此，如果一个人的身形发胖，那么应该穿着稍宽松一点的服装。这一点虽然看起来很简单，可恰恰一些人在这方面犯错误。比如，人过中年的女士，大多身体开始发福，又非常想打扮自己，她们往往企图用穿瘦一点的服装来束紧自己的身体，结果把自己的体形充分地暴露出来；如果一个人的体形很漂亮，线条优美，那理所当然地应该穿着能够充分显示身材美的服装。可见，只要能很好地运用这一点，就能比较好地达到展现美好、掩饰不足的作用。

2. 衣着要适合自己的年龄

人的实际自然年龄与心理年龄虽然每个人会表现得有所不同，有的会显得年轻一些，有的会显得老一些，但不论怎样，从外表上看，在不同的年龄段还是有一定差别的。为此，不同年龄的人，衣着应该有所不同，应做到衣着与自己的年龄大体上相一致，这才显得协调，才会得体，才会美。俗话说“老妇不可浓妆艳抹，少女不可老气横秋”，就是这个道理。不同年龄段的人的穿着大体要求应该是：青年人，应该青春一些，亮丽一些，时尚一些，个性一些；中年人，应该潇洒一点，庄重一点，职业一点；老年人，应该保守一些，传统一些，普通一些。当然，随着经济的不断发展、文化水平的不断提高，人们思想观念的变化，时尚流行的影响，都想把自己打扮得漂亮一些，但一定要恰如其分，符合自己的年龄。

3. 衣着要适合自己的肤色

着装时还要考虑到自己的肤色情况。从肤色的情况看，世界人种的肤色主要有黄、白、黑、棕四种。绝大多数的中国人都属于黄种人，都是黄皮肤、黑头发、黑眼睛。但是如果具体到每个中国人的肤色来讲，也是有差别的。大致可以分为白净、偏黑、发红、黄绿和苍白等几种。每种肤色对服装色彩的要求是不同的。一般来说，肤色白净的，适合穿各色的服装；肤色偏黑或发红的，不要穿深色的服装；肤色黄绿或苍白的，适合穿浅色的服装。如果肤色与着装色彩不协调，那是很难看的，必须要注意这一点。

4. 衣着要适合自己的职业

社会有各行各业，职业和岗位不同，对不同职业人员在服装上有具体的要求。这是在长期的社会劳动分工和社会文化发展中形成的，并逐渐成为社会的一种认同标准和概念，人们会自觉不自觉地用此标准来衡量、看待每一个人。虽然现代社会的行业分工越来越细，但大体的社会行业和职业还是有明显区别的，比如，国家行政机关公务人员，教育科研单位的知识分子，从事商业活动的企业家和老板，从事农业劳动的农民，在工矿企业劳动的工人，文艺体育工作者，职业军人，在校学生等。不同的社会职业人员，要选择能体现本职业性质的服装，才能更好地展示职业的个性。当然，有一些特殊的行业和岗位，国家、政府已明确规范了其职业服装，如军人、公检法人员、工商税务人员等，这实际上是更严格的职业要求。不是这些特殊行业、岗位的人员，着装时也应该根据时间、地点的要求，做到与自己的职业身份相一致。

（二）衣着同景

衣着同景，是指在人际交往中，衣着要适合所处的具体环境和场合。人们的社交活动场合大体有三类，即公务场合、公共场合、休闲场合。在不同的场合，人们服装的颜色、款式、面料等都应该有所不同。

1. 公务场合

公务场合，是指上班处理公务的场合。在此场合中，衣着总的要求是要突出“庄重保守”的风格。也就是说在此场合的衣着，不可强调个性，突出性别，过于时尚，过于随便，而应端庄大方，严于传统。

公务场合中如果是在一般情况下的办公室上班，或是外出处理一般性的公务，着装应该合乎本单位、本部门关于着装的要求和规定，总体上做到正规、干净、整洁、文明。

在较庄重的公务场合，服装应该突出职业性，最好穿职业装。标准的职业装应是深色的毛料套装、套裙或制服。具体而言，男士最好是选择藏蓝色、灰色的西装套装或中山装，内穿白色衬衫，脚穿深色的袜子，黑色的皮鞋。穿西装时要扎领带。女士最佳的职业衣着是单一色的西装套裙，内穿白色衬衣，脚穿肉色长筒丝袜和黑色高跟皮鞋，或单一色的连衣裙亦可。在涉外公务场合，则尽量不要穿以长裤为下装的套装。

在公务场合，特别是涉外公务场合，不允许穿时装、便装，特别是不得穿夹克衫、牛仔装、运动装、健美裤、背心、短裤、旅游鞋、凉鞋等。也要特别注意不要穿瘦、露、透的服装。

2. 公共场合

公共场合也叫社交场合，是指在公务场合以外的公共场所与他人进行交际应酬等活动的社交场合，如观看演出、出席宴会、参加舞会、聚会、拜访等。在这种场合，着装应以时装、礼服、民族服装及手工缝制服装为宜。

在公共场合，着装应突出“时尚个性”的风格。既不过分随便，也不过分保守，要体现出个性的特点。

公共场合可大体分三种场合。

（1）喜庆场合。如生日纪念、婚礼、晚会等。在喜庆场合，衣着应色彩丰富一些，艳丽一些；款式新颖一些，潇洒一些。服装要与喜庆的气氛相协调。

（2）庄重场合。如庆典仪式、正式宴请、会见会谈、外事活动等。在庄重的场合，许多国家有穿礼服的习惯。凡此，在发出的正式请柬上，往往对着装会做出明确的说明。

以前，我国没有正规的社交礼服。目前的做法是在需要穿礼服的场合，男士穿黑色的中山装套装或西装套装；女士则穿单一色的旗袍或下摆长于膝盖部的连衣裙以及西装套裙。

在庄重的场合，最好不要穿制服或便服，特别是在涉外活动中。

（3）悲伤场合。应着庄重深色的服装，切忌穿大红大绿或色彩鲜艳的服装，也不宜穿带有花边、刺绣或有飘带饰物的服装。

3. 休闲场合

休闲场合，是指个人休息时间或公共场合里与不相识者共处交往场合，如居家休息，健身运动，游览观光，休闲散步，漫步街头，商场购物，等等。在此场合的着装应突出“舒适自然”的风格。此场合最忌讳的是正正规规、自我感到拘谨的服装。这样的服装不仅自己感到不舒适，同时也令他人别扭。在休闲场合，只要不碍于健康，不违伦理道德，不触犯法律，就可穿得舒适、随便一些。为此，在此场合中不要穿套装、套裙，也不必穿制服。

在休闲场合，大多穿着牛仔装、运动装、夹克装、T恤衫、短袖衫、短裤，等等。这种场合的服装，往往男女的界限不是很明显，一些服装男女都可以穿着。

（三）衣着得法

在社交礼仪活动中，除了衣着得体、衣着同景外，还应该注意做到衣着得法和衣着统一。

衣着得法，是指穿衣戴帽自有一套规矩，有专门的讲究。不同的服装有其自成一体的穿着方法，特别是在比较正式的场合、涉外的场合，服装的穿着是不可以随心所欲的。比如，像正装中的西装、套裙、套装等的穿法就必须符合穿着的规范。这里着重介绍在社交场合中经常穿着的几种服装的正确穿法。

1. 中山装的穿法

随着我国改革开放和人们衣、食、住、行的变化，穿中山装的时候越来越少了。但是，中山装是我国最主要的男士民族服装之一。常常在一些正规的场合仍然需要穿着中山装。在正式场合穿着中山装时，上衣扣和风纪扣务必要扣上、扣严；裤子上的扣子或拉链更是要扣好扣严。袖筒和裤筒是不能挽起的。同时，不要在衣袋和裤袋里装过多的东西，上衣袋的盖子要放在衣袋之外。

2. 西装的穿法

西装起源于欧洲，造型典雅高贵。它拥有开放适度的领部、宽阔舒展的肩部和略加收缩的腰部，穿在男士身上，显得英俊潇洒，风度翩翩，魅力十足。因此，它是目前全世界最流行的服装。但是，“西装一半在做，一半在穿”。为此，穿着西装，就必须要讲究西装的选择、西装的穿法和西装的搭配问题。

（1）西装的选择。往往男士将西装作为正式场合穿着的服装，故又常叫正装。其首选的色彩应当是藏蓝色，除此之外是灰色或棕色。如果是庄重、严肃性质的礼仪活动，则应该选择黑色。切记：越是正规的场合，越要选择单色和深色的西装。

西装一般不带图案，特别是上乘的西装，应该没有任何的图案、标志、字母符号。一般在两种情况下西装带有图案：一是在休闲场合下穿的休闲装，带有不同色调或图案；二是在正规场合中，商界人士穿着的用“牙签呢”缝制的细条纹西装。在欧洲，往往是深灰色的细密的竖条纹的西装是最为考究的。

西装往往作为社交场合的正装，因此，西装的面料应该是挺括、柔软，同时透气、散热性好的档次高的面料。应以毛料为首选，纯毛、纯羊绒以及高比例含毛的毛涤混纺的面料，也可以作为西装的面料。目前，高档的毛料制作的西装具有轻、薄、软、挺四个特点。这四个特点也是衡量西装面料质量高低的基本标准。

西装的尺寸必须要做到合身，宽松适度。要做到尺寸合适应注意三点：一是了解西装的标准尺寸；二是量体裁衣；三是试穿。总之，西装档次较高，不能马马虎虎。

西装的做工涉及西装的质量，做工的好坏应注意六个方面：衬里不能外露；衣袋应该对称；纽扣应该缝牢；表面不能起泡；针脚应该匀称；外观应该平整。

（2）西装的穿法。西装有自成一套的规范穿法，在礼仪交往中，特别是涉外礼仪活动中必须严格遵守。

①拆掉商标。穿西装时，务必要将上衣左袖口处的商标等物拆剪掉，切不可穿着带有商标的西装以显示西装的品牌和档次。

②烫熨平整。不论是新的还是已经穿过的西装，必须要在穿之前将其洗干净，而且要烫熨平整，使其平整、挺括，线条笔直。这样才能显示出西装应有的韵味。

③扣好纽扣。穿西装时要按要求扣好上衣、背心和裤子的纽扣。纽扣的扣法稍复杂一些。在一般情况下，特别是在众人面前站立的时候，西装上衣的纽扣应扣上，以显示郑重其事；非正式场合若内穿背心或羊毛衫而且外穿单排纽扣上衣时，可以不扣纽扣，以防衣服过紧。

穿双排扣的西装上衣时，不论在什么场合，应全部扣上。单排扣的上衣有一粒、两粒和三粒纽扣的情况。当穿着单排三粒纽扣的上衣时，应扣上边两粒纽扣或只扣中间一粒纽扣；当穿着单排两粒纽扣的上衣时，只扣上边一粒扣子，非正式场合也可不扣扣子，以显示其潇洒。不论是双排还是单排纽扣的上衣，当坐下的时候，一般要解开上衣的纽扣，或至少要解开最下边的一粒纽扣，主要是防止“扭曲”变形。

西装背心可以单穿，也可以和西装上衣配套穿。无论哪种穿着，西装背心的纽扣都要扣好。一般情况下，西装背心只能和单排纽扣西装上衣配套。西装背心也有单排和双排纽扣之分。按着西装的着装惯例，双排纽扣的西装背心，穿着时一律要扣好纽扣；单排纽扣的西装背心的纽扣又有五粒和六粒之分。穿西装背心时，若背心为六粒纽扣时，最下边的一粒纽扣可以不扣；若是五粒的则要全部扣上。

西裤的裤门有纽扣和拉锁两种，前者较正统一些，后者稍方便一些。不论何种情况，穿着时必须要把它扣好、拉紧，切不可马虎大意。同时，西裤裤腰上的腰袢必须全部穿上，不可遗漏。

④不卷不挽。在社交活动中穿着西装的时候，不论在何种情况下，都不得将衣袖卷起、裤筒挽起。同时，不要在众人面前随意将上衣脱下，更不要将西装上衣当作披风一样披在肩上。

⑤慎穿毛衫。要想把西装穿出品位，除了衬衫与背心外，在西装的上衣内最好不要再穿其他任何衣物。如果是出于保暖的需要，可穿上一件单色、薄的“V 型”领的羊毛衫或羊绒衫，而不要穿开领的花哨的羊毛衫或羊绒衫，更不要穿几件羊毛衫或羊绒衫。如果这样，就失去了穿西装的品味了。

⑥巧配内衣。西装的标准穿法是衬衫内不穿棉纺或毛织的背心、内衣。不穿衬衣而穿 T 恤衫直接与西装上衣相配套的穿法更是不符合规范的。如果因一些原因而在衬衣内再穿背心或内衣时，要注意三点：一是数量上以一件为限；二是在色彩上千万不要让里面的颜色透视出来；三是在款式上要短于衬衣，切不可让其从领口或衣袖口处露出来，否则会很难看的。

⑦少装东西。穿西装时，西装的上衣、衬衣和裤子的口袋，要尽量少装或不装东西，特别是衬衣的口袋里一般是不能放东西的，因为口袋只是起装饰的作用，以保证西装从外观上不走样。西装上衣的左侧外胸袋，在礼仪场合一般只可以插入一块用以装饰的真丝礼仪手帕或礼仪插花；内侧胸袋可用来别钢笔、放钱夹或名片夹等，而且要越少越薄为好；外侧下方的两个口袋，原则上不要放任何东西。

(3) 西装的搭配。西装的搭配主要包括西装与衬衣、领带、鞋袜以及它们之间相互组合搭配的基本技巧和常识。

①与衬衫的搭配。西装的衬衫应该是正装衬衫。正装衬衫在面料上应该是以高支精纺的纯棉、纯毛织品为主，以棉、毛为主要成分的混纺亦可以考虑。这样的面料轻薄、挺括，不易起球起毛；在色彩上，应该是单一色。在正规的场合，衬衫的最佳颜色是白色。不是很正规的场合，蓝、灰、棕、黑色亦可以考虑。在图案上，要求无任何图案。唯独在

商务活动中较细的竖条纹衬衫可以穿，但必须避免与竖条纹的西装同时穿；在衣袋上，以无胸袋为最佳。

穿西装衬衣时，要注意以下四点问题：一是衣扣必须要扣好，不管是衣扣、领扣还是袖扣。只有在穿西装而不打领带时，才可解开衬衫最上边的领扣。二是袖长要适度。穿西装要穿长袖衬衣，衬衣袖的长短最好是露出西装衣袖 1 厘米左右，避免过长、过短，同时衣领要略高出西装衣领（最多不超过 1 厘米）。三是下摆要放好。穿衬衫时，特别是穿长袖衬衫时，不论是否穿外衣，都要将衬衫的下摆束在裤腰内，注意不要上下错位、扭曲、皱褶。四是大小合适。衬衫的大小、衣领与胸围的松紧要适度，下摆不要过短。公务人员或商界男士在办公室时，可暂时脱去西装上衣，直接穿着长袖衬衫、打着领带是可以的；但是这种穿着打扮外出办事或参加正式活动是不合礼仪规范的。

②与领带的搭配。领带是西装的灵魂。最好的领带面料应该是用真丝或羊毛制作的，涤丝制成的领带亦可选用。质量好的领带应该是外观上美观、平整，衬里为毛料，不变形，悬垂挺括，较为厚重。在色彩上，蓝、灰、棕、黑、紫红等单色领带都是理想的颜色。男士凡在正式的活动中或在商务活动中穿着西装时，一定要打领带。男士领带的颜色不要超过三种，最好是单色无图案，同时尽量不用浅色和艳色的领带。在款式上，要注意四个方面：一是领带的宽窄要与自己的胸围、西装上衣的衣领大小成正比。二是简易式的领带在正式的场合均不适合。三是领带的下端若为箭头式，会显得传统、正规一些；而若为平头式的，则会显得时尚和随意一些。要根据实际的情况来选用。四是领结主要用在社交活动场合，适宜同礼服、翼领衬衫相搭配。

有时，在社交场合中，领带和装饰性的手帕会组合在一起来使用。与领带配套使用的装饰性的手帕，二者在面料、色彩、图案上最好完全相同。

另外，要注意领带的打法。领带有几种具体的打法，不论哪种打法，领结要求挺括、端庄，同时在外观上呈倒三角形。领结的大小要与衬衣衣领的大小成正比。领带打好后一定要端正、收紧，切不可松松垮垮。打好后领带的长度要合适，标准的长度是领带的下端正好抵达皮带扣的上端。

领带的主要打法有四种。见图 2－4 至图 2－7。

图 2－4　1/4 结示意图

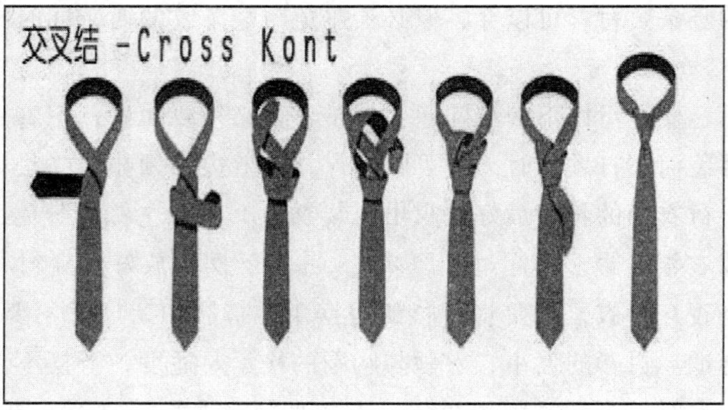

图 2－5　半温莎结示意图

图 2－6　2/4 结示意图

图 2－7　温莎结示意图

领带打好后，一般不必使用任何的配饰，如领带夹、领带针、领带棒等来固定领带的活动。如果要用，也只能使用一件配饰。如果是为了固定领带，在用领带夹时，应将其固定在打好后的领带的“黄金分割处”，即在衬衣自上而下的第四与第五个纽扣之间，同时不要让领带夹外露。如果使用领带针的话，应该将其插在领带偏上方的正中央。如果是使用领带棒的话，则只能用在衬衫的领口处。

③与鞋袜的搭配。与西装配套的皮鞋，应是真皮制作的皮鞋，最好是牛皮鞋。特别是

在正式的场合、商务活动的场合，皮鞋的颜色应该是单色、深色的，场合越庄重，皮鞋的颜色应该越深，黑色的皮鞋是最理想的。同样，在正式场合穿着的皮鞋，应该是没有任何图案和装饰的。庄重而正统的皮鞋是系带皮鞋，因此，对于各种各样的无带皮鞋，都不太适合在正式场合穿着。同时，男士穿皮鞋的时候，要做到鞋内无味，鞋面无灰，鞋底无泥，鞋垫合适，尺码恰当。

穿西装、皮鞋时，与其搭配的袜子在颜色上应该是深色、单色的，最好是黑色的。千万不要穿与西装、皮鞋的颜色成鲜明对比的白色，以及过分“扎眼”的彩色、花色或其他浅色的袜子。发光、发亮的袜子也绝对不能穿。同时，袜子的面料最好是纯棉、纯毛制品。以棉、毛为主要成分的混纺袜子也可以选用。袜子以无任何图案为好。

3. 套裙的穿法

套裙，是西装套裙的简称，它是由男士西装演变而来的，是女士的西装。一件潇洒、刚健的西装上衣和一条代表女性柔美、雅致的裙子组合在一起，刚柔相济，相得益彰，充分显示出女性的精明、干练、成熟、洒脱。因此，套裙备受女士的青睐。

套裙，一般有两件套和三件套之分。两件套由一件上衣和一条裙子构成；三件套就是在两件套的基础上再加一件背心。自从套裙问世以来，两件套的套裙一直占有主导地位。

在正式场合穿着的套裙，通常都是用高档的、同质地、同色彩的素色面料制成，量体裁衣，做工考究。

女士套裙的穿着礼仪，主要涉及套裙的选择、套裙的穿着、套裙的搭配三个方面。

（1）套裙的选择。在面料上，纯天然质地的面料是最好的，如纯毛料的面料。同时，像高档的丝绸、亚麻、麻纱、毛涤及一些化纤面料也可在选择之列。

在色彩上，为体现出典雅、庄重、稳健，套裙的色彩应当以冷色调为主。但是，这决不意味着非得是深色的不可，这样会显得过于呆板。为此，可以在各种色彩中加入一些稍冷的灰色的色彩，使之庄重而不沉重，传统中富有变化。另外，也可以采用上衣与裙子的色彩上的深浅颜色的变化，或采用衬衫、领花、丝巾、胸针、围巾等衣饰来点缀，或用套裙的衣领、兜盖、前襟、下摆等来点缀，使套裙持重中透着生动，保守中显出活泼。但要注意的是，不论怎样去调适，套裙的全部色彩不要超过两种。

在图案上，正式场合穿着的套裙应不带任何图案。若想让自己的套裙静中有动，充满活力，可以选用以各种或宽或窄的格子、或大或小的圆点、或明或暗的条纹为主要图案的套裙。点缀不宜过多，可用装饰扣、包边、蕾丝等加以点缀。要宜少不宜多，宜精不宜粗。

在尺寸上，套裙尺寸的变化无穷，但主要表现在上衣和下裙的长短比例，以及裙子自身的长短、宽窄两个方面。这些常常受到民族文化、职业、个人的偏好和流行趋势等因素的影响。在裙子的长短上，传统的观点一般认为：裙短则不雅，裙长则无神；裙的下摆恰好到小腿肚子最为丰满之处是最为标准、理想的裙长。但在现实生活中，对此已经发生了很大的变化。不同的行业、职业、岗位对套裙的长度都有基本的要求。一般来说，在正式的场合中，套裙的裙子以最短不得短于膝盖以上 15 厘米为限。裙子以贴身为美，故以窄为主。所以，套裙之中宽窄的问题实际上主要是与上衣有关。套裙中的上衣分为紧身式和松身式两种。一般认为，紧身式的上衣显得较为正统，而松身式的上衣则看起来会更加时髦一些。

（2）套裙的穿法。穿着套裙的时候，应主要注意五个方面的问题。

①大小适度。一般认为，套裙的上衣最短可齐腰，而不可短到露脐。套裙的下裙最长可达小腿的中部，而不可再长。一般认为，下裙最短不得短于膝盖以上 6 厘米，长可达膝盖下 3 厘米，最长可达小腿的中部；商务礼仪中裙长以膝盖上下 5 厘米为得体；民航招聘空乘人员面试要求穿着裙装时裙长在膝盖上下 2～3 厘米。上衣的袖长以恰好盖住手腕为宜。

②穿着到位。着装时，上衣领子要完全翻好，衣袋的盖子要拉出来盖住衣袋，衣扣一律全部扣好。裙子的拉链一定要拉好、拉到位，裙子要穿到位，该上下对齐的一定要对齐。不可随便脱下上衣和解开衣扣，那样会给人以不拘小节之感，是很随便的女人。

③讲究场合。套裙是非常正规的女士西装，适合在正规的礼仪场合穿着，如各种正式的商务活动中。

④化妆协调。穿着套裙的时候要一并考虑着装、化妆、佩饰三者在整体上风格协调统一，相辅相成，特别是商界女士。化妆要做到以淡妆为最佳，“妆成有时有却无”，这就是恰到好处。女士在工作岗位上可不用佩戴任何首饰。在工作场合或在比较正式的礼仪场合，如果需要佩戴首饰时，要“以少为佳，合乎身份”。同时不可佩戴过分昂贵和过分炫耀、夸张的首饰。

⑤注意举止。女士在穿着套裙时，要注意举止，处处显示出端庄、大方的套裙应与优雅、得体的举止珠联璧合，相得益彰。为此，女士不论在坐、站、行、谈，还是在拿、取、夹、送等各种举止动作中，都必须按规范的要求去做，而不能随心所欲。

（3）套裙的搭配。主要涉及与衬衫、内衣、衬裙、鞋袜的选择和搭配。

①与衬衫的搭配。与套裙搭配的衬衫，在面料上应该是轻薄而柔软；在色彩上应该是以单色不带任何图案为最佳。另外，除了基本色白色以外，各种各样的色彩，包括流行色，只要不过于鲜艳，与套裙的色彩不互相排斥，都可以作为衬衫的色彩。衬衫的款式变化主要体现在领型、袖管、门襟、轮廓、点缀等方面。对于与套裙搭配的衬衫，不必过于精美。过于精美、华丽、夸张的衬衫则更适合单穿。

女士在穿套裙搭配衬衫时，要注意三个问题：一是衬衫的下摆必须掖入裙腰内；二是衬衫的纽扣除最上端的一粒按惯例允许不扣外，其余的纽扣要一一扣好；三是在公共场合衬衫不宜直接外穿，同时，亦不可在他人面前脱下外衣，以衬衫直面他人。

②与内衣的搭配。一套内衣一般由胸罩、内裤以及腹带、吊袜带、连体衣等构成。内衣要大小合适、舒适。面料以纯棉、真丝为佳。颜色可以是白色、肉色，也可以是粉红、红色、紫色、棕色、蓝色、黑色等。不过，一套内衣最好同为一色，而且是单色为好。内衣的图案则可根据个人的爱好而定。在穿套裙搭配内衣时要注意以下几点：一是内衣一定

要穿，不可“偷工减料”；二是内衣切不可外露；三是内衣不可外透；四是内衣不得外穿。

③与衬裙的搭配。衬裙是指裙子之内的裙子，其主要的功能是给套裙的下裙起到衬附和避透的作用，所以穿套裙必须要穿衬裙。衬裙的面料以透气、吸湿、柔软、轻薄为佳。衬裙的色彩以单色无图案为好，而且要做到与外面裙子的色彩相协调：要么二者的颜色一致，要么外深内浅；不管怎样，不得出现内深外浅的现象。衬裙要线条简单，穿着合身，大小适度。女士在穿衬裙的时候要注意两点：一是衬裙的裙腰不可高于套裙的裙腰；二是要将衬衫的下摆掖放在衬裙和套裙之间，而不能将其直接掖入衬裙之内，以防止因行动而出现衬裙的“位移”。

④与鞋袜的搭配。与套裙配套的鞋子应是皮鞋，以牛皮鞋为最佳。皮鞋的颜色以黑色为正统，此外，与套裙颜色相一致的皮鞋也可以。但艳亮的颜色或浅色的皮鞋最好别穿。皮鞋的款式应该是高跟或半高跟的船式或盖式，其他各式各样款式的皮鞋都不适宜。

袜子可以是尼龙丝袜或羊毛袜。袜子的颜色以肉色、深色、暗色的单色为好，而艳色、多色、亮色都不适宜。袜子应该以高统袜与连裤袜为最佳标准搭配，其他式样的袜子都不宜选用。

要特别注意的是，鞋、袜、裙三者之间的颜色要协调一致。一般来说，鞋和裙子的颜色要略深于或略同于袜子的颜色，而不能让袜子的颜色深于裙子和鞋子的颜色。鞋子和袜子的图案、装饰不宜过多，应该以简单为好，避免“喧宾夺主”。同时，还要具体注意五个问题：一是鞋袜的大小要合适；二是鞋袜应该完好无缺；三是鞋袜不可当众脱下；四是袜子要穿标准袜；五是袜口不得露出裙子的下摆。

4. 制服的穿法

制服，一般是指所在的工作单位或行业，根据其职业性质而统一制作，在面料、色彩、款式等方面整齐划一，在工作岗位上按规定统一着装的服装。

制服的作用主要体现在四个方面：一是体现职业的特征。一些职业，特别是一些特殊的职业，为了适应自己的职业性质，同时也区别于社会其他行业、职业，常常制作统一的制服。比如，军服、警服、公安服、检察服、司法服、铁路服、海员服、空乘服、工商服、税务服、邮政服等。凡涉及大的行业的制服，一般要经过相关的政府部门批准。目前经过国务院批准的全国性的系统制服共有 13 个。二是树立企业形象。市场经济条件下的企业形象，是涉及企业发展的重要问题。“内强素质，外树形象”，是企业公共关系的两个方面。而单位的制服正是对外树立企业形象的重要体现。三是可以区分内部职级差别。一些制服，特别是服务行业部门的制服，如酒店的制服、空乘服等，从其制服的颜色、面料等局部的制作上的差别来表明不同职级的差别。这样，有利于分工明确，职责清楚，管理规范，增进荣誉感，加强自我监督和社会监督。四是实现管理上的整齐划一。大凡实行统一制服的岗位、单位、行业，一般不希望过多的个性张扬，重视集体的统一。为此，穿着制服往往能够强调共性，增强集体荣誉感和内聚力，加强组织纪律性，有利于实现管理上的整齐划一。

制服的礼仪规范主要涉及制服的制作与选择、制服的穿着与搭配两个方面。

(1) 制服的制作与选择。在制服的制作与选择上应注意以下几点：

①在面料上，要注意制服的面料要好。应该做到既经济实惠又美观大方，同时还要考虑工作环境、季节、气候的因素，以及特殊岗位的环境对制服面料的特殊要求等。

②在色彩上，宜简不宜繁，宜少不宜杂。应主要注意三点：一是要突出标志性的色彩，使其成为制服的主色调。同时，制服的色彩要与企业的整个视觉识别系统（VI—Visual Identity）统一考虑。二是应当力求单色偏深。一套制服的上衣、裤子或裙子最好采用同一色彩；同时为了庄重，色彩应该选用偏深的颜色，如蓝、灰、棕、黑等色彩，不宜选用浅色、花色、艳色。三是注意色彩的搭配，坚持“三色原则”。制服上衣、下裤或下裙的颜色，以及与制服搭配穿着的衬衫、领带、帽子、鞋袜等全部的色彩要控制在三种颜色以内。这主要是为了避免过于花哨，体现出制服应有的性质和风格。在坚持“三色原则”的时候还要注意搭配的技巧：不论采用两色或三色，最好其中有一种是白色；不论采用两色还是三色，各种色彩的搭配的比例（面积）不要等比，应该以标志性的色彩为主；不论采用两色还是三色，色彩的搭配要彼此和谐。

除单位的标志之外，在制服上不要出现任何的图案和饰物。

③制服在制作上一定要做工精良，不可马虎。

(2) 制服的穿着与搭配。制服尽管是统一制作的服装，但穿着也是很讲究的。基本的要求是做到规范、端庄、雅致。制服的穿着主要应注意四点。

①要保持干净、卫生。制服尽管被称之为上班装，但必须保持干净、整洁，要及时换洗。对配套穿着的内衣、衬衫、鞋袜等也要及时地进行换洗。同时，穿着的制服要做到无异味、卫生、清洁。

②要挺括、平展。要防止制服打摺成皱。为此，在穿着的时候要注意不要乱倚、乱靠、乱坐；不穿的时候要注意挂好、放平，不要乱扔；出现褶皱的时候及时熨烫，做到挺括、平展。

③要完好、无损。制服在穿着的时候不能出现破损、开线、磨毛、磨破、纽扣丢失等现象。一旦发现有破损时，要及时补救修复，并且做到没有痕迹。如果已经不符合要求，则要及时更换，不能对付凑合。

④要规范着装。穿着制服的目的之一就是为了整齐划一，体现单位的对外形象。所以，穿着制服要规范，而不能乱穿。一方面，按要求该穿着制服的时候，一定要穿，而不能想穿就穿，不想穿就不穿，各行其是。另一方面，在穿着制服的时候，要守规矩。上装、下装、衬衫、帽子、鞋袜、皮带，等等，要按要求配套去穿。“穿衣戴帽”要符合要求，该系上的一定要系上，该扣上的就要扣上，该束起的就要束起。要避免“露”和“透”，尤其是胸部、腹部、背部、肩部不宜露出，这被称之为“制服四不露”，这是制服自身性质所要求的；同时，绝不能让制服里面穿着的内衣“透视”出来，这影响穿着者的自尊和形象。另外，衣饰、佩饰不得随意佩戴，要符合单位的有关要求。

第三节 服装的佩饰

从审美的角度看，服装、化妆和佩饰是人们装饰、美化自己的三大方法。佩饰，较之服装更具有装饰、美化人体的功能，特别是在社交活动中，它发挥着一定的交际功能。它是一种无声的语言，传达着佩戴者的知识、阅历、修养和审美的品位；它又起着一种暗示的作用，暗示着佩戴者的身份、地位、财富和婚恋情况。佩饰，对于服装而言，起着一种辅助、烘托、陪衬、美化的作用。

佩饰，又叫饰品、饰物，是指人们在着装的同时所选用、佩戴的装饰性的物品。佩饰的实用价值不是很强，有些佩饰甚至毫无实用价值。从广义上讲，凡与服装同时使用的、发挥着一定装饰作用的一切物品都是佩饰。从狭义角度看，只有那些纯粹起着装饰、点缀作用的物品才是佩饰。我们这里讲的佩饰是指广义的佩饰，它大体包括两类：一类就是纯粹的佩饰，即狭义的佩饰，又叫首饰，如耳环、项链、手链等；另一类是指那些以实用价值为主，同时又起着一定装饰作用的物品，如钢笔、手表、帽子、眼镜等，又称为实用性的佩饰。

一、首饰的佩戴

首饰，最早的含义是指那些戴在头上的装饰品，现在则泛指一切没有实际用途而纯粹起着装饰作用的饰物。一般来说，这些首饰大都在价格上比较昂贵，受到女士特别是一些有经济条件和文化修养的女士的青睐。还有一些饰品，也是没有任何实际用途而纯粹起着装饰作用的饰物，但这类饰物与传统首饰所不同的是它的价格一般并不高，有的很便宜，有的甚至就是很简单的手制品。这类饰物大都是追求时尚、赶时髦的装饰品，受流行影响非常明显，多为青年男女或文艺界人士所青睐。

佩戴首饰要懂得佩戴的礼仪，特别是在社交场合更是如此。这主要涉及两个方面：一是首饰佩戴的规则，二是首饰佩戴的方法。

（一）首饰佩戴的规则

佩戴首饰时要遵循的一般原则主要有：以少为佳，同质同色，符合身份，搭配恰当。

1. 以少为佳

在佩戴首饰时，数量宜少不宜多。具体而言，有三种情况：一是在必要的时候，可以一件首饰都不戴，如在穿制服的情况下，就不能佩戴任何首饰。二是如果要同时佩戴多种首饰的时候，最多为两三种，每种最多为两件。比如，在服务岗位上工作的时候，首饰佩戴以最多两种为好；若在社交场合，首饰佩戴以最多三种为佳。三是除耳环、手镯外，同种首饰最好不要超过一件。唯有新娘可以例外。总之，首饰在佩戴上应该点到为止，不在多，而在佳，要恰到好处。

2. 同质同色

同质，就是说在佩戴首饰的时候，所有的首饰在质地上应该尽量做到质地相同。比如，都是白金，或都是纯金、纯银，或都是珍珠，等等。同时，如果佩戴的是有镶嵌的首饰，应使其与镶嵌物的质地相同，托架也应该力求与首饰的质地一致。

同色，就是说如果同时要佩戴多种首饰，应该使所有的首饰在颜色上力求相同。同时，如果佩戴的是有镶嵌的首饰，应该使镶嵌物的颜色，如果有托架，连同托架的颜色也要尽量与首饰的主色调保持一致。千万不要让所佩戴的首饰颜色各异，色彩斑斓，使佩戴者像一棵“圣诞树”。

佩戴首饰要做到同质同色，这样做的好处是能令首饰在整体上显得协调一致。

3. 符合身份

在佩戴首饰的时候，要考虑佩戴者的身份。具体而言，主要要考虑以下几点：一是符合佩戴者的职业要求。职业不同，佩戴的首饰也应该有所区别。比如，服务行业、商界人士在服务或公务场合，应该力戒佩戴昂贵的珠宝首饰，以及带有夸张炫耀的首饰。因为这类首饰，往往会使交往对象的注意力集中到佩戴者的首饰上，而不利于真正的交往目的；同时，这不仅让交往对象产生低人一等的感觉，还容易让他人产生有损于职业形象的联想。二是符合佩戴者的年龄。不同的年龄阶段，对首饰的要求也是不同的。三是符合佩戴者的性别。显然，男女在佩戴首饰上会有很大的差异。四是符合佩戴者的体型。人的体型有很大的差别，而首饰的具体形状也有很大不同的。这样，在佩戴首饰的时候，佩戴者必须要根据自己的体型来选用合适的首饰。五是符合佩戴的环境。不同的环境要佩戴不同的首饰。比如，高档的首饰，像珠宝首饰，多适用于隆重的社交场合，而不适合于工作和休闲场合。将珠宝首饰与礼服、时装组合搭配在一起，就会珠联璧合，相得益彰。

4. 搭配恰当

在佩戴首饰的时候，要注意使所搭配的各种首饰之间相互呼应，同时首饰与服装的质地、颜色、款式也要相互照应，在风格上相协调一致。另外，佩戴首饰一定要注意场合，不同的场合佩戴首饰的要求是不同的。很多种类的首饰，特别是带有一定夸张性的首饰，不适合在工作场合佩戴，如果允许佩戴，也是有严格要求的。另外，佩戴首饰的时候，还要与季节相吻合。一般而言，季节不同，所配戴的首饰也有所不同。比如，金色、深色的首饰适合于冷季佩戴，而银色、艳色的首饰则适合于暖季佩戴。

（二）首饰佩戴的方法

首饰佩戴的方法，是说在具体佩戴首饰的时候，每一种首饰都有其规范的佩戴方法和要求，不可以随便乱戴。首饰的种类很多，就其所使用的部位而言，有头饰、颈饰、胸饰、手饰、足饰等。佩戴的时候，在遵循上述四条原则的同时，还要符合每一种首饰的具体戴法。这里主要介绍十种首饰及其佩戴的方法。

1. 耳饰

耳饰具体的种类有许多，如耳环、耳链、耳针、耳钉、耳坠、耳珠等。在一般情况下，耳饰仅为女士所用。在佩戴的时候，耳饰讲究成对使用，也就是说每只耳朵上均佩戴一只，而不宜在一只耳朵上同时佩戴多只。当然，现在国外一些追求新潮的男士也有佩戴耳饰的，比如，佩戴耳环就是一种，但习惯上只是在左耳戴一只，右耳不戴；若两只耳朵都戴，则往往被认为是同性恋者。

在佩戴耳饰的时候要注意以下几点：一是兼顾脸型。尽量不要选择与脸型相似形状的耳饰，以避免使脸型方面的缺点被扩大；二是避免杂乱。在一般情况下，不要同时佩戴耳链、项链和胸针，以避免三者同时出现集中于胸前一线，易造成繁杂凌乱，又过于夸张；三是注意场合。在工作岗位，特别是在服务岗位，一般不宜佩戴耳饰，特别是夸张性的耳饰，如耳环等。

2. 项链

项链是戴在颈部的环形首饰，在其下端往往还带有某种形状的挂件。项链男女均可以使用，不过男士佩戴项链一般不应外露，而女士佩戴的项链则应该露在外边。当佩戴项链时，不应多于一条，但可以将一条长的项链折成数圈佩戴。项链的粗细应该与脖子的粗细、季节的服装相适合。项链长短的选用要因情而定。一般来说，项链的长度可分为四种：一是短项链，约长 40 厘米，适合搭配低领上装；二是中长项链，约长 50 厘米，可广泛使用；三是长项链，约长 60 厘米，适合女士在社交场合佩戴；四是特长项链，长 70 厘米以上，适合女士在隆重的社交场合佩戴。项链的材料也有多种，有金属类的、珍珠类的、石材类的、骨头类的、木质类的，等等。项链的外观造型也多种多样，色彩也是五彩缤纷。在选用项链的时候，要根据自己的职业、年龄、场合、服装、季节、个性等多种因素进行综合考虑才能佩戴出品位来。

3. 挂件

挂件，又叫项链坠，多与项链同时配套使用。挂件的造型各异，常见的有文字、动物、鸡心、花瓶、元宝、锁片、十字、相盒、镶宝、吉祥图案、艺术造型，等等。在选用挂件时要注意两点：一是挂件的质地、颜色、造型尽量与项链的性质相配套，在整体上协调一致；二是与项链配套的挂件在佩戴的时候最多只能选用一件。在正式场合不要选用过分耀眼、夸张、怪异或令人误解的图形、文字等挂件。

4. 戒指

戒指，又叫指环，是戴在手指上的饰物，男女老少皆可。戒指在一般情况下戴在左手上，因为大多数人是右利手（右手与左手相比，在一些活动中，使用右手更为方便、快捷）；若为左利手时，则可戴在右手上。戒指在佩戴的时候，最好只戴一枚，如果想多戴，最多只能戴两枚，新娘例外。当戴一枚戒指的时候，戴在不同的手指上，在社交活动中有不同的含义。当戒指戴在食指上，有求婚的含义，被称之为求婚戒；戒指戴在中指上，有已经订婚或正在恋爱的含义，被称之为订婚戒；戒指戴在无名指上，有已经结婚的含义，被称之为婚戒；戒指戴在小拇指上（又叫尾戒），有独身的含义，被称之为独身戒。当然，现时社会中的一些少男少女，为了追求时尚，常把戒指戴在无名指上，除了其原有的含义外，它的最主要的含义则是表明时尚。在社交活动中，大拇指通常是不戴戒指的。如果是戴两枚戒指，佩戴的方法有两种：一是可以戴在一只手的两个相临的手指上；二是可以分别戴在两只手的对应的手指上。但一个手指上不能同时戴多枚戒指。

另外，戴薄纱手套时戴戒指，应将戒指戴在手套内，只有新娘不受此限制。戒指的粗细应该合适，切忌戒指太细太紧箍在手指上。戒指的外观造型变化很多，一般来说，老年人的戒指应该古朴庄重，而年轻人的戒指则应该小巧玲珑，讲究艺术性。

对于服务行业而言，在其服务岗位，除了个别特殊的岗位，如医疗、餐饮、食品销售等部门外，都可以佩戴戒指。对于男性服务人员在服务岗位而言，可以说，戒指是唯一可以在其岗位允许佩戴在衣外的饰物了。

5. 手镯

手镯是佩戴在手腕上的环型饰物。其作用是显示佩戴者的手腕和手臂的美丽，因此，若手腕和手臂不美的，应该慎重佩戴，最好不要佩戴。同时要清楚，男士一般是不戴手镯的。

手镯的戴法需要注意两点：一是可以戴一个，也可以同时戴两个。当戴一个的时候，通常戴在左手腕（臂）上；戴两个的时候，可每只手腕（臂）戴一个，也可以两个都戴在左手腕（臂）上，一般很少有同时戴三个手镯的情况。二是手镯一般不要和手表等其他腕饰同时戴在同一只手上。

6. 手链

手链是戴在手腕上的链状饰物。手链和手镯所不同的是，男女都可以佩戴手链。在一般情况下，手链应该只戴一条，要戴在左手腕上。需要注意的是，一般是不允许一只手腕上戴多条手链，或双手同时戴手链，或手链与手镯同时配戴。同时也要避免将手链同时和手表戴在同一只手腕上。在一些国家，所戴的手链、手镯的数量和位置可用以表示婚否状况。

7. 脚链

脚链是佩戴在脚腕部位的链状饰物。脚链多为年轻女性所青睐和佩戴，并主要适用于非正式场合。佩戴脚链的意图在于炫示佩戴者的脚部、小腿部以及相关部位的漂亮。为此，这些部位不美的，切要慎重佩戴。佩戴脚链的方法需要注意两点：一是脚链一般只戴一条，戴在左脚或右脚均可；二是若穿丝袜同时戴脚链，应将脚链戴在丝袜的外面，而不能将脚链戴在里面。其原因是若戴在里面，不仅不能显示出脚链的美丽漂亮，反而帮了倒忙，令人误以为佩戴者患有“静脉曲张”。

8. 胸针

胸针，又叫胸花，是佩戴在上衣胸前的饰物，多为女性佩戴。因其图案以花卉居多，故将胸针又叫胸花。佩戴胸针时有一些具体的要求：一是位置要对。当穿西装的时候，胸针要别在西装上衣左侧衣领上；穿无领上衣的时候，则应别在左侧胸前，其高度应该在从上往下数的第一粒和第二粒纽扣之间。同时，若发型偏左时，胸针应当偏右；而发型偏右时，胸针应当偏左。二是搭配要恰当。一般情况下，在工作岗位上是允许佩戴胸针的。但在佩戴胸针的同时又佩戴身份牌或工号牌、胸卡、单位证章、徽章等上岗，就会显得喧宾夺主，为此，这时就不宜再佩戴胸针了。

9. 领针

领针是专门用来佩戴在西式上装左侧衣领上的饰物。严格地讲，它和胸针属于一个系列，男女都可以选用。佩戴领针，数量以一枚为限，而且不宜与胸针、纪念章、奖章、企业徽章等同时使用。在正式场合，不要佩戴有广告作用的领针。不要将其别在诸如右侧衣领、帽子、书包、围巾、裙摆、腰带、裤襟、裤腰、裤管等处。

10. 发饰

发饰一般是指女性在头发上所采用的兼具有束发、固发功能的各种饰品。常见的有头花、发带、发箍、发卡等。女性服务人员在工作时，选择发饰宜强调其实用性，而不宜偏重其装饰性。通常，头花以及色彩鲜艳、图案花哨的发带、发箍、发卡，都不宜在上班时佩戴。

以上十种首饰是最为常见而且多为传统的饰品。除此之外，现实社会上还流行一些追求时尚而新潮的佩饰。这些佩饰种类繁多，质地各异，色彩斑斓。同时佩戴的方式也是花样翻新。比如，有各种新潮的腕饰、臂饰、发饰等，有佩戴鼻环、脐环、唇环、舌环、指甲环等，还有佩戴脚戒指的，等等。它们多为标榜前卫、张扬个性的选择，不是社会的主流，一般也不适合在社交场合佩戴，更不宜在公务场合为工作人员所佩戴。

二、实用性佩饰的佩戴

实用性的佩饰，它兼有实用和装饰两种功能，并且以实用性为主。实用性的佩饰种类很多，除了前面已经介绍的领带之外，还有手表、围巾、手帕、帽子、手套、包袋、眼镜、钢笔，等等。对于这些饰物，我们在使用它的时候，既要做到使用方便，有利于发挥它的功能，同时又要注意它的装饰作用的发挥和佩戴方法的正确。下面，我们着重介绍三种最常用的实用性饰物。

（一）手表

手表，又叫腕表，是戴在手腕上用来查看时间的。尽管现在智能手机也能随时查看时间，但在社交场合特别是在与人交往时拿出手机查看时间，常常会让对方感到尴尬。因此，在社交场合戴上一块手表，不仅查看时间方便，常常还会给人以时间观念强、工作作风严谨的感觉。在正式的社交场合，手表往往被视同首饰，特别是对男士而言，更是倍受青睐。因此，有人认为，手表是男人最重要的首饰。在西方就有“男人三件宝，金笔、火机和手表”的说法。在中国也有类似的说法，“男人三件宝，腰带、皮鞋和手表。”可见，手表是男士重要的装饰物。在社交场合，人们所佩戴的手表，常常体现着他的身份、地位和财富的状况。

手表的种类按其价格来划分，可分为豪华表、高档表、中档表和底档表四种。豪华表的价格一般在10000元以上；高档表的价格一般在2000～10000元；中档表的价格在500～2000元；低档表的价格一般在500元以下。

手表的造型很多，一般来说，在正式的社交场合所佩戴的手表应该是庄重、保守的，要避免怪异、新潮。为此，正圆形、椭圆形、正方形、长方形以及菱形手表造型庄重、保守，比较适合在正式场合佩戴。

手表的色彩有单色、两色和三色之分。单色是指表盘、表壳、表带同为一色；两色是指表盘、表壳、表带为两种颜色；三色是指表盘、表壳、表带为三种颜色。一般来说，在正式的社交场合所佩戴的手表，其颜色最好不要超过两种，而且颜色以临近、协调为好，同时还要使其颜色和服饰的主色调相一致。特别要注意不能佩戴艳色、杂色、花色等手表，金色、银色、黑色的手表是比较理想的选择。

从手表的功能看，在正式的场合所佩戴的手表要少而精，要实用。切忌佩戴那些失效表、劣质表、怀式表、广告表、卡通表、世界表，等等。

一般来说，手表的表带有两种情况：一种是手表的表壳和表带为一体的，另一种为手表的表壳和表带是自由组合的。自由组合的表带也有两种情况：一种是金属类表带，另一种为皮革类。要选用那些质地好、制作精细的表带，不要选用质地很差，做工粗糙的表带。表带的选择还要考虑季节、气候，以及佩戴者皮肤的适应情况等因素。

佩戴手表需要注意两点：一是手表大都戴在左手腕上，如果是左利手，可戴在右手上。二是表带的松紧要适度。一般来说，皮革类的表带应该在系好后基本上在手腕部不能自由滑动为好；金属类的表带在系好后表带和手腕之间应该留有一定的空隙，手表可以自由地在手腕部滑动而又不脱落为好，体现了佩戴手表者的一种潇洒，同时也有利于健康。需要注意的是：要定期对金属表带进行擦洗，保持表带的清洁、卫生。

（二）公文包

公文包是男士西装的最佳搭配，是男士外出办理公务，特别是商务男士外出之际须臾不可离开的“移动办公桌”。所以，在国外评价一位男士服饰是否有品位，往往看其是否遵循“三一律”，即要求在正式场合中，佩戴的公文包、皮鞋、腰带在色彩、款式、面料上基本统一、一致。公文包与西装相搭配时有两点要注意：一是公文包要有品位。具体来说，面料应以真皮为宜，并以牛皮、羊皮制品为最佳；色彩以深色、单色为好，黑色、棕色的公文包是最正统的公文包；公文包的外表面不宜带任何的图案、文字；形状应以长方形为佳。二是使用要有品味。具体而言，外出需要带公文包以带一只为限，同时公文包上不要留有商标等饰物；公文包内装与办理公务相关的东西千万不能太满，而使之变形、膨胀。

（三）眼镜

眼镜，男女老少都可以佩戴，它的主要功能是可以提高人的视力或有助眼睛的健康。

眼镜，从其功能看主要可以分为两大类。一类是实用镜，主要功能是为了提高视力，如近视镜和远视镜。另一类是装饰镜，也叫时尚镜，或太阳镜，主要功能是在遮挡太阳光、防止紫外线的同时起到装饰的作用。不论是实用镜还是装饰镜，佩戴一副得体的眼镜，在发挥其健康功能的同时，还可以恰到好处地改变人的面部形象，增加人的品位。比如，佩戴一副实用镜，常常会给人以有知识和学问的印象。为此，眼镜成为人们一种重要的实用性装饰物。选择、佩戴眼镜应注意以下几点：

1. 要根据需要选择眼镜

佩戴眼镜首先要从需要出发，不宜仅为了美观而佩戴眼镜。因为不论近视、远视，或因为有眼疾，还是因为防紫外线，首先考虑的是满足改善视力，有利于眼睛健康。对于实用性眼镜的选择，一般要在医生的指导下选择。

2. 选择好眼镜的外观

眼镜的外观包括眼镜制作的材料、款式、颜色等。眼镜的材料主要包括镜架材料和镜片材料。不论是实用性眼镜还是装饰性眼镜，其镜架材料主要有金属材料、板材两种。金属材料以纯稀有金属和各种合金材料为上乘；板材是由化纤、植物纤维等经过化学高温处理定型而成，其特点是轻便、有韧性。镜片的材料主要有石头、树脂、玻璃、PC 四种。石头镜片一般是平光镜，用天然水晶石磨制而成，比较贵重；树脂镜片的特点是轻便，有韧性，缺点是镜面容易被划、磨；玻璃镜片价格经济，缺点是厚重，怕碰撞；PC 镜片轻薄，有韧性，但档次低。眼镜的款式主要是指镜架和镜框的造型。实用性眼镜的境架的造型多为平直传统式的，而装饰性眼镜的镜架多为圆弧形夸张式的。实用性眼镜的境框有全框、半框和无框之分，镜片形状主要有方形和椭圆形两种，同时，一般前者形状较大些，后者较小些；装饰性眼镜的镜框多为无框和全框两种，镜片的形状变化较大，多为宽大夸张形的。在颜色上，实用性眼镜的镜片多为透明无色的，镜架的颜色较多，多数为深色和浅色两类；装饰性眼镜的颜色很多，有粉色、紫色、墨绿、茶色、墨黑、蓝色，等等。眼镜外观的选择主要从佩戴者的职业、年龄、个性、脸形、服装、目的等综合因素加以考虑。一般来说，装饰性眼镜多为年轻人所青睐；石头镜为传统、年长者所喜欢；简洁大方的实用性眼镜多为职业男性、女性所偏爱；而小巧时尚的实用性眼镜多被年轻人所佩戴。

3. 注意佩戴的场合

一般来说，实用性眼镜适合在各种场合佩戴。装饰性眼镜适合于夏天室外休闲场合佩戴，而不能在公务场合、一些较正式的社交场合以及室内场所佩戴。墨镜不适合在公务场合、社交场合佩戴，如因眼疾而佩戴要适当地加以解释，否则是很不礼貌的。此外，在佩戴眼镜看人时，切记不要从眼镜的边缝中看人，这样也是很不礼貌的。

上面，我们分别介绍了服装的要素、服装的穿着以及首饰和实用性佩饰的佩戴。但同时还需要注意的是，要想使服饰符合礼仪规范，必须做到整体统一和谐。一是作为服装而言，其要统一、协调。具体地说，就是要做到上衣、下装、衬衫、领带、袜子、鞋子等在颜色、款式、面料上统一、协调。二是服装与饰物的统一、协调。不论是装饰性的饰物还是实用性的饰物，在佩戴时都要注意使其在数量、形状、色彩、价值等方面与服装的统一、和谐。这样才能起到佩饰的点缀作用，画龙点睛，恰到好处。饰物与服装的和谐统一，饰物与饰物之间的统一、协调，是不容忽视的大问题。

思考与练习

一、思考题

1. 在现代社会中，服饰的社会功能主要有哪些？

2. 服装的三大要素是什么？

3. 服装色彩的基本特征有哪些？试举出两种色彩的心理感觉。

4. 什么是服饰的TPO原则？

5. 什么是衣着得体？为了做到衣着得体，要了解和运用的服装要素的三个基本知识是什么？

6. 什么是衣着同景？社交活动中的三类场合是什么？其要求服装的风格各是什么？

7. 什么是衣着得法？西装的选择要注意哪些问题？

8. 正确穿着西装要注意的七个问题是什么？

9. 西装的搭配涉及哪些方面？如何正确进行这些方面的搭配？

10. 套裙的选择要注意哪些问题？

11. 套裙的正确穿着要注意哪些方面的问题？

12. 套裙的正确搭配涉及哪些方面？如何正确地进行套裙的搭配？

13. 什么是制服？正确穿着制服要注意哪些问题？

14. 什么是服装的佩饰？佩饰有哪几类？其作用是什么？

15. 什么是首饰？首饰主要包括哪些种类？首饰佩戴的基本原则有哪些？

16. 如何正确佩戴耳环、项链、戒指？

17. 如何正确佩戴手表？如何正确打领带？

18. 为什么要做到服饰的和谐？服饰的和谐包括哪些方面的内容？

19. 服装色彩搭配的主要方法和技巧有哪些？试举例说明一种色彩搭配的方法和技巧。

20. 什么是服装的“三色原则”和服装搭配的“三一律”？

二、案例分析题

1. 李莉、王虹、高枫是文秘专业大学同班同学，毕业后经过10年的拼搏，各自在事业上都取得了一定的成绩。李莉爱好文艺，凭着较好的文艺表演素质和大学扎实的文化功底，毕业不久就被一家文化公司看中，经过专门的进修后改行从事文艺表演，成为当地小有名气的演职人员，时而也做一做播音主持人，有一定的社会知名度。王虹毕业后在政府部门做秘书工作，能说能写，爱岗敬业，各方面的关系也处理得很好，受到领导的重视，现在是政府部门中一名年轻有为的女副局长。高枫毕业后先到了一家国有企业做秘书，后因企业效益不好，他下海自谋职业成立了自己的公司，几年下来，也成为小有名气的老板。

今年的10月10日，在这个秋高气爽的季节里，母校将迎来建校50周年校庆，学校邀请了他们作为校友参加校庆活动。三人都期盼着参加校庆，都想利用校庆的机会回母校看看自己的老师，看看母校的发展和变化，同时也向母校汇报自己的成长和进步。

为了能风光地参加校庆典礼，三人都精心地准备了服饰。校庆典礼大会上，李莉自驾一辆红色的轿车，身穿一套红色时髦的服装，以此展示自己的职业风采；高枫自驾刚刚购买的宝马轿车，穿一身世界名牌猎装来到会场，颇引人注目，老板的气派充分地得到了展示；王虹来到会场时，为了表现出一名国家公务员勤俭廉正的形象，穿着十分简朴，和平时上班一样，穿着一身几年前单位统一制作的工装，轻装简从，来到会场时没有引起任何人的注意。

在校庆活动期间，三人分别在大会、分会做了报告，看望了自己的老师，开展了一系列的活动，老师们都为自己的学生事业有成感到高兴，他们的报告在学生中产生了良好的影响。可是，他们的着装也在老师和学生中间引起了不同的议论。

根据上述内容回答下列问题：

(1) 李莉、王虹、高枫三人在参加校庆活动中的穿着打扮是否合乎服饰礼仪的要求，为什么？请运用服饰礼仪的有关知识加以说明。

(2) 如果你是这三位校友的秘书，对于他们参加这次校庆活动时的服饰，你有何建议？运用服饰礼仪的知识对你的建议加以论述。

2. 赵雅倩是一名大学毕业生，参加工作后不久，要参加一位好朋友的婚礼。刘江则是学计算机专业的大学研究生，今年毕业，马上要参加一场国外公司的招聘会。

请你运用学习过的相关理论知识，分别为赵雅倩参加婚礼的服饰和刘江参加招聘会的服饰提出建议，并说明原因。

三、实训内容与要求

1. 了解和认识服装的主要色彩及其色彩心理，对服装色彩搭配的主要方法和技巧进行训练。

2. 根据个人不同的体型和穿着，运用“穿着得体”的要求，现场互动评点。

3. 三类不同的社交场合的特点和要求的具体描述和把握。

4. 西装套装和套裙款式的了解和把握。

5. 中山装的正确穿法。

6. 西装套装的选择、搭配和正确穿法。

7. 领带的正确打法。

8. 套裙的选择、搭配和正确穿法。

9. 制服的正确穿法。

10. 几种主要首饰的正确佩戴。

11. 几种主要实用性饰物的正确佩戴。

第三章

见 面 礼 仪

——留下美好的第一印象

内 容 提 要

本章主要介绍见面礼仪活动中经常涉及的称呼礼仪、见面礼仪、握手礼仪和名片礼仪等内容。

重点和难点

本章重点掌握在不同的场合如何正确地称谓他人；社交活动中为他人做介绍、自我介绍的礼仪；社交活动中握手的礼仪；交换名片（微信名片）的礼仪。

第一节 称呼礼仪

古时候，有一个人要去离家很远的一个大集镇，他走了几天，还没有到达大集镇。一日路遇一老者，就上前问道："老头，我要去大集镇，还有多远?"老者看了他一眼说："无理!"于是他继续走了5里路却没看见大集镇。这时，他停下来思考老者的话，方才恍然大悟，是自己对人称呼失礼，将对方说的"无理"当成了"5里"。

称呼（Address），指的是人们在日常的交往和应酬中所采用的彼此之间的称谓语。选择正确、恰当的称呼，体现了对对方的尊重，反映着自身的修养，表达着交往双方的关系。由于各国、各民族语言不同，风俗各异，文化有别，往往在姓名与称呼上差别很大。因此，正确地称谓别人是很重要的，如果不注意，可能就会闹出误会，甚至造成反感，影响交往的顺利进行。

一、国内称呼礼仪

在国内交往活动中，要正确、恰当的称呼他人，务必要注意四点：一是称呼要合乎常规；二是称呼要照顾对方的个人习惯；三是要入乡随俗；四是要合乎场合。

在国内的交往活动中，称呼的场合大体上可分为生活中的称呼和工作中的称呼两种。在不同的场合中称呼的礼仪是不同的。

（一）生活中的称呼礼仪

日常生活中的称呼应当做到亲切、自然、准确、合理。

1. 对亲属的称呼

对亲属的称呼应注意的礼仪主要有两点：

（1）要合乎常规。亲属，就是与本人具有直接或间接的血缘关系者。为此，在日常生活中要按已经约定俗成的、辈分的规范要求习惯来称呼。比如，“父亲”、“母亲”，“祖父”、“祖母”，“哥哥”、“姐姐”，“表兄”、“堂弟”，“岳父”、“岳母”，等等。

有时为了表示亲切、不见外，常常会用人们已经习惯的称呼。虽然这样称呼不是非常规范，但也合乎礼仪，而且让人感到很亲切。比如，儿媳对公公、婆婆，女婿对岳父、岳母，都可以称呼为“爸爸”、“妈妈”，另外，口头语称呼比书面语更亲切，比如，“爸爸”、“妈妈”比“父亲”、“母亲”更合适些。

（2）表达尊敬的特例。有时为了表达尊敬之意，可根据不同的情况采取谦称或敬称。

①一般对本人的亲属可采用谦称。对辈分或年龄高于自己的亲属，称呼的时候可在其称呼前加“家”字，比如，“家父”、“家叔”、“家兄”；对辈分或年龄低于自己的亲属，则可以在其称呼前加“舍”字，比如，“舍弟”、“舍妹”、“舍侄”；在他人面前称呼自己的子女时，可在其称呼前加“小”字，比如，“小儿”、“小女”、“小婿”。

对比自己辈分低或年纪小的亲属，可直呼其名，或使用其爱称、小名，或在其名字前加上“小”字，不论何种称呼法，均可；但对比自己辈分高的、年纪大的亲属，则不可如此称呼。

②一般对他人的亲属可采用敬称。对其长辈，可在其称呼前加“尊”字，比如，“尊母”、“尊兄”；对其平辈或晚辈，可在其称呼前加“贤”字，比如，“贤兄”、“贤妹”、“贤侄”；如果在其亲属的称呼前加“令”字时，一般可不分辈分与长幼，比如，“令尊”、“令爱”、“令堂”、“令郎”。

2. 对朋友、熟人的称呼

对朋友、熟人的称呼要做到亲切、友好，不失敬意。具体而言，有以下几种称呼方式：

（1）用敬称来称呼。用敬称的方式来称呼，就是用人称代词“你”、“您”相称。具体的使用方式有以下几种：

①对长辈、平辈，可用“您”；对晚辈，可用“你”。以“您”来称呼，则表示对对方的尊敬，表达自己的恭敬之意。

②对德高望重的年长者、资深人士，可在其姓氏后加“公”或“老”字，比如，“王公”、“周公”，“白老”、“张老”。若被尊称者的名字为双音的，亦可在名字的第一个字后加“老”字，同样表示一种尊称。如对沈雁冰先生，可尊称为“雁老”。

③对有身份者和年长者，可以用“先生”相称，在“先生”之前加上被称呼者的姓氏。比如，“高先生”、“刘先生”。

④对文艺界、教育界的人士，以及对有成就者、有身份者，均可以称“老师”，也可以在其前加上姓氏。比如，“朱老师”、“胡老师”。

（2）用亲近的称呼。对邻居、年长者、至交，有时可以用类似有血缘关系的称呼来称谓，以表示亲切，令人感到信任。如“大爷”、“伯伯”、“阿姨”，等等。在这类称呼前也可以加上姓氏。如“许大姐”、“于大妈”，等等。这种称呼法，多用在对一般年长者表示亲切的称呼上。

（3）用姓名来称呼。用姓名来称呼对方，一般有如下几种情况：

①平辈之间、熟人之间，可以直接以姓名来称呼对方。如“李晓华”、“王海波”，等等。但要注意，这种直接称呼姓名的方式，只能适用于长辈对晚辈或平辈之间，而晚辈对长辈则不能这样称呼。

同时，为了表示亲切，可以在被称呼者的姓氏前分别加上“老”、“大”、“小”等字，而不呼其名。比如，对年长于己者，可称“老陆”、“大赵”；对年幼于己者，可称“小马”、“小梁”，等等。

②对同性的朋友、熟人，如果关系极为密切，可以不称其姓，而直呼其名。如“志同”、“鹏金”，等等。而对于异性而言，则一般不能这样称呼，可直接称呼其姓名。如“王志同”、“刘鹏金”，等等。如果对异性只称呼其名，如将“杨志明”称为“志明”，那意味着彼此不是家人，就是恋人或配偶。否则，会让人感到失礼。

3. 对普通人的称呼

在现实生活中，对一面之交、关系普通的交往对象，可根据具体情况分别采取如下的称呼方法：

（1）以“同志”相称。比如，对党政军单位人员以此称呼就比较得体。

（2）以“先生”、“女士”、“小姐”、“太太”相称。在社交场合对相遇的人以此称呼比较得体，当然也要注意掌握具体分寸。

（3）以其职务、职称相称。当知晓对方具体职务、职称时以此称谓比较得体。

（4）入乡随俗，采用对方能理解并接受的称呼相称。在一个较为特殊的生活空间、环境中称呼时要考虑对方的称呼习惯和习俗。比如，有些农村年纪稍大些的男子与妻子间互称老伴儿，如说“您老伴儿今年多大年纪了？”比说“您爱人今年多大年纪了”要恰当得多。

(二）工作中的称呼礼仪

在工作中，人们在其岗位上履行自己的职责，遵守着角色的规范。为此，工作中的称呼要做到庄重、正式、规范。

但从现实存在的问题看，最突出的是缺乏规范，称呼混乱。比如，有的不分时间、场合、对象，凭经验或感觉来称呼。这主要是受多种社会因素影响的结果。比如，以称呼“同志”、“师傅”、“老板”、“小姐”为时髦，到处套用，有的竟称“解放军师傅”、“警察师傅”。

1. 工作中的称呼方式

工作中的称呼主要有以下几种方式：

（1）职务性称呼。在工作中以职务相称可以表明身份区别，得体而又显示出敬意。职务性的称呼具体有三种情况：一是仅仅称呼其职务。比如，“处长”、“局长”、“厅长”、“主任”、“厂长”，等等。二是在职务前加其姓氏。比如，“马处长”、“牛书记”，等等。三是称呼前加姓名，这仅适用于比较正式的场合。如“刘文凯校长”、“马文金厂长”，等等。

（2）职称性称呼。对具有职称，特别是具有中级、高级职称者，可在工作中直接以职称相称。一般来说，职称性称呼可有三种方式：一是仅用职称称呼。比如，“教授”、“工程师”、“研究员”，等等。二是在职称前加上姓氏。比如，“林编审”、“杨律师”，等等。这种称呼常常为了简单而采用约定俗成的简称法来称呼，比如，将“刘工程师”简称为“刘工”，将“林编审”简称为“林编”，等等。但要注意的是，在使用简称法的时候要以不发生误会或歧义等为原则。三是在十分正规的场合可在职称前加姓名的方式进行称呼。比如，“杜国华主任编辑”、“马佳金教授”，等等。

（3）学衔性称呼。在工作中，对有学衔的，特别是具有较高学衔者，以学衔进行称呼，往往会增强现场的学术性气氛，提高被称呼者学术的权威性。具体有四种方式：一是仅称学衔。比如，“博士”。二是在学衔前加姓氏。比如，“杨博士”等。三是在学衔前加姓名。比如，“罗凯博士”等。四是根据社交场合的具体需要，可将学衔具体化进行称呼。为了说明所学学科时，用具体学科学衔称呼，其后可以再加上姓名，比如，“法学博士张鹏”、“工程硕士胡娜”，等等。这种称呼最为正式。

（4）行业性称呼。在工作中有时可以按行业进行称呼。行业性的称呼又具体有两种情况：一是直接以被称呼者的职业来称呼。比如，“老师”、“律师”、“教练”、“警官”、“会计”、“医生”（或“大夫”）、“服务员”，等等。在此情况下，称呼前均可加上姓氏或姓名。二是对商业、服务行业的人员可按约定俗成的称呼方法。比如，“小姐”、“女士”、“先生”等。在用“小姐”和“女士”称呼对方时，要注意的是，对未婚的女性称“小姐”，对已婚和不清楚婚姻状况的女性称“女士”，这在服务行业中是通用的。

另外，在称呼时，可以在称呼前加姓氏或姓名，或按职务称呼。比如，“厂长吴军先生”、“秘书刘颖小姐”，等等。

(5) 姓名性称呼。这是在工作中对交往对象直接称呼其姓名的方式，一般仅限于同事、熟人之间。具体方法有三种：一是直呼姓名；二是直呼其姓，不呼其名，并根据称呼对象与自己的年龄情况在姓氏前加“老”、“大”、“小”等字。

在国内人际交往中，我们也要注意区分不同的场合、不同的行业、不同的对象身份，采取不同的称呼。

在公共场合，如在社交场合、公众场所，一般对男士称“先生”，对女性称“小姐”、“女士”。

在社会政务活动中，以“同志”相称为得体。

当知道对方职务、职业、职称、学衔时，以姓氏加职务或职称、学衔为妥。比如，张厂长、李大夫、高教授、马博士等。

对不同行业、部门的人士以相应的称呼为得体。比如，在教育行业中，以“老师”相称为好；在工矿企业以“师傅”相称为好；在党政军机关，以“同志”相称为好；在服务行业以“小姐”、“女士”、“先生”相称为好。

2. 工作中的称呼应注意的问题

在交往时称呼他人要注意避免以下几个方面的问题：

(1) 避免使用错误称呼。称呼他人时，由于粗心往往会出现对称呼的姓名误读。比如，错读一些姓氏或名字，将“查”、“盖”等这些姓氏望字猜音，发生错误。要避免此类错误的发生，最好的办法就是提前查准读音，或当场虚心请教，不耻下问。对交往对象的年龄、辈分、婚否、职务等一些情况，千万不要想当然地去称呼，比如，将未婚妇女称呼为“夫人”，就属于误称。要避免此类情况的发生，其办法只有一个，就是在交往之前先弄清楚准确的情况，再称呼，就不会发生错误了。

(2) 不要使用过时的称呼。称呼有一定的历史时代性，有些称呼会随着时代的变化而过时，因此，称呼他人一定要合乎时宜，否则会让人贻笑大方。比如，现在用“长官”、“大人”等来称呼政府官员以表示尊重，那肯定会令人啼笑皆非。

(3) 避免使用地域性的称呼。有些称呼具有地域性，比如，北京人喜欢称人“师傅”，山东人喜欢称人“伙计”，南方一些地区喜欢将小孩子称为“小鬼”，中国人常把配偶称为“爱人”，等等。而在社交活动中，如果用这些具有特定含义的地域性的称呼来称谓他人，往往会造成很大的误会。比如，和南方人交往称呼“师傅”，他可能会把“师傅”当成“出家人”来理解。

(4) 不要使用不当的行业称呼。一些称呼常常在特定的行业使用，比如，学生之间互称“同学”，军人之间互称“战友”，工人之间互称“师傅”，道士、和尚之间互称“出家人”，等等。如果非本“行业”人士使用行业称呼，那不但不能表示亲近，反而会产生反感或误会。

(5) 避免使用庸俗低级的称呼。在一些正式的交往场合，不要将私下个人间交往的称呼搬到大雅之堂，要严格区分不同场合中不同的称呼，切不可混淆。比如，不能在正式的场合使用“兄弟”、“哥们儿”、“姐们儿”、“老兄”等一类的称呼，显得庸俗低级，没有档次。

（6）不要使用绰号称呼。在交往中，不要随便给他人起绰号，也不要用绰号来称呼他人。因为这是对别人的不礼貌、不尊重。交往的前提首先是要尊重别人，尊重别人首先要尊重别人的姓名和称呼。

二、涉外称呼礼仪

（一）世界各国人的姓名构成

称呼，往往离不开人的姓名。为此，在涉外交往进行称呼时，需要了解世界上各个国家人的姓名构成情况。世界上各个国家人的姓名构成大体上可分为三类。

1. 名加姓

其姓名构成的顺序是由“名+姓”两部分构成，名在前，姓在后，主要以英国、美国等国家为代表，例如，欧美、中东、澳洲等地区以及亚洲的印度、泰国、菲律宾、老挝等国家。比如，“理查德·尼克松”，“理查德”是名字，而“尼克松”则是姓氏。有的人的姓名则是“名+名+姓”三部分构成，即第一名（First Name）、中间名（Middle Name）、姓（Last Name，又称 Surname 或 Family Name）。一般来说，中间名比较复杂，第一名常是教名（Given Name）。

这些国家中的女士在婚前有自己的姓名（Maiden Name），而结婚后则有些变化，其姓名构成的顺序为：本人名+丈夫姓（或再加自己的原姓），比如，“玛格丽特·撒切尔”这一姓名中，“玛格丽特”为其本名，而“撒切尔”则是其丈夫的姓。有时有一定社会地位或社会影响的女士，婚后则会仍保持原姓名不变，主要是显示其地位的独立性。

这些国家人的姓名在书写时，习惯上名字可缩写成一个字母，但姓不能缩写。英国习惯名字全缩写，而美国则习惯只缩写中间名。

有些英美人士的姓名前会冠以“小”字，例如，“小乔治·威廉斯”中的“小”字，与其年龄无关，而是表明他沿用了其父名或父辈的名字。

在名加姓的这类国家和地区中，具体到不同的国家或地区人的姓名构成也略有些差别，要注意区分，比如，拉美国家、阿拉伯国家、俄罗斯、葡萄牙、西班牙等这些国家都有所不同，不可大意。

2. 姓加名

姓在前，名在后。这类构成的姓名多在亚洲的一些国家。比如，中国、日本、朝鲜、柬埔寨、越南等国家以及欧洲的匈牙利。

这些国家人的姓名构成也不尽相同。比如，中国香港、中国台湾的女子结婚后其姓名往往发生变化，会在自己的姓名前加上其丈夫的姓，比如，伏明霞与梁锦松结婚后，姓名变成梁伏明霞，方瑀与连战结婚后姓名变成连方瑀。日本人的姓名均用汉字来书写，读音则与汉字完全不同。日本人的姓名一般以四个字居多，姓以两个字为最多，约占80%以上。日本妇女在婚前使用父姓，婚后使用夫姓，本人的名则一直不变。

日本人的姓有12万之多，常见的有40多个。日本人姓名书写时常把姓与名分开写，即姓与名中间空上一字的位置，如“田中　角荣”、“竹下　登”、“小泽　一郎”、“二阶堂进”、“桥本　龙太郎”，等等。

3. 有名无姓

这类国家很少，主要是以缅甸和印度尼西亚的爪哇族为主。比如，缅甸人则有名而无姓，但常在名前冠以表示性别、长幼、社会地位等的字、词。比如，用“吴”表示先生的意思，“郭”表示平辈，幼辈称“貌”，女性称“玛”。再如，称“貌”意为“弟弟”；称“玛”意为“姐妹”；称“哥”意为“兄长”；称“波”意为“军官”；称“塞耶”意为“老师”；称“德钦”意为“主人”；称“耶博”意为“同志”等。

（二）涉外称呼的一般规律

在国际交往中，称呼一般有以下几种方式：

1. 常用性称呼

这种称呼方式一般适用于各种交往场合中的成年男女。即对男子称“先生”，对女子称“夫人”、“女士”、“小姐”。对已婚女子称“夫人”，对未婚女子称“小姐”，对不了解其婚姻状况的女子可称“女士”。

这些称呼均可冠以姓名、职务、职称、衔称、学衔等。比如，“布莱克先生”、“少校先生”、“玛丽小姐”、“秘书小姐”、“护士小姐”、“怀特夫人”等。

2. 商务性称呼

这种称呼方式是指在商务活动中应以“先生”、“小姐”、“女士”来称呼交往对象。在国际商务交往中，一般不称呼交往对象的行政职务，同时在商务活动中也很少使用“夫人”这一称呼。这一点与在国内交往中的称呼有很大的不同。

3. 政务性称呼

这种称呼方式主要是指在涉外政务性的交往中的称呼方式，常见的称呼除了使用“先生”、“小姐”、“女士”之外，还有两种称呼的方式：一是称其职务；二是对身份地位较高的，如部长以上的，可称“阁下”。

在使用职务或“阁下”称呼时，可加上“先生”这一称呼。其准确的称呼顺序为：“职务＋先生＋阁下”或“职务＋先生”。比如，“部长先生阁下”、“大使阁下”、“市长先生”、“总统先生”，等等。在使用“阁下”这一称呼时要注意的是，在美国、德国和墨西哥等国家，没有“阁下”这一称呼习惯。

对有一定地位的女士可称“夫人”，对有高级官衔的妇女，也可称“阁下”；对有较高身份、地位或有一定社会影响的女士，也常以“先生”来称呼，其前可加上其姓名，如“宋庆龄先生”、“周小燕先生”。

4. 荣誉性称呼

这种称呼方式是指在社会交往中，对教授、法官、律师、医生、博士等受人尊敬和较高社会地位的人士，可以直接以此作为称呼。在此种称呼方式中，具体有四种称呼方法：一是直接称呼法，比如，“教授”、“律师”、“法官”、“医生”、“博士”；二是在其称呼前加上姓名，比如，“福特法官”；三是在其称呼后加上“先生”，比如，“博士先生”、“马丁先生”；四是在其称呼前加上姓名，称呼后加上“先生”，如“高斯博士先生”。

5. 军界性称呼

这种称呼方式是指对国家军队中的人士称呼时，一般是称其军衔而不称其职务。这在国外是一种通用的做法。具体有四种称呼方法：一是只称军衔，比如，“将军”、“上校”、“中士”等。二是在军衔前加上“先生”，比如，“中尉先生”、“上校先生”等。三是在其称呼前加上姓名，比如，“巴顿将军”、“朱可夫元帅”等。四是按“姓名＋军衔＋先生”的顺序进行称呼，比如，“卡尔松上校先生”、“维尔斯中尉先生”等。

有的国家对将军、元帅等高级军官也称“阁下”。

6. 贵族性称呼

这种称呼方式是指对世界上还存有君主制国家的王公贵族在进行称呼时，应该尊重其习惯，按对方的习惯进行称呼。具体来说有以下几种方式：一是对国王、皇后，通常以“陛下”相称；二是对王子、公主、亲王等，应该以“殿下”相称；三是对有封号、爵位者，则应以其封号、爵位相称，比如，“爵士”、“大公”、“勋爵”、“公爵”、“侯爵”、“伯爵”、“子爵”、“男爵”，等等。

有时可在国王、皇后、公主、王子、亲王等头衔之前加上姓名相称。比如，“西哈努克亲王”、“拉那烈王子”，等等。

对有爵位者，除可称呼其爵位外，也可以称“阁下”或“先生”。

7. 同志性称呼

这种称呼方式是指对社会主义国家或兄弟党关系的人士，可以“同志”相称。有职衔的加职衔，比如，“主席同志”、“议长同志”、“大使同志”、“秘书同志”、“上校同志”、“司机同志”、“服务员同志”等；或以“姓名＋同志”的方式称呼，比如，“斯大林同志”、“金正日同志”，等等。同时，凡对方对我方以“同志”相称时，我们也应以“同志”相称。

但在对外交往中，对“同志”这种称呼要十分慎重，不可乱用。

（三）涉外称呼应注意的事项

世界上各个国家在称呼上往往还有自己的习惯，这些习惯有的差别甚至较大，所以在涉外交往称呼时要根据交往具体对象的不同加以区别对待。涉外称呼时应主要注意四个方面。

1. 分清不同国籍，注意称呼上的差异性

比如，对于“名＋姓”这类欧美国家在称呼时一般的规律是：口头称呼时，常呼其姓，而不呼其名，并在其姓氏后常加上“先生”、“小姐”、“女士”或“夫人”。比如，“怀特先生”、“史密斯先生”、“富兰克林夫人”；亲密的朋友或熟人之间称呼时，常只呼其名，而不呼其姓，而且可以不论辈分。比如，“乔治”、“约翰”、“玛丽”，等等；家人、亲友之间称呼时，除称呼本人名外，还常用昵称（爱称）。比如，把“罗伯特”称“鲍勃”等。但与人初次交往时不可这样称呼；在正式场合或较为重要的社交场合，一律称全称，并在其姓名后加上“先生”、“小姐”、“女士”或“夫人”。比如，“玛丽·怀特小姐”。

再如，在称呼日本人时，日常交往称呼一般只称呼其姓，在正式场合时则称全称。在一般情况下，对“先生”、“小姐”、“女士”、“夫人”均可用，同时一般也可与其姓氏或全称一同使用。比如，“田中先生”、“宫泽理惠小姐”。但与日本人交往使用“先生”这一称词时要谨慎。在日本，“先生”一词一般只用来称呼学校的老师、医生、律师和国会议员，对其他人均以“××桑”（桑为日文中用于人名后面接尾词的中文译音）相称。“桑”的译法很多，有“君”的含义，既可译为“先生”，又可译为“老×”、“小×”等。在正式场合，除可以称对方为“先生”、“桑”之外，也可以只称其职务，这样称呼显得更为庄重。

中国人之间频繁使用“您”和“你”，但与日本人交往时要谨慎，能不用则不用。日语中虽然也有同“你”字相对应的字，但一般只是用于妻子和丈夫之间或长辈对晚辈之间称呼时使用，正式社交场合基本不用，否则被视为失礼。

2. 区分场合，做到称呼的准确

涉外交往会有不同的场合，比如，商务场合、谈判场合、宴会场合、朋友见面、生日Party、学术探讨，等等。在这些场合中，有正式的公务场合，也有私人间非正式的场合。不同的场合在称呼上常常会有很大的差别。

3. 不要使用易产生误会的称呼

比如，用国内生活、工作上的称呼方式来称呼外国人，如用“爱人”来称谓对方的配偶，用“老人家”来表达对长者的尊敬，这样称呼常常会使对方产生误会，出现尴尬的场面。

4. 不要使用具有侮辱性、歧视性的称呼

如用“老黑”、“鬼子”、“老毛子”、“洋妞”等称谓交往对象是非常不礼貌的，也是错误的。

第二节 介绍礼仪

介绍（Introduction），就是在交际场合把一方介绍给另一方。介绍主要有三种方式：为他介绍，集体介绍，自我介绍。

一、为他介绍

为他介绍，即为他人做介绍，又称第三者介绍，主要是指经第三者为彼此不认识的双方相互引见、介绍。

为他做介绍时的介绍者，通常由具有下列身份的人承担：

（1）社交活动中的尊者。

（2）公务交往中的专职人员。

（3）熟悉被介绍的双方情况者。

（4）应被介绍者一方或双方要求者。

（5）在交际应酬中，被指定的介绍者。

作为为他人做介绍的介绍者，在介绍的时候，应该懂得介绍的先后顺序。这是一个比较敏感的礼仪问题。要把握好介绍的顺序，应该遵守“尊者优先知情”的规则，也就是说，在为他人做介绍的时候，先将被介绍的双方中的“位卑者”介绍给“位尊者”，然后再把“位尊者”介绍给“位卑者”。一般情况下，为他人做介绍时的顺序如下：

（1）为长辈、晚辈相互介绍时，先介绍晚辈，再介绍长辈。

（2）在为男士、女士相互介绍时，先介绍男士，再介绍女士。

（3）在为已婚、未婚者相互介绍时，先介绍未婚者，再介绍已婚者。

（4）在为同事、朋友与家人相互介绍时，先介绍家人，再介绍同事、朋友。

（5）在为来宾与主人相互介绍时，先介绍主人，再介绍来宾。

（6）在为社交场合中先到者、后到者相互介绍时，先介绍后到者，再介绍先到者。

（7）在为上下级相互介绍时，先介绍下级，再介绍上级。

当上述介绍顺序的情况中有彼此交叉时，比如，年长却职位低，年轻却职位高。在这种情况下，应根据具体的交往情境、对象的特点，综合权衡交叉情况中的轻重，采取“择重确定”的原则。比如，在这种情境中，尊重年长比尊重职位更重要，那么就先介绍年轻者，再介绍年长者。

一般而言，在商务活动场合，主要以地位高低为主；在政务活动中，则以职务身份为主；在社交场合特别是涉外社交活动则以性别为主；日常生活中则以年龄为主。

作为介绍者在为双方介绍时，除了注意介绍的顺序外，还应注意以下几个方面的问题：

（1）介绍前，先要了解双方是否有相识的愿望，不要贸然行事。了解双方是否有相互认识的愿望，主要靠生活的经验来观察和感受。在介绍时应打一下招呼，切勿开口就讲，让人感到突如其来，措手不及。

（2）根据交往的目的，确定介绍的方式。社交场合不同、交往的目的也不同，介绍者要根据具体的情况，采取恰当的介绍方式。比如，是简介式的，还是复杂式的；是强调式的，还是平叙式的；是引见式的，还是推荐式的，等等，不可千篇一律。

(3) 为他人做介绍时，介绍的程度一般应是双向对称的。也就是说，将甲方介绍的程度与乙方介绍的程度应该大体一致，不能对一方介绍得很详细，而对另一方介绍得却很简略。这样介绍会给人以厚此薄彼的感觉，是失礼的。

(4) 介绍的内容一定要真实、准确。对被介绍者的情况在做介绍时，一定要准确，特别是涉及的单位、姓名、职务、职称、头衔等一些最基本的情况，一定要实事求是，不可夸大其词。必要时，可说明被介绍者与自己的关系，便于相互了解与信任。

(5) 介绍时，注意介绍的举止，要大方、得体。可微笑着注视对方，同时可伴以必要的手势来示意。但切记不能用手指指点对方，这是十分不礼貌的。同时，介绍的语言要简练，声音大小适当。

为他人介绍时，被介绍者也要注意应对的礼仪。主要应注意以下几点：

(1) 当做介绍时，除年长者和年纪偏大些的妇女外，一般应起立，表示对介绍者和介绍的对方的尊重。但如果是正在宴会桌旁等不便的情况下，可不必起立。

(2) 被介绍者在介绍的时候，应该面带微笑，注视对方，注意聆听，点头示意。

(3) 当介绍完毕后，被介绍者应依照合乎礼节的方式相互握手，彼此问候对方。一般常用的问候语有："你好"、"很高兴认识您"、"认识你非常荣幸"，等等。必要时可做进一步的自我介绍。

二、自我介绍

自我介绍，就是自己将自己介绍给他人或众人的一种介绍方式。熟人见面打招呼自不待言，而生人见面自我介绍，则是社交场合的一门学问。自我介绍是相互认识、树立自我形象的重要手段及方法。在市场经济的今天，自我介绍还是一种重要的推销自我方式。准确、得体的自我介绍，能够形成良好的社交"首因效应"。

自我介绍大体有两种方式：一是主动式的自我介绍，就是自己主动地向交往对象介绍自己的情况；二是被动式的自我介绍，这是应交往对象的要求进行自我介绍。

自我介绍的具体时机很多，大体有如下几种：

(1) 在各种社交场合中，对不相识者进行自我介绍。

(2) 在各种聚会场合上进行自我介绍。

(3) 在公关活动中进行自我介绍。

(4) 在访谈活动时进行自我介绍。

(5) 利用大众传媒进行自我推荐、自我宣传时进行自我介绍。

(6) 利用社交媒体与他人联络时进行自我介绍。

(7) 应聘、应试时进行自我介绍。

不论何种自我介绍的时机，基本可以归纳为三种情况：一是本人希望结识他人时；二是他人希望结识本人时；三是本人认为有必要让他人了解或认识本人时。

自我介绍的内容要从交往的具体场合、目的、对象的特点等实际情况出发，不可一概而论。一般来说，有五种自我介绍的方式和相应的介绍内容。

（1）应酬式的自我介绍。这种介绍方式的内容应以简单为好，往往只介绍自己的姓名即可。比如，“你好，我的名字叫胡娜。”有的甚至更简单，比如，“你好，我是来自西安的张丽。”

（2）工作式的自我介绍。这是以工作为中心的自我介绍。为此，这种自我介绍的内容应大体包括三项内容，即姓名、单位及部门、职务或具体的工作。这三项内容最好能够报全称。比如，“你好！我是刘林，是西安市政府外办的联络处处长。”

（3）交流式的自我介绍。这是在社交场合寻求与对方进行沟通、交流为目的的自我介绍。为此，这种自我介绍的内容大体包括自己的姓名、工作、籍贯、学历、兴趣及与交往对象的某些熟人关系，等等。比如，“我叫李娜，现在西北工业大学从事教学工作。我是清华大学自动控制系 91 级的，我想咱们是校友，对吗？”

（4）礼仪式的自我介绍。这主要是在一些如讲座、报告、庆典等正规而又隆重的场合进行的自我介绍。为此，这种自我介绍的内容应该包括姓名、单位、职务等，同时应该加入一些适宜的谦辞、敬语。比如，“各位来宾，大家下午好！欢迎大家光临这次大会。我是海大公司公关部经理王海燕。现在，由我代表本公司宣布我们的开业仪式正式开始。”

（5）应聘式的自我介绍。这种自我介绍主要适用于应试、应聘和公务交往。这种自我介绍的内容应该具体针对应试、应聘、公务交往的目的、要求来进行自我介绍。为此，这种自我介绍的内容应该包括姓名、单位、专业、学历、职务、职称、年龄、政治面貌、籍贯、教育背景、工作经历、专长、成绩或业绩、兴趣，等等。当然，这些内容要突出重点，同时，根据现场的情况常常还要回答一些问题，做到有问必答。

在进行自我介绍的时候，要注意如下一些问题：

（1）应根据交往的目的确定自我介绍的繁简。一般来说，应酬式的自我介绍，如参加聚会、公共场合等，宜简明扼要；公务式的自我介绍或有意交友，则可略为详细。应聘式的自我介绍则要更为详细一些。但不论何种介绍，都应该语言简洁、明快，恰如其分。同时语气自然，语速正常，语音清晰。

（2）不论自我介绍是繁是简，介绍时都要充满自信，落落大方，笑容可掬，态度诚恳，自然、亲切、友好、随和。要正视对方的双眼，胸有成竹。如果流露出羞怯心理，则会大大减少对方对自己的信任感。为此，对一些重要的自我介绍，一定要提前做好准备。

（3）要掌握好自我评价的分寸，介绍要富有特色。对自我评价要客观、实事求是，既不能有炫耀之嫌，也不能有贬低之意。

（4）正确使用名片。在许多社交的场合进行自我介绍时，常常伴随互赠名片，特别是第一次见面时，在互通姓名之后，相互呈送名片，进行自我介绍。所以，要正确处理好自我介绍和正确使用名片的关系。

三、集体介绍

集体介绍，一般指在公众场合把一些人介绍给另外一些人的介绍方式，是为他人介绍的一种特殊形式。比如，召开大会时，把主席台上就座的来宾介绍给与会的人员。

一般在大型的公务活动、涉外交往活动、规模较大的社交聚会、正式的大型宴会、会见与会谈、举行会议等社交场合，宾主双方或多方均为多人时，这是集体介绍的场合或时机。

在集体介绍时，要注意介绍的顺序，特别是在大型的、正式的场合，更要注意介绍的顺序。集体介绍的顺序一般有两种情况：一是将集体的双方或各方相互做介绍；二是只将集体的一方介绍给另一方，即单向的集体介绍。

集体双方相互介绍的顺序，其遵循的一般规则是“尊者先知”，即尊者优先了解情况的规则。具体地说，其介绍的顺序有如下三种：

（1）“少数服从多数”的方式。这是指被介绍的各方在地位、身份大体相似，或很难确定的情况下，可先将人数少的一方介绍给人数多的一方，再将人数多的一方介绍给人数少的一方。

（2）“尊者先知”的方式。这是指当双方在身份、地位、年龄等方面存在明显的差别时，不论各方人数的多少，都要按“尊者先知”的规则，先向尊者一方介绍位卑者一方，然后再向位卑者一方介绍尊者一方。

（3）当被介绍的集体是三方以上时，其介绍的顺序则应该是从高到低、从长到幼、从尊到卑。为此，在介绍前，应该正确地进行位次排序。位次排序的具体方法一般有六种：一是以其负责人的身份为准；二是以其单位的规模、规格为准；三是按单位名称的英文字母顺序为准；四是以抵达时间的先后顺序为准；五是以座次顺序为准；六是以离介绍者的远近为准。

以上三种集体介绍方式中，不论在具体介绍哪一方时，如若需要对每一位都要一一介绍时，应该按从尊到卑的顺序介绍，即先尊后卑、先长后幼、先女后男，等等。

在进行集体的单向介绍时，介绍的顺序一般有两种方式。

（1）先尊后卑的顺序。这是指当被介绍的一方的众人彼此在身份、职务、年龄、性别等方面存在较大差别时，应该采取的介绍顺序。

（2）按自然顺序。这是指当被介绍的一方的众人彼此在身份、地位、年龄等方面差别不大的情况下，可按其自然就座或站立的顺序加以介绍。例如，把主席台上就座的人介绍给观众，当这些人在职务和年龄上无太大差别时，这时则应按其自然就座顺序介绍；或先从左边开始介绍，或先从右边开始介绍。一般应从右边开始介绍为宜。

在做集体介绍时，要注意的礼仪有三点。

（1）介绍的内容要准确。特别是涉及的名称、职务、职称、专长等，不可想当然地介绍，不能随意拔高身份，也不能用容易产生歧义的简称等。

（2）介绍内容的程度要恰当。该介绍哪些内容，介绍到何种程度，要根据情况需要，做到恰到好处。

（3）介绍时的语言要清楚、简洁；必要的手势、眼神、表情的运用要协调、统一、得体，不可太夸张，也不可太呆板。

第三节 名片礼仪

名片（Business Cards or Name Cards），是现代社会私人交往和公务交往活动中一种很重要的自我介绍方式，有人把它称之为自我的“介绍信”、社交的“联谊卡”。

名片源于中国，早在西汉时期就已开始使用，当时称之为“谒”，东汉时期称之为“名刺”。到了唐代，广为流行于上层社会，被称之为“拜帖”。在盛唐时期，随着经济的发展，商人地位的提高，“拜帖”的使用渐由官方扩大到商人间，由上层官场扩大到社会，由中国流传入日本及西方一些国家。到了清代末期，“名片”的使用更为广泛。

当今社会，名片已成为人际交往的一种身份证明，可以自我推荐，介绍业务，结识朋友，联络感情。为此，了解和掌握名片的使用规则，已成为一种礼仪和时尚。

一、名片的种类与制作

1. 名片的种类

名片的用途不同，名片的种类也有所不同。如果仅从名片使用者和使用目的来区分，名片大体上可以分为企业单位名片、个人社交名片、个人商务名片三大类。前者为单位名片，后二者为个人名片。如果从个人日常生活使用的名片来区分，名片可分为应酬名片、社交名片、公务名片和单位名片。在不同的场合和对不同的交往对象，可使用不同的名片。

（1）应酬名片。其内容通常只有个人姓名一项，也可加上本人的籍贯与字号。若为后者，则籍贯单独一行，顶格写，姓名与字号一行在中间，突出姓名，用大号字。这种名片主要适合于社交场合一般性的应酬，拜会他人时说明身份，馈赠时替代礼单，以及用做便条或短信。

（2）社交名片。社交名片主要适用于社交场合，用做自我介绍与保持联络用。其内容有两项：姓名用大号字印于中央；联络方式用小号字印于右下方。根据需要，联络方式可包括住址、电话、QQ、微博、微信及邮政编码等。

（3）公务名片。公务名片是指在政务、商务、学术、服务等正式的业务交往中使用的个人名片。它是目前最为常见、使用最广的一种个人名片。标准的公务名片应该包括所在单位、个人称呼、联络方式三项。

所在单位，根据情况可由企业标识、供职单位、所在部门三部分构成。需要注意的是，供职单位和部门最好为一个，应写全称。此项内容应以小号字体印在名片左上角。

本人称呼，应由姓名、职务以及学术头衔三部分构成。后两项可有可无，但不宜多，切不可列出很多头衔，最多不要超过两个为好。本人姓名应以大号字体印在名片中央，称呼以小号字体列在姓名之后。

联络方式，应由单位地址、办公电话、邮政编码三部分内容组成，缺一不可。手机号码、传真号码、E－mail、QQ、微博、微信等电子通讯号码是否需要列出，应酌情而定。但是，家庭住址、住宅电话不宜提供。这些内容应以小号字体印在名片右下角。

名片的背面不必非印外文不可。如果需要，则可印上单位经营范围或单位方位图。

有许多单位的公务名片是企业 CI 的组成部分，有严格的规定和统一规范的要求。

（4）单位名片。单位名片又称企业名片，只用于单位对外宣传、推广活动。其内容有两项：一是单位的全称与标识。标识印在名片的左上方，全称用大号字体印在名片的中央。二是单位的联络方式。单位的联络方式由单位地址、单位电话、单位邮编等内容组成。联络方式用小号字体印在名片的右下方。

2. 名片的制作

目前，在国内名片一般由名片印制商制作。作为名片的制作者主要是做好名片的设计工作。主要注意如下几个问题：

（1）名片的尺寸。国内名片通用的尺寸为 9（厘米）×5.5（厘米）。另外，境外人士多使用 10（厘米）×6（厘米）尺寸，而女士则专用 8（厘米）×4.5（厘米）尺寸。

（2）名片的材料。应选用耐磨、耐折、美观、大方、质地较好的纸张，不宜使用其他材料。

（3）名片的颜色。以庄重朴素的白色、米色、淡蓝色、淡黄色、淡灰色等单色为好。最好不要用杂色，也不要用黑、红、紫、绿、粉等颜色，会使其失去庄重感。

（4）名片的图案。名片上除了纸张自身的纹路和企业标识等外，不提倡另外再印制人像、漫画、花卉、宠物等。这样会给人以很不严肃的感觉。

（5）名片的文字。一张名片的两面分别以简体汉字和另外一种少数民族文字或外文印制相同的内容。切不可在一张名片上使用两种以上的文字，也不要将两种文字交错印在同一面上。文字应以清晰、标准、易识的印刷体为好。同时，以铅印或胶印为好。

（6）名片的版式。版式有横式和竖式两种。横式则为行序由上而下，字序由左而右；竖式则为行序由右而左，字序由上而下。中文名片以横式为佳，它易于辨认、收藏。一张名片若以两种文字印刷，应统一为一种版式，避免同时使用两种版式。

在社交活动中，可以根据交往的目的进行名片的设计，使名片既要符合常规，又要有些新意，从而达到良好的效果。

现在，随着移动互联网、大数据和互联网经济的发展，智能手机得到了广泛的普及，给传统的名片交换联系方式带来了新的变化。这种变化表现在两个方面：一是在名片特别是企业名片、公务名片的正面（常在右上角处）印有二维码，交往对象可以通过扫描二维码登录上网。二是在社交场合往往双方通过智能手机互加微信建立更为便捷的网络联系。相信，这种方式随着网络技术的进一步发展，将会逐渐取代传统的名片形式。

二、名片的用途

随着互联网技术的发展，传统的名片应用方式也逐渐发生了许多变化，但在人际交往中，特别是涉外交往中，名片仍有着重要的交际作用。名片的作用大体体现在十个方面。

1. 自我介绍

在人际交往中，特别是初次见面时，相互赠送名片，可以起到自我介绍的作用。不仅可以节省时间，同时还可以留下深刻的印象，产生很好的交往效果。

2. 业务推广

公务名片上一般会列有单位的一些商务信息，为此，可以充分利用这些信息进行业务联系和宣传，扩大交际范围，争取潜在的合作伙伴。

3. 结交朋友

在人际交往活动中，自己主动递上名片，就意味着对对方的友好、信任和希望进行交往之意。为此，巧用名片，可以为结交朋友“铺路架桥”。

4. 信息储存

名片易于存放、保存交往的信息。因此，它犹如一个“袖珍通讯录”，利用它可以随时保存和提取所需要的交往资料，为维持关系、继续交往提供了良好的基础。

5. 保持联系

有了名片，就有了彼此联系的方式，架起了沟通的桥梁和纽带。平时可以经常联络，互通情况，相互问候，维持友谊；同时又可以通过名片扩大交往的范围，认识新朋友，建立新关系，更好地发挥交际的功能。

6. 拜会他人

初次到他人居所或工作单位进行拜访的时候，可将自己的名片递交给对方的门卫或秘书、家人，通过他们将名片转交给被拜访者，以便对方知晓拜访者，决定是否会见。这种做法比较正规，可避免冒昧造访。

7. 简短留言

当拜访他人不在的时候，或需要请人转达某件事情时，可在名片上写下一些字，然后将它留下；或一字不写，托人转交。这样做会使对方有“如见其人，如闻其声”的感觉，不会误事，留下好印象。

8. 用做短信

名片有时也会起到会见、拜访、祝愿、感谢、慰问、推荐、代信、挽悼等作用。根据交往的需要，当在人际交往中表示拜访、祝愿、慰问、答谢等情况时，可酌情在自己的名字下边写上简单的话语。如去拜访尊者，可在自己名片的名字下写上“求见”或“拜见”，或再另起一行顶格写上“××先生/女士”后递交给侍者。如果是辞行，在自己的名字下写上“辞行”二字，交给侍者。如表示祝贺（如新婚）又不能当面表达，则可在自己名片的名字下写上“恭贺”，再另起一行顶格写上“××× ××新婚志喜”字样，转交或邮寄给对方。如是答谢，专门写感谢信又觉得无必要，则可在自己的名片左下角写上“领”字，另起一行顶格写上“谢”字，送（寄）对方即可。如表示悼念，则可在名片左下角写上“泣奠”或“肃悼”二字，另起一行顶格写上“×××千古”等字样送（寄）亲属。

当名片用做短信时，具体写下的短语内容应在名片姓名下面的左下角处用铅笔写下，再寄交或转交他人，这就如同一封长信一样正式。如果内容较多，也可以写在名片的背面。

在国外流行用法文缩略语写在名片的左下角，以表示慰问、鼓励、感谢、祝贺。一般常用的法文缩略语及其含义如下：

n. b. 意为“提请注意”；

p. f. 意为“祝贺”；

p. r. 意为“感谢”；

p. c. 意为“谨唁”；

p. p. 意为“介绍”；

p. p. c. 意为“辞行”；

p. f. n. a. 意为“贺年”。

9. 用做礼单

当向他人赠送礼品时，可将自己的名片放入其中，或将其装入一个不封口的信封内，再将信封固定于礼品外包装的上面。他人接收到礼品时，就清楚礼品为何人所赠了。

10. 替人介绍

当要介绍某人去见另外一人时，介绍者可将自己的名片与被介绍者的名片放在一块（前者的名片在上面），用回形针固定在一起。必要时可将自己名片的左下角写上法文缩略语“p. p.”，意为“介绍”之意，然后将其装入信封，再交给被介绍人。这是一种非常正规的“介绍信”，见到名片的人会很重视这件事情。

三、名片的使用

在社交活动中使用名片时，应该遵守相关的礼仪。

1. 掌握名片交换的时机

在社交活动中，遇到下列时机时，需要将自己的名片递交给对方，或与对方交换名片：

（1）希望认识对方。

（2）表示自己重视对方。

（3）被介绍给对方。

（4）对方提议交换名片。

（5）对方向自己索取名片。

（6）初次登门拜访对方。

（7）通知对方自己的变更情况。

（8）打算获得对方的名片。

2. 正确地递交名片

当需要将自己的名片递交给对方的时候，一般情况下应起身站立，走向前去，双手持名片并将名片正面面对对方递上。至少要用右手，切不可只用左手持名片递交对方。也不要用手指夹名片给人，不要将名片举得高过胸部。当对方是外宾或是少数民族时，应将名片上对方能看得懂文字的一面对着对方。

递交名片时应微笑着注视对方，并说："这是我的名片，请多指教"，"请多关照"，"请今后保持联系"，或先做一下自我介绍，等等。

当与多人交换名片时，要注意先后顺序。一般可由近及远，或由尊而卑。切不可挑三拣四，切勿采用"跳跃式"的方式递交名片。注意，没有必要滥发自己的名片。当双方交换名片时，最正规的做法是位卑者先把自己的名片递交给位尊者。当然，也没必要刻意这样去做。

3. 得体地接受名片

当他人表示要递名片给自己或交换名片时，应立即停止一切事情，起身站立，面带微笑，目视对方。接受名片时，最好双手接过或右手接过，显得必恭必敬的样子。切不可坐着接名片，或仅用左手去接，也不得用手指去夹取名片。

接过名片时，应口头道谢，切不可一言不发。

接过名片后要当着对方的面认真地看一遍，以示敬重，不清楚的地方或不认识的字可当面询问、请教。

看后要记住名片上的内容，比如，名片上的姓名、职务、单位等主要内容，以备交谈时用。

如需当场将自己的名片递给对方，最好先收好对方的名片后再进行。

4. 委婉地索取或婉拒名片

如果没有必要不要向对方索取名片。若需要时，应委婉表达。比如，先提议向对方交换名片；或主动递上自己的名片，凡懂得此举者就会明白，应该同时将自己的名片给对方；也可委婉询问对方："今后如何与您联系？"，"今后如何向您请教？"

当他人向自己索取名片而又因为一些原因自己不想满足对方的要求时，可采取婉言拒绝的方式。比如，"对不起，我的名片用完了"，"真抱歉，我的名片忘带了"。如果情况真的如此，自己又有愿意交往的想法，则可补充一句"改日一定补上"。但记住，一定要言出必行。

5. 认真地收放名片

当收到他人的名片后，要把名片细心地收放起来，放入自己的名片包、名片夹或上衣口袋内。切不可将名片放入裤袋、裙兜、提包、钱包等地方，也不可将其随意乱扔，或拿在手中摆弄。认真收放交换的名片，这不仅是对他人的尊重，也便于日后使用。

当交际应酬结束后，应该立即对收放的名片进行整理、收藏，以备日后使用。首先对名片进行整理，及时在名片背面或适当的地方追记此次交往的时间、地点及对方的主要情况等资料，以备再次交往时可"温故而知新"，不至于发生错误。然后将名片分类存放。同时还要注意，当名片的资料发生变化时，应及时调整。

随着移动互联网的发展和智能手机的普及化，特别是 COVID－19（新冠肺炎）疫情的暴发，使社交见面方式发生了变化，其最主要的就是智能手机信息传递功能的发挥，彼此互扫"二维码"并建立个人"电子信息档案"成为新的时尚。它便捷、经济、方便、实用、安全。微信交往过程中也遵循"尊者优先知情"的规则。

第四节 握手礼仪

握手（Shake Hands），是人际交往中见面时的又一个重要礼仪，被称之为握手礼或会面礼。握手是司空见惯的事情，广泛适用于政府活动、商务活动、涉外活动等各种交往活动中。一般在相互介绍和会面时握手；遇见朋友打招呼，然后互相握手，寒暄致意。握手还有表示祝贺、感谢或相互鼓励的含义。比如，在对方取得成绩与进步时，向对方赠送礼品时，授以奖品、奖状时，以及发表祝词、讲话后，等等，均可以握手表示祝贺、感谢、鼓励等。现在，握手已成为大多数国家人们相互见面或离别的一种礼节。

一、握手的时机与次序

1. 握手的时机

何时握手，是一个微妙的问题，它涉及双方的关系、现场的气氛，以及当事人的心理因素等条件。在交往中，下列情形是有必要与交往对象进行握手的，否则就是失礼的：

（1）社交场合的彼此会面与道别。

（2）向他人表示谢意。

（3）向他人表示祝贺。

（4）他人在向自己表示恭喜、祝贺。

当然，在上述场合中，如果发现对方的手部负伤、负重、不便，或正忙于事情，或距离较远，以及场合不适合等情况时，就不必握手，可采取其他相互理解的方式来进行表达。

2. 握手的次序

握手的次序是指握手时伸手的先后顺序。握手有先后的顺序，特别是在一些正式的场合中。一个人很轻率地抢先与他人握手，那是很失礼的。

在社交场合中，交往者相互握手时，谁应该先伸手才符合礼仪的规范呢？这应该遵循“尊者决定”的原则。也就是说，交往的各方应该按着身份的尊卑来决定伸手的顺序，即位尊者先伸手，位卑者予以响应伸手相握。否则，视为失礼。因为先伸手者意味着前者对后者有进一步交往之意。交往双方的伸手次序如下：

（1）长辈、晚辈相握，长辈先伸手。

（2）上级、下级相握，上级先伸手。

（3）男士、女士相握，女士先伸手。

（4）已婚、未婚相握，已婚者先伸手。

（5）社交场合中先到者、后到者相握，先到者先伸手。

（6）主人、客人相握，主人先伸手。

（7）公共场合，先伸手者为敬。

在社交场合中与人握手的次序，除了上述具体情况外，还要注意以下几个问题：

（1）一人与多人握手或多人之间相互握手。当一人与多人握手时，一般要按次序进行。此时的次序有两种：一是当多人在职位、长幼、尊卑等情况存在较大差别时，应按从尊到卑的次序逐一进行握手；二是当多人的职位、长幼、尊卑等情况没有大的差别时，应按其自然空间排列的次序进行。

多人之间相互握手时，按尊者先伸手的次序进行。但要注意的是，不要同时交叉握手，也就是说不要在别人正在握手时，又伸手相握。

（2）握手的次序取决于不同的场合。一般来说，在公务场合，握手的次序主要取决于职位、身份；而在社交、休闲等场合，主要取决于年纪、性别、婚否。

（3）主人、客人间的次序。在接待来访者时，主人先伸手与客人相握；而在客人告别时，则应由客人先伸手与主人相握。这种情况的次序不能发生错误，否则会失礼。

应当强调的是，上述握手的次序可以律己，但不要过于苛求他人。比如，当自己处于位尊的情况时，而位卑者却抢先伸手来握，此时得体的做法是应该立即伸手与之相握。而不能过分拘泥于礼仪，对其置之不理，把对方晾在那里，当场出丑，这也是很失礼的。

二、握手的要求与禁忌

1. 握手的要求

握手时，应注意以下一些正确的姿势：

（1）凡是可能，握手时都应起身站立。除非是长者、女士，否则坐着与人握手是不礼貌的。同时，握手的双方在握手时比较合适的距离为 1 米左右为好。太远，则显得疏远、冷落；太近，则手臂难以伸开，也不太好看。在这个距离上，当双方将要相握的手各自向侧下方伸出相握后，会形成一个大约的直角，举止也比较美观。

（2）手位大体有两种：①“单手相握式”。单手相握，以右手为礼。同性相互握手时，双方的右手手掌可基本握满。而男女相握时，男士的手应该仅握在女士手的手指部分，即大约握在女士手掌的 1/3 处。单手相握时，以手掌垂直于地面为适合。这种被称为“平等式”的握手，表示不卑不亢。单手握手时，手心向上伸出与人相握时，表示谦恭、谨慎、礼让。这种握手方式被称为“友善式”的握手。而当手心向下伸出与人相握时，则表示自我感觉甚佳，自高自大。这种握手的方式被称为“控制式”的握手。当双方相互以掌相击握手时，则表示双方很开心。这种“开心式”的握手是彼此很熟悉的人相见时采取的一种方式。②“双手相握式”。双手相握，是用右手握住对方右手后，再用左手握住对方右手的手背。这种方式适合于亲朋故旧之间，或适用于晚辈对长者之间，用以表达自己的深厚情谊。这种方式不适用于初识者或异性者之间。双手相握时，还可用左手握住对方右手手腕，或手臂，或按住、拥住其右肩。这一般在至交之间采用，最好不要乱用。

（3）握手时的力度要合适，握力约 2 千克为合适。太大，会让对方感到不舒服；太小，会让对方感到缺乏热忱。一般来说，与亲朋故旧握手时，力度稍大些，与初识、异性握手时，力度稍小些。

（4）握手的时间通常在 3 秒钟左右，以握上一两下为宜。太短，则让人感觉缺乏诚意，有戒心；太长，则让人感到不太舒服。特别是对初识者和异性者，握手时间更不宜过长。

（5）与人握手时，要神态专注、热情、友好、自然。应面带微笑，目视对方双眼，口道问候，身体可微微前倾。切不可在与人握手时，漫不经心，一边和人握手，一边东张西望；或一边和人握手，一边又和别人打招呼、说话。

2. 握手的禁忌

握手时，要注意以下几点：

（1）不要用左手与人握手，也不能双手并用。尤其是与阿拉伯人、印度人等有“左手忌”的人，交往时一定要牢记此点。

（2）众人握手时不要交叉相握，要依次进行。尤其是在与基督徒交往的时候，不要出现两人相握时又出现两人相握交叉在一起成十字架形状。因为这在他们看来不吉利的。

（3）不要戴手套与人握手。只有女士在社交场合戴薄纱手套与人握手是允许的。

（4）除了有眼疾或眼部有缺陷者外，不要戴墨镜与人握手。

（5）握手时另一只手不要插在衣袋里。

（6）在与人握手时，另一只手不要拿东西，如拿着香烟、报刊、书籍，等等。

（7）握手时不要面无表情，一言不发；也不要夸夸其谈，长篇大论。

（8）握手时不要拉住对方的手拉来推去，或上下左右抖个没完。

（9）不要用脏手、患有传染性疾病的手与人相握。

（10）不要在与人握完手之后立即用手帕等物揩拭自己的手。

（11）一般情况下，不要拒绝与他人握手。但在一些特殊情况下，比如，2020 年全球暴发 COVID－19（新冠肺炎）期间，应保持必要的社交距离，同时不要相互握手（以其他方式表达）。

三、其他常见的会面礼

在国内外，除了握手礼外，还有一些其他的会面礼。这里，仅就常见的会面礼加以简介。

1. 点头礼

点头礼又称颔首礼。它适用于在一些公众场合与熟人相遇又不宜与人交谈时，在同一场合多次见面时，路遇熟人时等情况。点头时要面带微笑，轻轻点一下头即可。行点头礼时不宜戴帽子。行点头礼虽然动作很简单，但却有很多的含义，意在不言中。同时点头礼的作用是不可忽视的，不是可有可无的。

2. 举手礼

举手礼的场合与点头礼的场合大体相同，是对距离较远的熟人打招呼的一种形式。正确的做法是，右臂向前方伸直，右手掌心朝向对方，四指并拢，拇指叉开，轻轻向左右摆动一两下即可。

3. 脱帽礼

在戴帽子时进入他人居室，路遇熟人，与人交谈，行其他会面礼，进入娱乐场所，升降国旗，演奏国歌等一些情况，应自觉脱帽，这是一种礼仪。女士在社交场合可以不脱帽。

4. 注目礼

行注目礼时应起身站立，抬头挺胸，双手自然下垂，面容庄重严肃，目视被行礼对象，或随之缓缓移动。比较隆重庄严的场合适合于行注目礼。

5. 拱手礼

拱手礼是我国民间的传统会面礼，现在生活交往中逐渐重视传统文化礼仪，每逢传统节日，如春节团拜活动，向长辈祝寿，向亲朋好友表示祝贺，以及与海外华人初次见面时常用拱手礼。

行拱手礼时应起身站立，上身挺直，双臂前伸，双手于胸前高举抱拳，自上而下或由内向外有节奏地晃动两三下，同时口诵敬语。拱手礼按传统一般要求是：男士右手握拳在内，左手在外（女子则正好相反）；若为丧事行拱手礼，则男子为左手握拳在内，右手在外（女士则正好相反）。行拱手礼时，需要注意的是，在礼仪场合要避免穿西装行拱手礼，因为那样做会显得不伦不类。

6. 鞠躬礼

行鞠躬礼时应脱帽立正，双目凝视受礼者，然后上身弯腰前倾。男士双手应贴于身体两侧裤线处，女士的双手应下垂搭放在腹前。下弯的幅度越大所表示的敬重程度就越大。鞠躬的次数可视具体情况而定。唯有追悼会才采用三鞠躬，故在喜庆场合鞠躬的次数不可为三。

鞠躬礼除在中国外，在日本、韩国、朝鲜应用十分广泛。特别是日本人相互见面或分别时行鞠躬礼很普遍，日本许多企业将鞠躬礼作为员工的一个非常重要的行为规范，有严格的鞠躬礼培训。行鞠躬礼主要适用于向他人表示感谢，领奖或演讲之后表示感谢，演员谢幕，举行婚礼或参加追悼会活动。在市场经济条件下，服务行业人员对顾客的迎送也经常采用鞠躬礼。

7. 合十礼

合十礼，又称合掌礼。其具体做法是，双脚立直站立，双掌十指在胸前相对合，五指并拢向上，掌尖与鼻尖基本持平，手掌向外微倾斜，上身微欠低头。一般而言，合十的双手举得越高，越体现出对对方的尊敬，但原则上不可高于额头。

行合十礼时，可以口颂祝词或问候对方，也可仅面带微笑，但不可手舞足蹈，反复点头。合十礼在东南亚、南亚信仰佛教的地区以及我国傣族居住区最为常用。

8. 吻手礼

吻手礼主要流行于欧洲国家。其做法是，男士行至已婚妇女面前，首先垂首立正致意，然后以右手或双手捧起女士的右手，俯首以自己微闭的嘴唇去象征性地轻吻一下女士手背或手指。行吻手礼的地点以在室内为佳。吻手礼的受礼者只能是已婚妇女。同时，手腕及其以上部位是行礼的禁区。

9. 拥抱礼

拥抱礼主要在欧美一些国家比较流行，多用于官方会见场合，同时也是熟人、朋友之间表达亲密感情的一种礼节。当人们表示祝贺、慰问、欣喜时，以及人们见面、道别时，拥抱礼是十分常用的。

行正规的拥抱礼时，两人正面面对站立，各自举起右臂搭在对方的左肩后面；左臂从下方扶在对方右腰后侧。双方同时先各自向对方左侧拥抱，然后各向对方右侧拥抱，最后再各向对方左侧拥抱，共三次。若在普通的场合，则不必如此讲究，次数也不必严格。

10. 亲吻礼

亲吻礼是西方国家常用的会面礼。有时，它会与拥抱礼同时使用，也就是双方会面时既拥抱又亲吻。亲吻礼不适用于商务活动。亲人、熟人之间见面多是拥抱、亲吻。亲吻礼必须经女士同意。

在行亲吻礼时，通常忌讳发出亲吻的声音，而且不应留下唾液。

在行亲吻礼时，根据双方的关系不同，具体亲吻的部位也是不同的。一般来说，遵循

"尊者居上"的原则：长辈吻晚辈时吻其额头；晚辈吻长辈时吻其下额或面颊；平辈同性之间贴面颊，平辈异性之间吻面颊；夫妻之间或恋人之间则接吻，接吻时一般不宜当众进行。贴面颊时，正规的做法应是先贴左侧，根据需要可再贴右侧，但一般不超过两次。

此外世界上还有一些其他方式的会面礼，如中国传统礼节中的跪拜礼，国际上有的地区有抚胸礼、碰鼻礼、碰头礼、吻足礼、吻肩礼等。相对而言，这些方式的会面礼区域范围较小。在特殊时期，例如，2020 年全球暴发 COVID－19（新冠肺炎）期间，社交场合见面则采用碰脚礼和碰肘礼（彼此互相碰手臂右肘）。

第五节 交谈礼仪

交谈（Conversation），是社交场合中一种较为随便的谈话方式。这种方式既不同于平日二人聊天，也不同于正式场合中的谈判。会交谈、懂得交谈中的礼仪，无疑会使对方轻松愉快，能给对方留下美好的印象，更利于继续交往。

一般而言，交谈具有五个突出的特征：内容广泛性、沟通双向性、相互包容性、真实自然性、灵活应变性。

交谈时应注意三个方面的问题。

一、交谈的语言

与人交谈要运用语言来进行。为此，与人交谈时要掌握一定的语言艺术。

（1）语言要文明。要使用文明、优雅、理性的语言，要避免说粗话、脏话、黑话、荤话、怪话、气话。

（2）语言要礼貌。礼貌语言是指约定俗成的表示谦虚恭敬的专门用语。比如，表达特定含义的"久仰"、"恭候"、"久违"、"光临"、"拜访"、"告辞"、"失陪"、"留步"、"指教"、"赐教"、"劳驾"、"拜托"、"打扰"，等等，都是礼貌用语。

在社交场合，要学会运用好"十字文明用语"，即"您好"、"请"、"谢谢"、"对不起"、"再见"。

（3）语言要准确。语言的准确主要表现在以下几个方面：一是发音标准、清晰，音量要适中；二是语速要适度；三是口气要谦和，内容要简明，方言要少用，外语要慎用。

二、交谈的主题

交谈的主题是指交谈的话题，即交谈的中心内容。在社交场合，交谈的话题是十分广泛的，但每次交谈的话题应该少而集中。

（1）话题应该是广泛而共同感兴趣的。可谈论天气、新闻、文学、艺术、音乐、体育、哲学、历史、地理、建筑、饮食、工作、业务，等等。但不论怎样，应是双方共同感兴趣的话题。

（2）话题应该是格调高雅的。要做到内容文明、优雅、高尚、脱俗。

（3）话题应该是轻松的。要选择那些令人轻松愉快、身心放松、饶有情趣、不觉劳累厌烦的话题。

（4）话题可以是时尚的。时尚的话题就是当下社会上人们比较关心、关注的内容，比如，政治、经济、文化、军事、外交、社会生活等方面中的热点、焦点问题。这些话题容易引起双方的兴趣，产生共鸣。

在交谈中忌讳谈论以下五类话题：

（1）不要涉及个人隐私。凡涉及个人年龄、收入、婚恋、家庭、健康、经历等内容，切勿加以谈论。

（2）不要羞辱对方。切不可以各种方式来挖苦、取笑、羞辱对方，以此博得众人开心，抬高自己，贬低别人。

（3）不要非议他人。不要在他人不在场的情况下蜚短流长议论别人。“来说是非者，必是是非人”。切不可证明自己是个少条失教者。

（4）不要谈论令人反感的话题。不要谈论令人不快、伤感、恐惧、紧张的内容。比如，凶杀、惨案、灾难、战争、疾病、死亡、挫折，等等，不要去涉及。

（5）不要谈论倾向错误的内容。对于有悖于社会伦理道德、政治思想有严重问题、低级庸俗、违法乱纪，以及宗教信仰、禁忌等话题，应该避谈。

三、交谈的技巧

在交谈时，除了注意上述有关语言和话题外，还要注意一些交谈的技巧。

1. 气氛要轻松自如

在呆板做作的气氛中，谈话很难流畅活跃。所以，作为交谈人，要学会营造轻松的交谈气氛。为此，自己首先要有信心，并且要把握好火候，通过友好的语言，诚恳的回答，得体的举止，来感染对方，调动起对方的谈话积极性。

2. 调动对方兴趣

引导对方说出他自己感兴趣的话题，抓住对方的兴趣所在，就需要一些提问的艺术。谈话最好是以中性的话题开始。与熟人交谈，适当的寒暄也是必要的。

3. 做个健谈者和耐心倾听者

如果对方生性木讷，在短时间内找不到他感兴趣和健谈的话题，并且他对你的话题有听的兴趣，那么你就应该占主导地位，担负起共同渡过一段愉快时光的责任。但交谈时最重要的是听别人说话：一是可以加深理解；二是可以加以判断；三是在上述基础上，决定自己该怎么做和引导别人做自己想做之事。所以，交谈时，讲话人不能心不在焉，听话人要全神贯注，不可漫不经心，应讲究聆听艺术。

4. 恰当得体地赞美别人

赞美是一种能引起对方好感的社交方式，它能协调彼此之间的关系，创造出一种热情友好、积极肯定的交谈气氛。诚恳的赞美总会赢得对方的欢心。要想在赞美别人时获得好感，须做到：赞美要出自内心、真心诚意；赞美要明确具体、符合实际、恰到好处；赞美要因人而异、注意场合、讲究效果；赞美要选择角度、变换说法、出乎意料等。

5. 神态专注，表情自然

交谈时，不论是言者还是听者都要做到神态专注。表情要认真，目视对方，聚精会神（见图 3－1）。

图 3－1　交谈示意图

心理学认为，情感的表达是人们保持正常交往的纽带，它主要是通过语言、声音、表情等来完成，并有如下等式关系（“55387 定律”）：

人的感情表达＝55% 表情＋38% 语言＋7% 语音

表情是人体语言最为丰富的部分，是人内心情绪的流露，人的喜、怒、哀、乐可通过表情来体现和反映。表情主要由目光和脸部表情来体现。眼睛是心灵的窗户，有礼貌而又有成效的交谈是自己的目光与对方目光在同一水平线上，注视对方的眼睛，可使双方有一种平等感，若一个俯视、一个仰视，易造成双方心理上的不平衡感。交谈中还要注意目光注视的时间和目光的虚化。交谈时既不要目不转睛地盯着对方的脸、嘴、手或其他某一部位，这会使对方感到窘迫；也不要目光游离，心不在焉。交谈中，可以偶尔将视线移开一下，但不可移开太久。一般而言，注视对方脸的时间大约为全部谈话时间的2/3。同时，要目光平和、亲切、虚化。

交谈时目光注视的区间界限不是绝对的，谈话人应根据谈话性质的不同，选择更具体的注视区间。

（1）公务注视区间。公务注视区间是指在进行业务洽谈、商务谈判、布置任务等谈话时采用的注视区间。这一区间的范围一般是以两眼为底线，以前额上部为顶点所连接成的区域。见图3－2。

图3－2 公务注视区间示意图

（2）社交注视区间。社交注视区间是指人们在一般的社交场合中采用的注视区间。这一区间的范围是以两眼为上线，以下颚为顶点所连接成的倒三角区域。见图3－3。

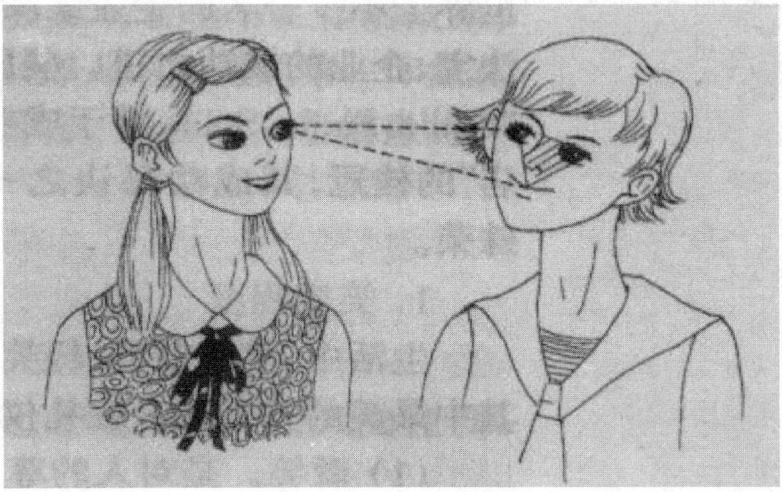

图3－3 社交注视区间示意图

（3）亲密注视区间。亲密注视区间是指具有亲密关系的人在交谈时采用的注视区间。这一注视区间的范围主要是对方的双眼、嘴部和胸部。见图 3－4。

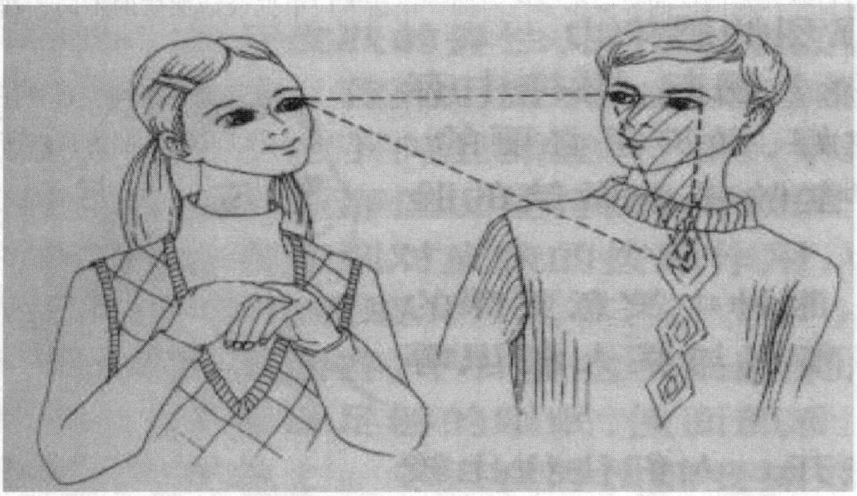

图 3－4　亲密注视区间示意图

总之，在日常生活中、社交中和工作中，要以和蔼亲切的目光注视别人。不要一触及对方目光就慌忙移开躲闪，显得拘谨、小气，更不可在遇到生理有缺陷的人时把注视的目光投向其缺陷的部位。

交谈时，脸部表情要随着交谈内容的变化而变化，它是情感的自然流露：或愉快、或感激、或赞赏、或同情，而不是一脸茫然，使人感到木讷。但是，表情切忌过分夸张和激烈，要温文尔雅，把握好分寸，让人能够接受并感觉愉快。

6. 举止大方得体

不论是坐谈、站谈，都要“站有站相，坐有坐相”。表情自然，语言和气、亲切。时而微笑、点头，或用“是的”、“对”等必要的语言回应，表示聆听和赞同。

对方发言时，不可左顾右盼，心不在焉，或注意别处，显出不耐烦的样子，也不要老看手表，或做出伸懒腰、玩东西等漫不经心的动作。

说话时，可适当做些手势，但不要手舞足蹈，不要用手指指人。与人交谈时，不宜与对方离得太远，但也不要离得太近，不要拉拉扯扯、拍拍打打。讲话时不要唾沫四溅。

7. 礼让他人，双向沟通

参加别人交谈时要先打招呼，他人在个别进行交谈时，不要凑前旁听。若有事与某人交谈，应待别人说完后再说。有人与自己主动说话，应表示乐于交谈。第三者参与谈话，应以握手、点头或微笑表示欢迎。谈话中遇有急事需要处理或需要离开时，应向对方打招呼，表示歉意。

谈话现场超过 3 人时，应不时地与在场的所有人攀谈几句，不要只与一二个人交谈而不理会在场的其他人。

不要与别人只谈两个人知道的事而冷落第三者。如所谈内容不便让旁人知道，应另找场合。

在社交场合，自己讲话要给别人发表意见的机会；别人讲话，也应适时发表个人看法。既不要成为演说家，也不要成为忠实的听众。

要注意听对方谈话，不轻易打断别人的发言。一般不提与谈话内容无关的问题。如对方谈到一些不便谈论的问题，不要对此轻易表态，可转移话题。

8. 尊重女士，礼让为先

男士一般不参与女士圈内的议论，也不要与女士无休止攀谈而引起旁人的反感侧目。与女士谈话更要谦让、谨慎，不与之开玩笑，争论问题要有节制。

9. 涉外交谈，尊重习俗

不同的民族有不同的风俗习惯，社交场合中的交谈亦是如此。比如，意大利人习惯用身体动作来表达语言；法国人在交谈时喜欢站得近一些；亚洲人交谈时不愿盯着别人的眼睛；而美国人往往对不盯着他们眼睛的人表示怀疑，他们认为这种人要么是不好意思，要么是难以捉摸，要么是不注意听他们的讲话；巴西人在说话时喜欢碰碰或拍拍同他交谈的人，但大多数美国人认为这是不可思议的。在涉外交往中，谈话时类似这些习俗应引起注意。

10. 幽默诙谐，气氛融洽

诙谐、幽默在交谈中的作用是非常重要的。一句恰到好处的幽默的话语，胜过千言万语，一个讲话诙谐的人，会很受欢迎，他的幽默话语往往可以使一场不愉快的讨论或唇枪舌剑的争论烟消云散。许多领袖人物和语言大师都有这种风范。诙谐幽默，是思想、学识、智慧在语言上的结晶，也是在长期的语言实践中锤炼而成的。为此，在社交活动中，应不断地锻炼、提高自己，成为一个让人喜欢的沟通交谈能手。

思考与练习

一、思考题

1. 世界上人的姓名构成主要有几种？各是什么？

2. 工作中的称呼方式有哪几种？要注意的问题有哪些？

3. 国际交往中的称呼方式一般有哪些？涉外称呼时应注意的问题有哪些？

4. 社交场合中介绍的种类有哪几种？什么是为他介绍？为他人做介绍时所遵循的原则是什么？作为介绍者要注意的问题有哪些？

5. 什么是集体介绍？其介绍的顺序有哪几种？要注意的礼仪有哪些？

6. 什么是自我介绍？在社交活动中自我介绍有何重要作用？如何做好自

我介绍？

7. 名片的种类有哪些？其各自的规范要求是什么？

8. 名片在现代社交活动中有何用途？

9. 在社交活动中如何正确地递交名片？

10. 在社交活动中如何得体地接受名片？

11. 在社交活动中如何收放名片？

12. 社会交往中的网络微片你用过吗？有何体会？

13. 在社交活动中交往双方握手次序所遵循的原则是什么？具体的次序怎样？

14. 简述社交活动中握手的正确姿势及应注意的问题与禁忌。

15. 除了握手之外，通行的会面礼还有哪些？

16. 交谈时应注意的礼仪有哪些？

二、案例分析题

邓峰在大学读书时学习很用功，成绩突出，加上本人肤色比较黑，同学们将他的名字、成绩和长相综合在一起，给他一个称号“登峰造极”。他大学毕业后不久就去了美国攻读学位，毕业后在美国一家公司从事新产品的研发工作已经5年了，现在是一个部门的经理。

今年春节，他携其美籍妻子回国探亲。一天，邓峰带着妻子去观看中国交响乐团新春音乐会，刚刚落坐，就见到有3个人向他们走来。快到跟前时就听到有一个人一边伸出手来一边大声地叫：“哎呀！这不是当年的‘登峰造极’吗？幸会，幸会！”这时，邓峰才认出说话的人是他的大学同学柯林。柯林大学毕业后先是跑到广州做生意，有了一些资本后，自己就在北京注册公司当起了老板。现在生意做得很大，在全国有几家分公司，在海外也有两家分公司。今天，他陪同中国台湾籍一对生意伙伴一起来观看音乐会。这对生意伙伴是与他交往多年的中国台湾籍夫妇。

此时，邓峰和柯林彼此既高兴又激动。只见柯林大声寒暄之后，就问邓峰旁边站着的女士是谁。邓峰这时向柯林介绍了自己的妻子。待邓峰介绍完之后，柯林高兴地上前拉起邓峰妻子的手行了一个时髦的吻手礼。这时柯林才想起来向邓峰介绍他的两位中国台湾籍生意伙伴。大家相互介绍、握手、交换名片和简单的交谈后，就各自坐在自己的座位上观赏新春音乐会了。

（1）请用学习过的有关见面礼仪的知识，分析上述场合中有关的见面礼仪有无不符合礼仪的地方。若有，请指出来，并指出正确的做法是什么。

（2）现场请5名同学分别扮演上述场合中的5个角色，并表演其正确的称呼、介绍、握手、交换名片和交谈的礼仪。然后请同学们加以评论。

三、实训内容与要求

1. 国内社交场合中正确称呼他人的训练。
2. 涉外交往中各种情况下正确称呼他人的训练。
3. 为他人做介绍时综合礼仪的训练。
4. 集体介绍时综合礼仪的训练。
5. 模仿求职招聘自我介绍时综合礼仪的训练。
6. 名片的交换、存放综合知识的训练。
7. 交谈综合礼仪的训练。
8. 见面礼仪中称呼、介绍、握手、名片使用、交谈综合礼仪的训练。
9. 社交场合微信名片（二维码）的制作和使用综合礼仪训练。

第四章

仪容举止礼仪

——光彩照人温文尔雅

内 容 提 要

本章主要介绍仪容礼仪、举止礼仪、体态语言等，最后论述职业人士要达到外在美和内在美的统一，需提高自己的礼仪修养。

重点和难点

本章重点为仪容礼仪，本章难点为举止礼仪。

第一节 仪容礼仪

仪容（Looks），是仪表的一部分。仪表（Appearance），是指人的外表，包括人的容貌、姿态、服饰和个人卫生等方面，它是人精神面貌的外在体现。

仪表，在人际交往的最初阶段，往往是最能引起对方注意的，人们常说的“第一印象”的产生多半就是来自于一个人的仪表。一个举止优雅、容貌秀丽的人比一个面孔丑陋、体态肥胖的人更能打动人；一个衣着得体的人总比一个衣衫不整的人给人的第一印象要好。因为，仪表端庄、穿戴整齐者比不修边幅者更有教养，更值得别人尊敬。美国行为学家迈克尔·阿盖尔曾做过实验，他本人以不同的装扮出现在同一地点，结果却截然不同。当他身着西装以绅士模样出现时，无论是向他问路还是问时间的陌生人，大多彬彬有礼、颇有教养，这些人看似属上流阶层；而当迈克尔衣着破旧，扮成无业游民时，接近他的人以流浪汉居多，或是来借钱或是来对火吸烟。这个有趣的实验证明，仪表虽是人的外表，但它更是一种无声的语言，在一定意义上它能反映出一个人的修养、性格等特征，在人们初次交往时能给人以鲜明的印象。

仪表美是一个综合概念，它有三层含义：一是心灵美，指一个人纯朴高尚的内心世界和健康向上的生命活力的外在体现；二是自然美，指一个人的容貌、形体、体态等协调优美；三是修饰美，即经过修饰美化及后天良好环境的熏陶而形成的美。简言之，仪表美是心灵美、自然美、修饰美的和谐统一。

这三层含义实际上是人们常说的内在美和外表美。二者是密切联系的，外在美要受内在美的制约，而内在美则通过外表美来体现，互为表里，相得益彰。但二者有时也不统一，有的人外表看貌似天仙或英俊潇洒，但谈吐举止粗俗，甚至灵魂肮脏，令人唾弃。外表美只有和内在美高度统一才能令人敬慕和向往。

仪容特指一个人的容貌，它包括人的面部、头发、手部等，是个人仪表美的重要组成部分。仪容美包括一个人的自然长相和对仪容的修饰。狭义的仪容修饰主要是容貌上的美化和修饰，包括美容与美发。美好的仪容，既反映了个人的爱美意识，又体现了对他人的礼貌和尊重。因此，在社交中不可忽视仪容礼仪。本节中所涉及的仪容美，主要是从仪容的修饰角度来讲述的。

一、仪容清洁

仪容美的关键是清洁卫生，这是我们保持良好形象的基础和前提，也是当今社会与人交往、取得成功的必要条件。仪容的清洁卫生主要体现在七个方面。

1. 面容清洁

每日早晚洗脸，清除附在面部的污垢、汗渍等不洁之物。洗脸时，先用温水润湿脸部，然后涂上适当的清洁剂（洗面奶、洗面膏等），用双手轻轻经过鼻翼两侧至眼眶，由颈部至左、右耳根反复多次正反打圈，再用温水冲净面部的清洁剂，最后用凉水冲洗，令毛孔收缩。这种洗脸的方法有助于保持皮肤的弹性，促进血液循环和新陈代谢。

2. 口腔清洁

坚持早晚刷牙、饭后漱口以保持口腔清洁。平时多以淡茶水漱漱口，可以有效控制口腔中的异味；在工作及会客之前不要吃葱、蒜、韭菜和有刺鼻气味的食物，以免引起他人的反感（民航服务对空乘人员有严格的要求）。必要时可以嚼口香糖或者茶叶来减少口腔异味。但应注意的是，在正式场合与人交谈时嚼口香糖是不礼貌的。如有病理性的口臭应及时去医院治疗，以免在公务交往中引起交往对象的反感。

3. 头发清洁

要养成勤洗头发的习惯。油性的头发应2天洗1次；干性的头发洗发间隔时间可稍长一些。洗发前应先将头发梳理通顺，湿润后用洗发用品轻揉，最后冲洗干净。洗完头发后最好是自然晾干，也可以用吹风机吹干，但温度不宜过高，应吹至七八成干即可。

4. 鼻子清洁

为保持鼻腔的清洁，每天洗脸时都应清洗鼻腔，不要用手去抠鼻孔。有许多人有不经意抠鼻子的毛病，这样既不文雅，又不卫生。男士在接待客人前，最好检查一下自己的鼻毛是否过长，如鼻毛过长应用小剪刀剪短，但不要去拔，以免发炎。

5. 手部清洁

俗话说，手是人的第二张面孔。在交际活动中，手占有重要的位置。社交中通常以握手的礼节来表示对交往者的欢迎，然后再伸手递送名片等。通过观察一个人的手，可以判断出此人的修养与卫生习惯，甚至对生活的态度。手的清洁与一个人的整体形象密切相连，应当引起足够的重视。因此，应经常清洗自己的手，保持干净，皮肤细腻。要经常修剪指甲，一般要求指甲与指尖同长或略长出指尖1~2毫米，服务人员不得染异色指甲。在任何公众场合修剪指甲都是不文明、不雅观的举止。

6. 身体清洁

讲究个人卫生，养成良好的卫生习惯。要做到身体无异味，勤洗澡是必要的，尤其是参加一些正式活动之前一定要洗澡。如果有“狐臭”，应及时治疗，避免在公务交往中引起交往对象的反感。

7. 不蓄胡须

若不是老人或职业上的特殊需要，不要蓄胡须。男士每日要把脸刮干净。特别要指出的是，不可以当众剃须。秘书和商务人员以及服务行业人员以不留长发、胡须为美。

二、仪容美观

在社交场合，仪容美常常需要通过恰到好处的化妆来体现。

1. 自然

自然是美化仪容的最高境界，它使人看起来真实而生动，失去自然就没有生命力，也没有美感。有位化妆大师曾经说过：“最高明的化妆术是经过非常考究的化妆，让人家看起来好像没有化过妆一样，并且这化出来的妆与主人的身份匹配，能自然表现出那个人的个性与气质。次级的化妆是把人突显出来，让她醒目，引起众人的注意。拙劣的化妆是一站出来别人就发现她化了很浓的妆，而这层妆是为了掩盖自己的缺点或年龄的。最坏的一种化妆是化妆后扭曲了自己的个性，又失去了五官的协调，例如，小眼睛的人竟化了浓眉，大脸蛋的人竟化了白脸，阔嘴的人竟化了红唇……”。可见化妆的最高境界是自然。

2. 协调

美化仪容的协调包括：一是妆面协调。指化妆部位色彩搭配、浓淡协调，针对个人脸部的特点，整体设计协调。二是全身协调。指脸部化妆、发型与服饰协调，力求取得完美的整体效果。三是角色协调。指针对自己在社交中扮演的不同角色，采用不同的化妆手法和化妆品。如作为职业人员，应注意化妆后能体现出端庄稳重的气质；如作为专门从事公关、礼仪、接待、服务等的人员，出头露面的机会多，要表现出一定的人际魅力就应浓淡相宜，青春妩媚，适合人们共同的爱美之心。四是场合协调。指化妆、发型要与所去的场合气氛要求一致。比如，出入舞会、宴会，可浓妆扮之；日常办公、略施淡妆；参加追悼会，素衣淡妆。不同场合的不同化妆、发型，不仅会使人内心保持平衡，也会与周围的人心灵相融。

3. 美观

美丽、端庄的仪容是形成优美良好的社交形象的基本要素之一。美观是从效果来说的。要使仪容达到美观的效果，首先必须做好仪容的清洁和皮肤的保养；其次要掌握化妆知识和化妆技巧，清楚怎样化妆、美发和矫正，才能扬长避短，变拙陋为俏丽，使容貌更迷人。

三、化妆到位

恰到好处的化妆是现实社会美好生活的要求，更是社交场合不可缺少的部分。

（一）妆扮类型

职业人士往往除了在办公室工作外，还要经常外出走访，参加一些社交活动。因此，仪容的美化必须根据不同的时间、场合，做不同的妆扮。化妆有时要淡雅一些，有时可浓艳一些。

1. 工作妆

工作妆适合日常办公场合，应为淡妆。女士化妆时，粉底颜色要接近肤色，薄施脸部。眼影颜色要简单明快，看起来淡雅。眼线可细一些，轻一些，可不涂睫毛膏。腮红应淡一些，犹如自然面色。口红接近自然唇色，不可太明艳。

发型要简洁、整齐，如是长发最好束紧固定，不要留长指甲。

2. 舞会妆

舞会妆适合舞会场所，应以浓妆为宜。粉底要用遮盖力强的，眉毛可浓一些，深一些；眼部化妆可略夸张一些；腮红可浓重一些，口红可用明艳亮丽的颜色；发型可比晚宴妆随意一些，也可用假发，这对职业女性是最简便易行的办法。指甲油可用艳丽的、闪光的颜色。舞会妆应显得光彩夺目，热情奔放。参加舞会时难免出汗，要随身携带化妆盒，以随时补妆。

3. 晚宴妆

晚宴妆的特点是粉底与皮肤的颜色相差不可太远，但要遮盖力强的，可上腮红与涂阴影以增加脸部立体效果。眉毛要修剪细描。眼线可画得略粗，也可用眼线液来画。唇膏可用明亮的颜色，以增加立体感。

晚宴的发型比较讲究，男性可吹发、定型，以显潇洒，女性可盘发、卷发，尽显妩媚动人。

4. 旅游妆

旅游妆宜淡妆轻描。粉底用耐汗水的粉饼；胭脂用朱红或桃红淡淡施抹；口红用色不要过重。长时间旅游最好不涂眼影，不描眼线，发型可简洁、随意，如是长发，最好将长发束紧固定。

总之，在社交场合，应根据实际情况有意识地美化自我，才能做到浓妆淡抹总相宜。

（二）化妆的规则

化妆可使人变得精神焕发，遵循化妆的规则更能显示出一个人的修养。化妆的规则体现在五个方面。

1. 正式场合要化妆修饰

当出席正式的场合时，女士应适当化妆，让自己容光焕发，富有活力，不化妆则被视为失礼。男士也要进行面容的适当修饰，比如，刮干净胡须、美发定型、清洁面部与手部、可使用无色唇膏等。

2. 工作岗位以淡妆为主

工作妆一般为淡妆，适合各种公务场合。其特点是粉底颜色要接近肤色，薄施于整个脸部，看起来淡雅清爽。眼线可以细一些，轻一些。唇膏接近自然唇色，不可太明艳。

3. 不要当众化妆或补妆

在众目睽睽之下化妆是非常失礼的。这样做既可能有碍于人，也不尊重自己。如果真的有必要化妆或进行修饰的话，要在化妆间或无人的地方去做，切莫当众化妆。

4. 不非议他人的化妆

由于民族、肤色和个人文化修养的差异，对美的标准认识也不一致，每个人的化妆不可能都是一样的。就拿我国来说，有的省份的女士偏爱浓妆，有的则偏爱淡妆。而外宾的化妆则更是各具特色。像美国的一些老太太喜欢把脚趾甲涂得鲜红，东南亚一些国家的女士喜欢嚼槟榔，从而把牙齿染成黑色。因此，不要对别人的化妆指指点点，不要主动为别人化妆、修饰或改妆，这样易让人产生反感。

5. 不要妆面残缺

因为休息、用餐、喝水等原因使妆面出现残缺、“变花”时务必要及时补妆，不然就等于“形象自残”。同时注意补妆要避人。

（三）美容美发技巧

化妆可以扬长避短，美化自己。化妆离不开化妆品、化妆工具和化妆技巧，对此需要了解和掌握必要的知识和技巧。

化妆品的种类繁多，分类方法也各异，根据化妆品的实际效用，常分为洁肤类、护肤类、美容类三大类。

化妆工具主要包括化妆笔、粉扑、粉刷、胭脂刷、眼影刷和海绵头、眉梳和眉刷、眉钳、睫毛夹等。

女士化妆的先后基本程序：洁面——涂护肤品——抹粉底霜——扑干粉——眉的修饰——眼睛修饰——鼻子的修饰——脸颊的修饰——唇的修饰——检查效果。

女士化妆的基本技巧主要包括如下几个方面：

1. 抹粉底霜

应根据自己的脸型选择粉底霜，突出面部的优点，修饰其不足。应使用接近自己天然肤色的颜色，均匀地、薄薄地涂抹，增强脸型的立体感。

2. 眉的修饰

眉毛的生长规律是两头淡、中间深，上面淡、下面深。标准眉形是在眉毛的2/3处有转折。描画时，应根据眉毛的生长规律将其修饰得接近于标准眉形。第一步，根据自己的脸型描画眉形。第二步，修整形状。

3. 眼睛的修饰

眼部化妆包括涂眼影、画眼线、染睫毛。眼部的正确化妆不仅可以突出眼睛的优点，还可以弥补和修饰某些不足和缺陷。第一步，涂眼影。使用眼影能使眼睛的神态突出，表现眼部结构，从而塑造眼部的立体感。第二步，画眼线。画眼线是为了增加眼睛的神采。无论是哪一种眼型，画眼线时千万不要把眼睛框起来，否则会显得很不自然。第三步，涂睫毛膏。适当地修饰眼睫毛可使眼睛更富有神韵，使双眼格外明亮炯炯有神。

4. 鼻子的修饰

鼻子的美化主要是通过涂鼻侧影和鼻梁的提亮来实现的。目的是为了改变鼻子不理想的部位和使鼻梁显高，以衬托眉眼和脸型。

5. 面颊的修饰

面颊的化妆主要是通过涂抹胭脂以弥补肤色的不足，反映出女性特有的鲜润娇艳气质。胭脂要求抹得均匀、柔和、自然，手法轻匀自然，不留施染痕迹。

6. 唇的修饰

润泽柔美的朱唇与明亮传神的眼睛相辉映，会使女性更具有迷人的魅力。涂口红可以加深嘴的轮廓，使其生动润泽、富有魅力。

7. 发型的打理

“发型是人的第二面孔”。恰当的发型会使人容光焕发。发型设计要与脸型、气质、体型、职业、年龄、季节等因素相适应，体现和谐的整体美。

（1）发型应与个人脸型相协调。一般而言，椭圆型是东方女性的标准脸型，可选任意发型。长型脸的人一般给人古典式的美。在发型的造型上应侧重于抑“长”增“圆”，可适当地保留发帘来掩盖前额，在脸的两侧增多发量，使脸看上去丰满些。圆脸型的人在选择发型时，应尽量使脸型向椭圆型靠拢，顶发适当丰隆，面颊两侧应贴附，不宜隆发；宜侧分头缝，以不对称的发量与形状来减弱脸型扁平的特征，切忌留发帘。方脸型的人在发型的设计上应侧重于以圆破方，用发型来增长脸型，切忌裸露额头、耳旁头发过长，可采用翻翘的发帘掩盖缺陷。方型脸的男子勿理寸头。“甲”字型脸的人在选择发型时，应力求隐藏过宽的额头，双耳以下发容量宜适量增多，最好用曲线美来修饰，可增加脸下部的丰满度。“由”字型脸的人在选择发型时，应力求上厚下薄，顶发丰隆，增加额头两侧头发的厚度，采用侧分或中分来掩盖窄的额头。六角型脸的人在选择发型时，应力求加厚加大两侧头发。做短发时，用发帘遮住前额；做长发时，应尽量避免直发型，最好以“波浪式”为主，发廓轻松丰满。

(2) 发型应与个人性格、气质相协调。发型可以体现人的不同气质。留披肩长发的人，相对性情温和、开朗；留短发者，往往利落、爽快，体现朝气蓬勃的精神面貌；留中长发型并且梳理有致的人，往往恬静、端庄；追求新潮发型者，往往潇洒、时髦。

(3) 发型应与体型相协调。一般来说，体型高大者发型选择面比较广泛，比如，短直发型。男士可以理寸头，女士可以留披肩长发或大波浪式发型等。体型矮小者，应选择短发型。女士可梳盘发，以显得活泼精神，切忌留长发型，尤其是女士不要留披肩发。体型矮小而胖者，一般不宜留长发，更不应该将头发做得蓬松丰厚，应做稍带曲线的短发，最好露出双耳，这样看上去显得高一些。体型高而瘦者，不宜短发，可留“波浪式”卷发、长发或直发，不要将头发盘在头顶，那样会让自己显得更瘦。

(4) 发型应与职业相协调。职业人员在选择发型时，应考虑自己的职业。比如，服务人员在选择发型时，应力求做到干净利落、朝气蓬勃、庄重保守，做到前不遮眼、后不着肩，也不可将头发染成异色；礼仪小姐发型设计应新颖、大方；职业妇女发型设计应文雅、庄重。

(5) 发型应与年龄相协调。青少年应保持活泼开朗的个性发型，以显出朝气与活力，不宜太复杂，线条要简洁、流畅、明快、粗放、自然。作为教师，则应选择朴素端庄的发型，以示教师的庄重典雅。

(6) 发型与季节相协调。夏季，应留凉爽、舒畅的短发，若留长发可梳辫或盘髻，这个季节头发不宜过长、过于蓬松；冬季衣服穿得厚．衣领高，留长发既美观又利于保暖；春秋季节发型可长可短，比较随意。

总之，在设计发型时，除上述因素外，还应考虑自己的发质及与其相配的服装。

8. 认真卸妆

社交活动结束后需要认真彻底清洁皮肤，以便达到保护皮肤的目的。卸妆后用温水清洗，使皮肤彻底清洁，再抹少许爽肤水和润肤露以滋润皮肤。

四、香水的使用

（一）香水的种类

随着人们生活水平的提高和对涉外交往的重视，越来越多的人在生活和工作场合使用香水。适当使用香水，其芬芳的香味能提神醒脑，驱除异味，也会使自己魅力倍增，风度迷人。根据香精的含量与香气持续时间来划分，香水可分为四种类型。

1. 微香型香水

香精仅为5%以下，香气持续的时间为1～2小时，适合于进行健身运动时使用。

2. 淡香型香水

香精含量为5%～10%，香气持续的时间为3～4小时，适合上班时使用。

3. 清香型香水

香精为10%～15%，香气可持续5小时左右，适合在一般性的交际应酬时使用。

4. 浓香型香水

香精为15%～20%，香气可持续5～7小时，适合人们在出席宴会、舞会时使用。

社交活动中，应根据社交的性质、时间的长短选择合适的香水类型。

（二）正确使用香水

1. 使用部位得当

香水中的香精和酒精被光线照射后，在紫外线的作用下会对皮肤形成不良刺激，容易出现色素沉着，所以涂搽香水的部位最好是光线照射不到的地方。如耳后、手臂内侧等部位。不要搽在手背、额头等暴露部位，也不要搽在浅色的衣服上，可在衣领下、衣角、手帕上搽一点，任其自然挥发。

2. 用量适当

香水在使用时如用量过多，会给人以不良刺激，反而起不到美饰自己的作用。一般情况下，若在3米左右的距离仍可闻到香味就属于过量使用香水，在1米范围内能够闻到淡淡的香味较为合适。

3. 不要混合使用

不同品牌、系列、香型的香水不能混合使用，以免产生副作用。

4. 身体清洁卫生

要使香水发挥应有的作用，务必先洗澡，驱除不洁气味。假如身体不洁，香水气味不但不能掩盖散发的不良气味，而且会混合成更难闻的气味。

5. 不食辛辣食物

如葱、蒜、辣椒等。因为食用这类食物后容易产生体臭，从而影响香水的使用效果。

香水使用一般有喷洒和涂抹两种方法。为了能控制好香水的使用量，一般以涂抹法为好。

五、男士美容

美容化妆不是女人的专利。事实上有些男士比女士更加注意自己的仪表。有资料显示，在上海一家大型商场，曾经秘密将摄像机安装在商场的一面镜子旁，对职员和顾客进行录像调查，统计结果发现，在同一时间内男士照镜子的人数竟然多于女士，只是大多数男士在照镜子时不像女士那样坦然，而是尽量避开别人的视线，表现出一定的隐蔽性。这一调查结果真实形象地反映出男士爱美求美又心怀顾忌的微妙心态。

事实上，健身、美容、化妆使越来越多的男士受益匪浅，增添了自信和生活乐趣。

职业男士美容的原则很简单，清洁整齐，精神饱满。

职业男士美容的基本内容：洁肤、护肤、剃须、美牙、美发。

在清洁方面，男士由于生理因素和活动量较大的缘故，汗液和油脂分泌量多，皮肤比女士粗糙，质地硬，表皮容易角质化。因此清洁皮肤是每日重要功课。

在护肤方面。空气干燥最易令皮肤表面的水分流失，会使皮肤缺乏光泽，老化松弛。滋润是唯一的解决方法。户外工作要使用防晒品，以防紫外线晒伤皮肤、加速皮肤的失水老化等。唇部要保持滋润，可使用无色的润唇膏；使用润手霜，保持双手清洁滋润。

另外，不留胡须，经常剃须可以使面部清洁，容光焕发。要重视牙齿，避免牙齿变黑变黄，最好戒烟，少喝浓茶，必要时清除牙齿表层的色素和牙石。发型体现着性格、修养和气质，应根据自己的职业、身材等确定发型，体现朝气蓬勃的精神面貌。

六、保养皮肤

虽然一个人的长相是天生的，但若不很好的保养，“天生丽质”也会像霜冻的花卉一样，花容失色。为了保持容貌的青春活力，最重要的是注意皮肤的保养。

1. 保持充足的睡眠和有规律的生活

人的生理器官在紧张工作之后，夜间良好的睡眠可以使之获得充分的休息、调整和吸收营养。早晨起来后精神饱满，会使人心情舒畅，信心十足，精力充沛，因而面色亮丽，神采飞扬。

2. 保持乐观的情绪和良好的心态

笑口常开可以使人面色红润、容光焕发，给人一种年轻和健康的美感。笑可以让表情肌舒展，使面部皮肤新陈代谢加快，促进血液循环，增强皮肤弹性，起到美容的作用。

3. 注意合理的饮食

不吸烟、少喝酒，少吃刺激性的食物。多吃水果、蔬菜和富含维生素的食物，多喝开水。皮肤的弹性与光泽主要是由含水量决定的。如果皮肤中的含水量低，就容易出现干燥、粗糙、无光泽的现象，并易出现皱纹。

4. 经常梳头，适当参加体育锻炼

梳头不仅是健脑养神的良方，也是一种美容的诀窍，梳头可以刺激百会、风池等头部穴位，促进血液循环，预防疾病，起到美容的作用。体育活动可促进血液循环，加速人体表皮细胞的新陈代谢，形成天然保护层。

第二节 举止礼仪

举止（Behavior），是指一个人的动作和表情。举止是一种无声的“语言”，也称“体态语言”，它反映了一个人的素养、受教育程度以及能够被人信任的程度。人的风度是通过人的举止体现出来的，举止礼仪是一个人气质内涵的外在表现。它包括人在社会活动中坐、立、行的各种姿态，以及手势与表情。

哲学家培根有句名言：“相貌的美高于色泽的美，而优雅合适的动作美又高于相貌的美，这是美的精华。”举止是一种展示自己风度气质、修养和才华的外在形态。

一、正确的站姿

站姿是静态的造型动作，是其他动态美的起点和基础。俗话说：“站如松”，就是说良好的站立姿势应给人一种挺、直、高的感觉。

（一）肃立站姿

肃立式站姿的基本要求是：头正，颈直，双目平视，面容平和自然；肩平、放松，稍向下沉，躯干挺直；收腹，立腰、挺胸、提臀；双臂自然下垂于身体两侧，手指并拢自然弯曲，中指紧贴裤缝；双膝并拢，两腿直立，脚跟靠紧，脚掌分开呈“V”字型，角度呈45度~60度。女性亦可脚跟脚尖都并拢。肃立站姿适用于隆重集会，如升旗、庆典、剪彩等仪式。见图4－1。

图4－1 肃立站姿

（二）手腹式站姿

手腹式站姿的基本要求：以肃立站姿为基础，两手自然下垂叠放在小腹前，右手握在左手的四指上，双目平视，面目自然平和。这种站姿落落大方、得体，但又不显得呆板、拘谨，适合于多种社交场合。见图 4－2。

图 4－2　手腹式站姿

（三）男士直立站姿

男士直立站姿又称跨立式站姿（类似于部队军姿中的跨立站姿）。

其基本要求是：两脚平行分开，两脚之间距离不超过肩宽，以 20 厘米为宜，两手叠放在背后，双目平视，面带微笑。其余与肃立站姿相同。此种站姿适用于服务场合，但应与服务对象保持一定的距离，多用于维护秩序、随时等候服务等场景。见图 4－3。

（四）男士引导式站姿

其基本要求是：两脚展开的角度呈 90 度，右脚向前将脚跟靠于左脚内侧中间位置，成右丁字步；左手背后，右手下垂，身体直立，重心置于两脚，双目平视，面带微笑。或两脚展开的角度呈 90 度，左脚向前脚跟靠于右脚内侧中间位置，成左丁字步；右手背后，左手下垂，身体直立，重心置于两脚，双目平视，面带微笑，其余同肃立站姿。此种站姿适用于给客人指示方向，或解决疑难问题，提供其他服务等场景。见图 4 –4。

图 4 –3 基本式直立站姿

图 4 –4 引导式直立站姿

（五）女士礼宾站姿

两脚站直，右脚微向前右侧伸出约半脚掌距离，将右脚跟靠于左脚掌约三分之一处内侧，形成约 45 度角；两手自然并拢，大拇指交叉，右手握放在左手四指的部位上，轻提起小臂略平贴在腹前；身体直立微前倾，挺胸收腹，身体重心可放在两脚上，上身正面对对方，面含微笑。此种站姿适用于礼宾迎送以及商业服务等场景，表示对客人的尊重与欢迎。见图 4 –5。

图 4 –5 女士礼宾站姿

（六）持夹（包）站姿

持文件夹或公文包时的站姿具体分男士和女士两种情况。

1. 男士提公文包站姿

其基本要求：身体立直，挺胸抬头，下颌微收，双目平视，两脚分开，一手提公文包，一手置于体侧。见图 4－6。

图 4－6 持公文包站姿

图 4－7 持文件夹站姿

2. 女士持文件夹站姿

其基本要求是：身体立直，挺胸抬头，下颌微收，提髋立腰，吸腹收臀，两脚呈“V”字型或“丁”字型，手持文件夹。见图 4－7。

（七）站姿禁忌

（1）站立时，切忌手插在衣袋里，无精打采或东倒西歪。

（2）忌弯腰驼背，低头，两肩一高一低。

（3）忌把其他物品作为支撑点，倚物站立，更不要倚靠在墙上。

（4）双手忌做无意的小动作，更不要叉在腰间或抱在胸前。

（5）忌腿不停地抖动。

（6）女士忌双脚踝骨交叉站立。

二、正确的坐姿

坐姿也是举止的主要内容之一，是身体的一种静态造型。坐姿应给人文雅、稳重、自然、大方的美感。俗话说，“坐如钟”，就是对坐姿的基本要求。

（一）坐姿的基本要求

（1）入座时要轻要稳。走到座位前，缓慢转身后，右脚向后退半步，然后轻稳坐下再把右脚与左脚并齐。在正式场合，讲究从左侧走进自己的座位，坐下，即“左进”。

（2）入座后上体自然挺直，双膝并拢，双腿弯曲，双肩平正放松，两臂弯曲，双手自然放在双腿上。

（3）头正，双目平视，面容平和自然。

（4）坐在椅子上，应至少坐满椅子的2/3，一般情况下，不要坐满椅面，避免靠椅背，休息时可轻靠椅背。

（5）离座时要自然稳当，右脚向后收半步，然后起立，起立后右脚与左脚并齐。在正式场合讲究从左侧离开自己的座位，即“左出”。

（二）女士坐姿

1. 正坐式

其基本要求是：双腿并拢，上身挺直坐下，两脚尖并拢略向前伸，两手叠放在双腿上，略靠近大腿根部。入座时，若是着裙装，应用手将裙摆稍稍拢一下，然后坐下（见图4-8）。该坐姿适合于比较正式的场合，如面对长者、尊者的情况下。

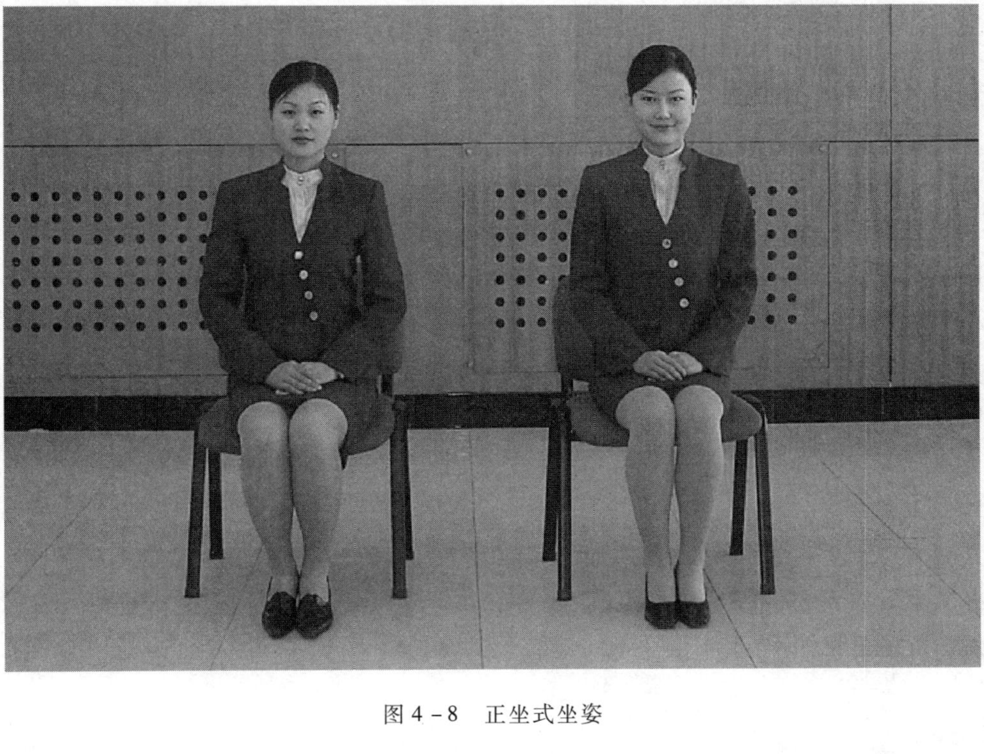

图4-8 正坐式坐姿

2. 屈直式

其基本要求是：上身挺直，左腿前伸，右小腿屈回，用脚掌着地，大腿靠紧，两脚前后在一条线上。见图 4－9。该坐姿既比较庄重又不过于拘谨呆板，适合于多种场合。

图 4－9 屈直式坐姿

3. 重叠式

其基本要求是：上身挺直，坐正，腿向前方，左小腿垂直于地面，全脚支撑，右腿重叠于左腿上，小腿向里收，脚尖向下，双臂交叉支撑左右腿上。特别要注意将上面的小腿回收，脚尖向下。见图 4－10。该坐姿在社交场合要谨慎使用，会给人一种傲慢、盛气凌人的感觉，在运用时应避免身体后仰，以微微前倾为好。

4. 斜放式

其基本要求是：当座位较低时，比如，坐在软沙发或低沙发上时，若按以上三种坐姿，则膝盖会高过腰，让人很不舒服，也极不雅观。这时最好采用双腿斜放式，即双腿并拢后，双脚同时向右侧或左侧斜放，并且与地面形成 45 度角。见图 4－11。

5. 交叉式

其基本要求是：双腿并拢，双脚在踝部交叉之后略向左侧斜放（或向右侧斜放）。当坐在办公桌后面、主席台上或汽车上等场合时，比较合适采用这种坐姿。这种坐姿感觉比较自然、舒适。见图 4－12。

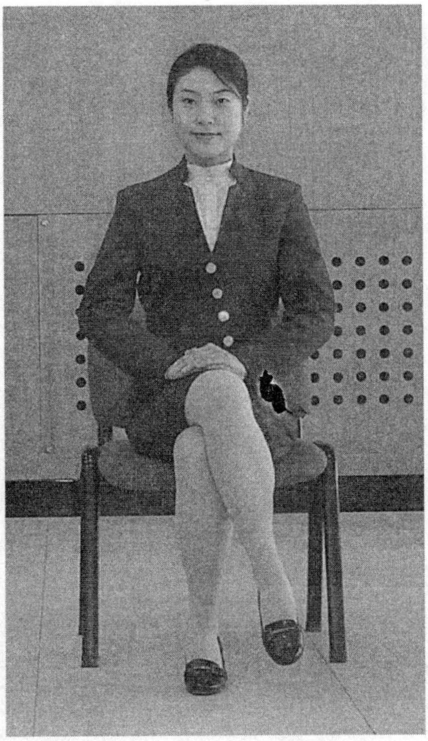

图 4 - 10　重叠式坐姿

图 4 - 11　斜放式坐姿

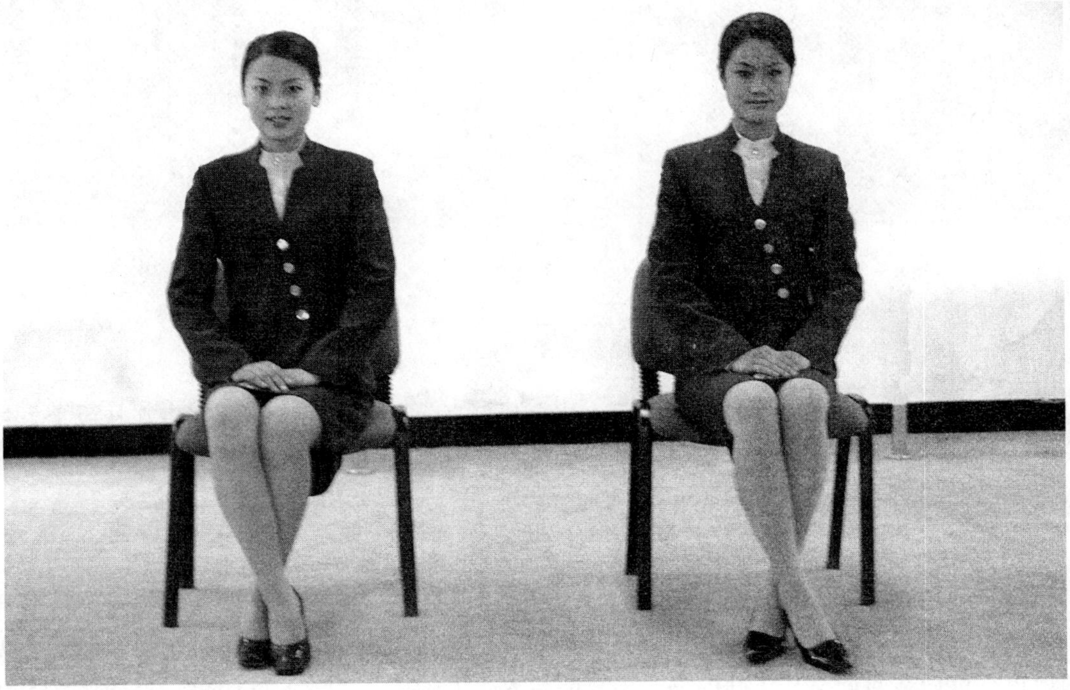

图 4 - 12　交叉式坐姿

（三）男士坐姿

1. 正坐式

其基本要求是：上身挺直、坐正、双腿自然弯曲，小腿垂直于地面并略分开，双手分放在两膝上或椅子的扶手上。见图 4－13。该坐姿适合于比较正式的社交场合。

2. 重叠式

其基本要求是：右小腿垂直于地面，左腿在上重叠，左小腿向里收，脚尖向下，双手放在扶手上或放在腿上。见图 4－14。该坐姿在社交场合应谨慎使用，会给人傲慢、盛气凌人的感觉。

图 4－13　正坐式坐姿

图 4－14　重叠式坐姿

3. 扶手式

如果坐在有扶手的沙发上，入座后上体自然挺直，男士可将双手分别搭在扶手上。这种坐姿是正坐式坐姿的一种变化，比正坐式坐姿显得更为轻松、自信，但面对长者、尊者时应避免此种坐姿。

（四）书写姿势

伏案书写时工作坐势的基本要求是：上体稍前倾，眼睛与书写距离约 33 厘米，两臂屈扶于台面约一肩半宽，两腿并拢微屈稍分开，小腿垂直地面。时间长时在不影响姿态美的前提下可做适当调整。正确的书写姿势能给人留下端庄、素养的好印象。见图 4－15 和图 4－16。

图 4－15 书写姿势

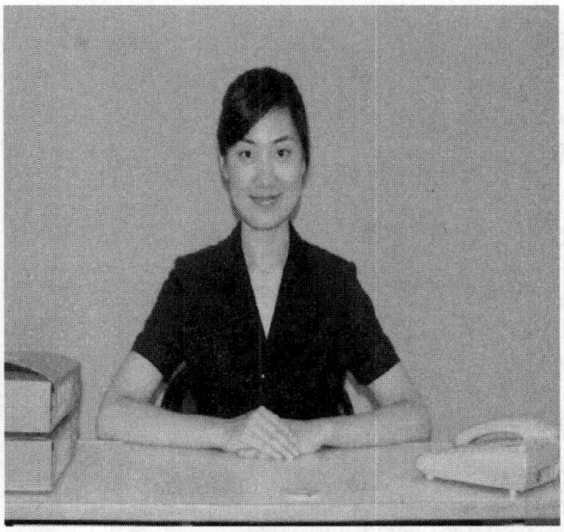

图 4－16 桌边坐姿

（五）坐姿禁忌

（1）入座后，不要弯腰驼背，东倒西歪，前俯后仰，不要随意挪动椅子，不要不停地调整衣服，也不要再站起来整理衣服。

（2）入座后，双腿不要不停地抖动，甚至鞋跟离开脚跟晃动。

（3）坐姿要符合环境要求。比如，求职面试，与领导、长辈谈话等场合，尽量避免使用重叠式、扶手式坐姿。

（4）坐下后忌脚尖相对，或双腿拉开成“八”字型，也不可将脚伸得很远。

三、正确的走姿

（一）走姿的基本要求

行走，是动态的举止，往往给人的印象最深，影响最大。因此，正确的走姿相对也难一些。俗话说“行如风”，就是良好的行姿所应体现出来的韵味。

正确的行姿，基本的要求主要有如下几点：

（1）规范的走姿，以端正的站姿为基础。

（2）上身挺直，头正、挺胸、收腹、立腰、提髋、屈大腿带动小腿向前迈。

（3）双肩平稳，以肩关节为轴，双臂前后自然摆动，摆幅角度以 30 度～35 度为宜。切忌向前摆动双臂时向外张开；相反，可微微向内摆动一些。因为，前种摆动双臂给人一种横行的感觉，很不雅观。

（4）两脚内侧落地时，行走的线迹应是一条直线。

（5）步幅适中。一般是前脚的脚跟与后脚的脚尖相距为一脚长，一般男士为 40 厘米左右，女士为 30 厘米左右。

（6）速度适当。一般情况下，男士每分钟走 108～118 步；女士每分钟走 118～120 步。

男士基本步态，见图 4－17，女士基本步态，见图 4－18。

图 4－17 男士行走步态

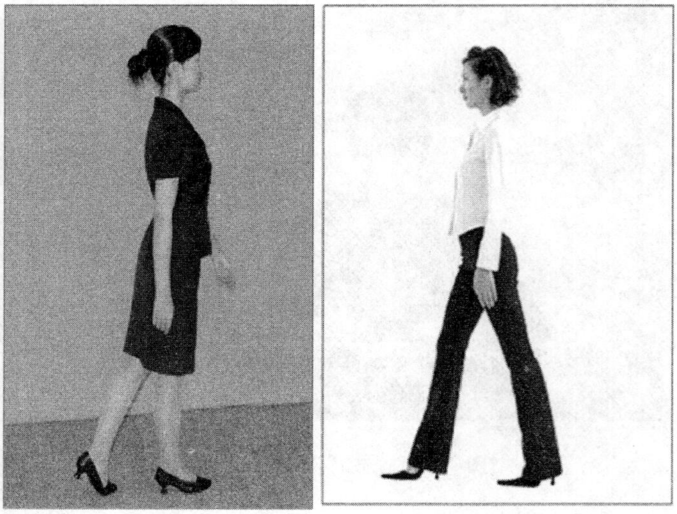

图 4－18 女士行走步态

（二）不同着装的规范走姿

穿着不同的服装，对走姿有不同的要求。

1. 穿着西装的走姿

穿西装行走时，要注意步伐挺拔，后背平直，两腿立直，走路的步幅适中，手臂放松伸直摆动。行走时肩部、髋部不要左右摆动。在仪态举止方面也要有挺拔、优雅的风度。

2. 穿着旗袍的走姿

女士穿旗袍时，造型突出曲线美，反映出东方女性柔美的风韵。为此，穿着旗袍行走时，一定要穿皮鞋，步幅不宜过大，两脚跟前后要走在一条直线上。用腰力把身体重量提起，髋部可随身体重心的转移稍有摆动，但上身绝不可跟着晃动。两臂在体侧摆动，摆幅不宜过大。

3. 穿着短裙的走姿

女士在穿着短裙行走时，要求步履敏捷、轻盈、活泼。行走时步幅不宜过大，步速可稍快些，以保持轻盈、活泼和灵巧的风格。

4. 穿着长裙的走姿

女士在穿着长裙行走时，要求平稳，保持裙摆的摆动与脚步协调，有韵律感。行走时步幅可以稍大些，这样使人显得修长，更有飘逸洒脱之感。

（三）良好的行走姿态要注意的问题

（1）走路时忌摇头晃脑，弯腰驼背，歪肩晃膀，左顾右盼。

（2）走路时忌内八字和外八字步伐，不可脚蹭地面，发出声响。

（3）走路时忌步幅过大，大甩手，扭腰摆臂。

（4）行走时，切忌把双手插在衣裤口袋里，更不要把手背在体后，以免摔倒。

四、正确的蹲姿

实际生活中常常会用到蹲姿，比如，集体合影时前排需要蹲下，有时东西掉落地下，需要蹲下捡起来。蹲姿要做到优美、典雅。

（一）蹲姿的基本要求

（1）下蹲时，应使头、胸、膝关节在一个角度上，使蹲姿优美。

（2）下蹲时，应自然、得体、大方，两腿合力支撑身体，避免滑倒。

（3）女士无论采用哪种蹲姿，都要将腿靠紧，臀部向下。

（二）常用的蹲姿

1. 半蹲式

这种姿势一般用来从地上拾取较高的物品，如较大的手提箱等。其基本要求是：走到物品的一侧，然后上身微微前倾，双脚微微展开约20厘米（女士则并拢）轻轻下蹲，臀部应向下而不是撅起，物品在右侧，则重心放在右腿上；反之亦然。

2. 高低式

下蹲时，双脚不在一条直线上，且一只脚在前，另一只脚在后，在前的脚全着地，小腿基本上垂直于地面，在后的脚脚掌着地，脚跟提起。后膝应低于前膝，头和腰应保持一条直线，臀部向下。女性两腿应靠近。见图4－19。

图4－19 高低式蹲姿

3. 交叉式

下蹲时右脚在前，左脚在后，右小腿垂直于地面，全脚着地。左膝由后面伸向右侧，左脚跟抬起，脚掌着地。两腿靠紧，合力支撑身体。臀部向下，上身稍前倾。见图4－20。

图 4-20 交叉式蹲姿

（三）正确的蹲姿要注意的问题

（1）弯腰捡拾物品时，忌两腿叉开，臀部向后撅起或两腿展开平衡下蹲。

（2）下蹲忌内衣暴露在人们的视线中。

（3）不要突然在别人面前蹲下，以免惊吓他人。

五、正确的鞠躬姿势

鞠躬礼，源于中国的商代，是一种古老而文明的对他人表示尊敬的会面礼。

（一）鞠躬的基本要求

（1）应立正站好，保持身体端正，距受礼者约二三步。

（2）鞠躬时双手放在身体两侧或在体前搭好，面带微笑，以臀部为轴心，将上身挺直地向前倾斜 15 度～90 度，目光随身体向下，同时问候"您好，欢迎光临"等问候语。

（3）鞠躬礼毕起身时，恢复站姿，目光回到对方脸上。见图 4-21。

（二）不同角度的鞠躬礼

（1）15 度鞠躬礼，主要运用于一般的应酬，如介绍、握手、问候、递物、让座、让路等都应伴随 15 度的鞠躬。

（2）30 度～45 度鞠躬礼，通常为下级向上级，学生向老师，晚辈向长辈，以及服务人员对来宾表示致意所用。

（3）90 度鞠躬礼，一般用于三鞠躬或用于悔过、谢罪等特殊情况，属最高礼节。

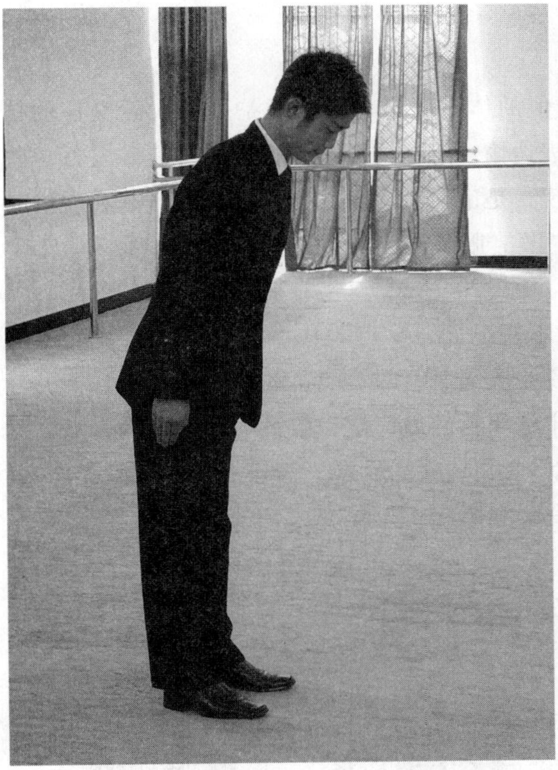
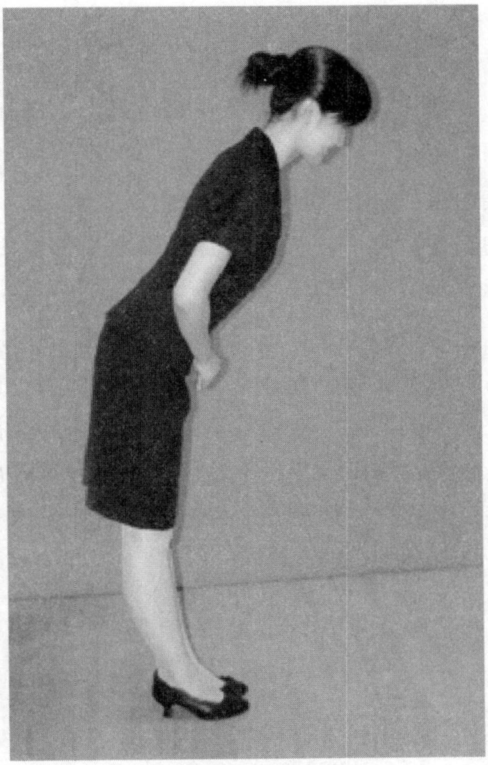

图 4－21 鞠躬

（三）正确的鞠躬礼要注意的主要问题

（1）鞠躬时不得戴帽。

（2）鞠躬时不能只点头，不倾身。

（3）鞠躬时眼睛要往下看，不要翻起看着对方。

（4）鞠躬前后要正视受礼对象。

（5）鞠躬时嘴里不能有任何东西，应闭嘴。

第三节 体态语言

人们在说话时，除了通过自己的有声语言传递信息外，还有赖于无声的体态语的辅助。体态语表达是否恰当，能侧面反映出一个人的内心情感、内在文化修养。因此，说话者有必要了解说话时体态语言的合理运用。

一、微笑

微笑（Smile）是人类最富魅力、最有价值的体态语言，微笑既是一种人际交往的技巧，也是一种礼节。微笑是人们对美好事物表达愉快感情的心灵外露，是善良、友好、赞美的象征，是对他人的理解、关心和爱的表现，是谦恭、含蓄、自信的反映，是礼貌修养的表现。几乎在所有的商业服务中都提供“微笑服务”。微笑成了评价服务质量的重要标志。

微笑的主要特征是：面含笑意，但笑容不甚显著，嘴巴不张开，上、下牙齿均不露出，也不发出声音，是一种不露齿的笑，仅仅是脸部肌肉的美丽运动。微笑是较含笑的程度更深度的笑，但仍然不露齿，在人际交往中适用范围最广泛。微笑的程度再深一点，就是轻笑：嘴巴轻开，不发声音，上齿显露出6～8颗，表示欣喜、愉快。适用于服务他人、接待来宾以及遇见亲朋好友等情景。见图4－22和图4－23。

图4－22　微笑

图4－23　微笑/含笑

（一）微笑的主要作用

1. 微笑可以调节情绪

微笑好像有一种超凡的魔力，像阳光一样，可以驱散阴云，驱散黑暗，把许多令人忧郁、沮丧、恐惧、苦恼等不良情绪一扫而光。

2. 微笑可以消除隔阂

人际交往中难免产生隔阂，服务工作自然也是如此。中国民间有两句人所共知的老话："举手不打笑脸人"和"一笑消怨仇"。讲的就是微笑所具有的"化干戈为玉帛"的作用。在一般情况下，当人与人之间产生纠葛时，一方若能以微笑面对另一方，往往便不会进一步激化矛盾。有时，这样做还可以化险为夷，使双方的矛盾或误解冰消雪化。

3. 微笑可提高人的自信心

一个人即使在遇到极严重的危险或困难时，仍然能保持微笑，好像若无其事，这种微笑可提高人的自信，充满力量。

4. 微笑可促进人的身心健康

微笑可在为自己营造良好人际关系的同时，促进个人的身心健康。人们经常讲："笑一笑，十年少。愁一愁，白了头。"它所说的就是微笑有助于健康的这种作用。笑口常开的人，往往会给自己一种心理暗示，并产生积极的反馈，使自己活得开心快乐。

5. 微笑可提高服务质量

商业服务人员如能把微笑之花常开在脸上，将微笑当作礼物，慷慨地、温和地，像春风、像春雨一样奉献给消费者，使其感到轻松、愉快。微笑服务能极富魅力地感染消费者，拨动顾客心弦，使商务活动能在愉快、和谐的气氛中完成。

（二）微笑的基本方法

先要放松自己的面部肌肉，然后使自己的嘴角微微向上翘起，让嘴唇略呈弧形，然后，在不牵动鼻子、不发出声音、不露出牙齿尤其是不露出牙龈的前提下，轻轻一笑。

我们应该记住并做到：微笑挂在脸上，谢谢挂在嘴上。只要和他人交往，就要发自内心的微笑，只要别人给予了帮助，哪怕是微不足道的帮助，也要发自内心地说声谢谢。

二、手势

手势，又叫手姿，专指人的臂掌指（手臂、手掌、手指）整体所表现出的姿势，有动态和静态之分。由于手是人体最灵活的一个部分，所以手姿是体态语言中最丰富、最具有表现力的传播媒介。大方、恰当的手势可以给人以肯定、明确的印象和优美文雅的美感。在人际交往中，手势是沟通情感的媒介，它能增强感染力，为人的交际形象增辉。

（一）规范的手势要求

（1）指示方向时，手掌自然伸直，掌心向上，手指自然并拢（女士五指并拢，大拇指微收；男士拇指自然稍稍分开），手腕和小臂形成一直线。

（2）与人交谈时，手势不宜过多，动作不宜过大，速度快慢及时间的长短要根据场景来控制。

（3）手臂前伸时，上肢可微前倾约5度～10度。

（4）眼神要与手势方向相协调一致。

（5）社交场合中，任何时候都不要用单根手指指人，特别是指向人的脸部、头部。

（二）社交场合中的引导手势

社交场合中的引导手势包括固定场所中的引导手势和行进中的引导手势。固定场合中的引导手势相对好掌握。行进中的引导如大型会议为贵宾的引导等，其手势相对复杂一些，涉及场所、被引导者方位和情景的不断改变和变化，对引导者的心理素质、灵活机敏、娴熟的引导技能等要求都很高，一般要经过严格的培训和实践锻炼。这里仅对固定场所中的引导手势加以介绍。

固定场所中的引导手势主要有以下几种：

1. 横摆式

这种手势用来指引较近的方向。其基本要求是：以引导式站姿为基础，双脚并拢或成右丁字步，左大臂背于身后，同时小臂收起；右大臂自然垂直后，五指并拢手心向上，小臂轻慢抬起略成水平后，轻缓地向右一侧摆动指示方向；右小臂摆动时面带微笑，同时加上礼貌用语，如“请”、“请进”等（见图 4－24）。

图 4－24　横摆式手势

2. 直臂式

这种手势用来指示或引领较远的方向。其基本要求是：以基本直立站姿为基础，左大臂背于身后，同时小臂收起；右大臂自然垂下后，五指并拢伸直，手臂穿过腰间线，屈肘由身前向前方示出，抬到约与肩同高时，再向要指示的方向伸出；身体向指示方向微倾；面带微笑，身体侧向宾客，眼神与手势同向；同时加上礼貌用语，如“小姐，请一直往前走”等（见图 4－25）。

图 4－25 直臂式手势

3. 屈臂式

这种手势常用于当一只手扶门或手拿东西，同时又要做出为客人指示方向时。其基本要求是：以基本直立站姿为基础，左大臂背于身后，同时小臂收起；右大臂自然垂下后，五指并拢伸直，掌心向上，以肘关节为轴，小臂从体侧前方由下向上轻缓抬起，略成水平，手臂由右侧向左侧摆动约 20 厘米处停住；面带微笑，眼神与手势同向。屈臂式基本是横摆式的反向（见图 4－26）。

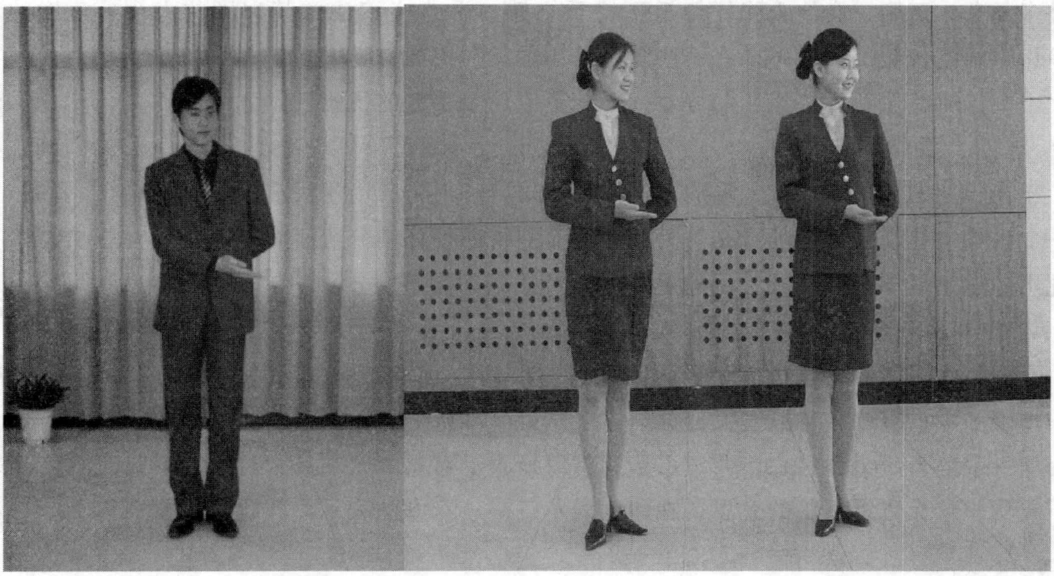

图 4－26 屈臂式手势

4. 双臂式

这种手势用来向众多来宾指示方向。其基本要求是：以基本直立站姿为基础，两手五指并拢，掌心向上，轻慢屈起，以肘关节为轴，小臂略水平，双手同时向身体一侧（右或左）摆动；上身稍向前倾，面带微笑，眼神与手势同向（见图 4－27）。

图 4－27　双臂式手势

（三）手势禁忌

在正式的社交场合，手势的运用要得体、大方、适度。既不宜过于单调重复，也不宜过多复杂，否则，会给人张牙舞爪不稳重之感。手势应该注意其力度的大小、速度的快慢、时间的长短。同时不要有一些随意的小动作，比如，随意打响指、拍桌子等。尤其与女士交流时应注意手势运用的分寸，女士更应注重手势的优雅性。

（四）常见手势简介

在长期的人际交往中，形成了一些手势语言。但是，由于民族文化和风俗的不同，同一个手势往往会有不同的含义。为此，在交往中必须仔细分辨手势使用的具体场合，不可乱用。这里简单介绍几种常见的手势。

1. “OK”手势

即用大拇指和食指构成一个圆圈，再伸出其他三指，掌心向外。呈现“OK”手势在法国表示零；在中国和欧美大部分国家表示好、准备好了、同意等；在日本、韩国、缅甸用这一手势表示金钱；在巴西、希腊、俄罗斯表示对人的咒骂和侮辱；在印度尼西亚表示不成功，什么也干不了的意思；在印度表示正确；在泰国表示没问题。

2. “V”型手势

即伸开食指和中指，掌心向外，呈现“V”型。相传此手势来自于第二次世界大战期间英国首相丘吉尔的一次演讲。在欧美国家这一手势表示“胜利”、“成功”的意思，在欧美国家"V"型手势手背对着对方表示"背叛"、"下贱"的意思。

3. 竖大拇指的手势

在中国这种手势表示称赞、夸奖、鼓励、有"了不起"、"好"、"真棒"的意思；在德国、意大利这种手势表示数字"1"的意思；日本人用这种手势表示"老爷子"的意思；在美国和欧洲部分地区，通常用来表示要搭车；希腊人表示"够了"的意思；而尼日利亚、澳大利亚和新西兰把这种手势视为一种对他人人格的污辱。

4. 伸出食指

在中国、韩国、印度尼西亚、墨西哥等国家这种手势表示数字"1"的意思；在新加坡则表示"重要"的意思；在缅甸是"拜托"的意思；而在澳大利亚这种手势表示再来一杯啤酒；在法国是请求、提出问题的意思。

5. 两臂相关手势

在我国两臂交叉放在胸前表示"旁观"、"不参与"、"与他无关"的意思；在欧美等国家两手摊开并耸肩膀表示"无可奈何"、"毫无办法"、"毫无希望"；坐在椅子上或沙发上讲话时，双手交叉放于头后并身体略向后倾，表示他有"优越感"，对对方说的话"不以为然"；双手抬起，轻轻摩擦双掌表示"他做完了他该做的事"；女性将掌心放在胸前，表示"是真诚的"、"可以信赖"的意思；在世界上大多数国家，举起手来不停摆动表示"再见"的意思。

随着世界各国文化的交流和沟通，现在一些民族性的手势逐渐演变为通用手势语言。

三、交往的空间距离

世界不同的国家、民族和地区，在长期的历史发展过程中形成的人际交往空间距离各有不同，并成为一种无意识的心理。比如，有的人在人际交往中希望彼此距离大些，有的就觉得近些才好。美国心理学家做过一项实验，发现如果两个这样的人在一起交谈，就会一个人不停地后退，而另一个人不停地紧跟，短短半个小时的交流，两个人不知不觉地走了30米的距离。日本学者把这种空间距离称之为"人际气泡"。人际交往中，人与人之间的距离不适当就会对人产生一种冒犯。心理学家把人际交往的空间划分成四个区域：

1. 亲密区域

0~0.5米以内，是人际交往中最小的距离，只适于亲情关系。如亲人、夫妻、恋人之间。

2. 个人区域

0.5~1.5米之间，通常适用于朋友关系。如同学、同事之间。

3. 社交区域

1.5~3米之间，适用于礼节关系。如接待宾客、上下级谈话、与人初次交往时等。

4. 公共区域

3米以外是人们在较大的公共场合所保持的距离，如公园散步、路上行进、讲演、集会等场合。

在交谈中，人与人之间应保持一定的距离，交谈才会轻松自如。

人际交往的空间距离受民族文化影响的。为此，在人际交往中，要针对不同的民族文化正确地加以运用。

四、实践外秀而内慧

本章较全面地介绍了仪容举止方面的礼仪，为我们塑造美提供了相关知识。作为一名即将步入社会的大学生，必须在实践中做到外秀而内慧。

（一）职业人士需要外秀与内慧的统一

职业人士需要外秀，即仪表的外在美；同时也需要内慧，即内在美。应该做到外秀与内慧的统一。外秀主要是一个人的仪表和仪态。仪表是指人的外表，包括人的容貌、姿态、服饰和个人卫生等方面，它是人精神面貌的外观。容貌是天生的；服饰是外在美的主要因素，服饰美的核心是表现人的美。仪态是指人在行为中的举止和风度，其基本要求是自然舒展，充满生气，端庄稳重，神采奕奕，把充沛的精力和良好的精神面貌充分展示出来。

如果说外秀是直观性的美，那么内慧则是蕴含性的美。职业人士的内慧主要体现在心灵美和知识能力强等方面。对于职业人士而言，内慧起着基础的长久的作用。一名职业人士如果是“金玉其外而败絮其中”，那肯定是不行的。这一原则体现工作上，则可以概括为职业人士在掌握大量知识的基础上所形成的思想意识，最重要的是品质、情感操守、精神意志等高层次的审美情趣，它融社会、精神、理性于一体。

对于职业人士而言，良好的职业道德是一个人所应该具备的四种道德（人际品德、家庭美德、职业道德、社会公德）的核心。良好的职业道德对于职业人士而言，是其内在美的一个重要体现。良好的职业道德表现在多个方面，最基本的要求是爱岗敬业，诚实守信，热忱服务，遵纪守法。每位职业人士都应该自觉地按着这些最基本的要求规范自己。

知识和才气是心灵美转化为行为美或者二相结合的基本前提和条件。职业人士所具有的知识，应该是系统而全面的专业知识、具体工作的业务知识等。职业人士的能力主要包括：学习能力、工作能力、组织能力、创新能力、协调能力、表达能力、社交能力等。

总之，职业人士的完美体现就是这种内在美与外在美的有机统一，即内在的品德修养、知识能力等与外在的举止、风度、仪表等的统一。

（二）努力做到外秀而内慧

职业人士如何使自己的内在美与外在美相结合，实践外秀而内慧呢？这涉及很多方面，最基本的应从以下几个方面做起：

1. 自觉接受礼仪教育

礼仪教育和礼仪培养是礼仪修养提升的基础，也是实现外在美的重要途径。因此，通过礼仪教育和培训，加强自我修养，经过不断的努力和磨炼，提升自己的外在美和举止行为美，展现出“外秀”美。

2. 努力学习科学文化知识

现代科技发展日新月异，要适应社会发展，就要不断地学习，与时俱进。对于一名职业人士而言，仅仅“外秀”还不够，必须努力提高自己的“内慧”，即丰富自己的内涵和职业所需要的“硬核”，包括知识、文化、技术技能，以及必备的基本品德和职业操守。

3. 积极参加实践

作为一名职业人士，不论从事哪种工作，都应做到外在上表现出落落大方、彬彬有礼、亮丽生辉、举止优雅、谈吐得体；内在上展现出有知识、有教养、有能力、有智慧、有品德。要做到这样，最根本的办法就是实践。在实践中提高自己、磨炼自己，成为一名“外秀内慧”的人。

思考与练习

一、思考题

1. 在社交场合，男女正确的站姿有几种？基本要求是什么？
2. 在社交场合，男女正确的坐姿有几种？基本要求是什么？
3. 在社交场合，男女正确的走姿的基本要求是什么？
4. 在社交场合，女士正确的蹲姿有几种？基本要求是什么？
5. 在社交场合，男女正确的鞠躬姿势有几种？基本要求是什么？
6. 在社交场合，微笑有何功能，基本要求是什么？
7. 在社交场合，引导的手势有几种？基本要求是什么？
8. 什么是仪表及仪表美？
9. 女士化妆的基本程序如何？
10. 简述职业妆的重点与规范。
11. 职业人士应怎样做到外秀而内慧？

二、案例分析题

1. 小王在学校里学过化妆课，对化妆很有兴趣，平时爱观察别人的妆容，因此发现了一道道奇特的风景线：

一位中年女士因工作忙，一天单位有外事活动，就匆匆忙忙地涂了很红很艳的唇膏，只突出了一张很有个性的嘴。有一位卖化妆品的女士，为了使自己容妆焕发，有利于产品销售，妆容化得很漂亮，脸上精彩纷呈，但脖子却粗糙马虎，在脸庞轮廓上有明显的分界线，像戴了面具一样。生活中常常看到有的女士用粗的黑色眼线将眼睛轮廓包围起来，像个“大括号”，看上去个性彰显。也有很漂亮的女士，身穿蓝色调的时装，却画着橘红色的唇膏……

针对以上几种情形，请指出她们妆束上有何不妥。化妆时应注意哪些问题？

2. 日本著名企业家松下幸之助从前不修边幅，企业也不注重形象，因此企业发展缓慢。一天，他在理发时，理发师毫不客气地批评他不注重仪表，说："你是公司的经理，却不注重个人形象，别人会怎么想，连人都这样邋遢，他的公司会好吗？"从此，松下幸之助一改过去的习惯，开始注意自己在公众面前的仪表仪态，连理发都要跑一趟东京，生意也随之兴旺起来。后来，松下电器的各类产品享誉天下，这与松下幸之助长期率先垂范，要求员工懂礼貌、讲礼节是分不开的。

从松下幸之助和松下公司对形象的前后不同的态度和影响的变化，请回答：

(1) 形象在当今社会中有何重要性？

(2) 你是如何对待自己的外在形象的，又是如何认识的？

3. 有一则颇令人回味的故事。在西班牙内战时期，一位国际纵队的普通军官不幸被俘，并被投进了阴森的单人监牢。在即将被处死的前夜，他搜遍全身竟发现半截皱巴巴的香烟，很想吸上几口，以缓解临死前的恐惧，可却发现自己没有火柴。在他再三请求之下，铁窗外那个木偶似的士兵毫无表情地掏出火柴，划着火。当四目相对时，军官不由得向士兵送上了一丝微笑。令人惊奇的是，士兵在几秒钟的发愣后，嘴角也不太自然地上翘了，最后竟也露出了微笑。后来两人开始了交谈，谈到了各自的故乡，谈到了各自的妻子和孩子，甚至还相互传看了珍藏的与家人的合影。当曙色渐明，军官苦泪纵横时，士兵竟然动了感情，并悄悄地放走了他。微笑，沟通了两颗心灵，挽救了一条生命。

(1) 请举出发生在你身边的一个事例来说明为什么微笑能沟通两颗心灵？

(2) 你会微笑吗？你在工作中和交往中是怎样对待微笑的？

三、实训内容与要求

(一) 站姿训练

1. 排队站立：男女分开，平行排列成若干组，独自或集体练习五种站姿。肃立站姿训练时，体验三对相互作用（悬顶与沉肩、挺胸与收腹、提臀与十趾抓地）的力量感。

2. 背靠背站立：两人一组。要求两人后脚跟、小腿、臀部、双肩、脑后枕部相互紧贴。

3. 背靠墙练习：要求脚后跟、小腿、臀部、双肩、脑后枕部均紧贴墙（五点一线）。

以上三种方法训练时不少于15分钟至20分钟，并配合音乐进行，减少训练的疲劳感。

（二）坐姿训练

1. 男女分组，再按10人一组分成若干小组在礼仪实训室练习五种坐姿，老师现场示范指导。

2. 每次训练坚持20分钟左右，配上舒缓的音乐，每5分钟换一次坐姿。

3. 入座和离座训练。入座要求轻而稳，走到座位前，缓慢转身后，从座位左侧轻稳入座。女士着裙装要先轻拢裙摆（可分别练习单手拢裙与双手拢裙），而后入座。离座时也要缓慢而优雅，轻松而自然，右脚向后收半步，而后起立。离开时向前走一步，自然转身退出房间。

（三）走姿训练

1. 训练走直线，这是步态训练的主要内容。训练时在地面上绷直一条较长的色彩鲜艳的带子，行走时双脚内侧要求落到带子上。

2. 在走姿训练时可配有音乐，并进行摄像，然后播放录像，使学生了解自己的步态，再在教师指导下加以纠正。经过反复训练达到端正、轻盈、稳健、灵敏的标准。

（四）蹲姿训练

设计蹲姿训练场景，请学生分组练习三种蹲姿。

（五）鞠躬训练

1. 2个人一组互相鞠躬致礼，并对三种鞠躬姿势进行练习，教师在旁指导。

2. 模拟迎宾礼仪训练。

（六）微笑训练

1. 对着镜子练习。调动感情，发挥想象力，心里想着愉快的事情，使微笑源自内心，有感而发，口念普通话“一”或“田七”的发音，肌肉放松，嘴角两端向上略微提起，面含笑意，亲切自然。

2. 眼睛微笑训练。方法是，取厚纸一张，遮住眼睛以下部位，对着镜子，尽情回忆过去美好生活，使笑肌抬升收缩，嘴角两端做出微笑的口型。这时，你就会十分自然地呈现出微笑了，随后放松面部肌肉，恢复原形，但这时的目光中仍然会流露出含笑脉脉的神采。

3. 众人面前练习。按照要求，当众练习，使微笑规范、自然、大方，克服羞涩和胆怯心理。

4. 演讲练习。演讲一段话，脸上保持笑容，请听众评议，然后加以纠正。

（七）引导手势训练

在规范站姿的基础上分组对四种引导手势进行反复训练，教师在旁指导。

（八）化妆练习

假定不同的场合，请几位学生按照角色要求化妆，其他学生进行观摩评议。

第五章

接待礼仪

——有朋自远方来，不亦乐乎

内容提要

本章主要介绍接待的性质与要求、迎送宾客的一般程序、日常接待礼仪、迎送仪式礼仪等内容。

重点和难点

本章重点是日常接待礼仪；本章难点是迎送中的引领与陪车礼仪。

第一节 接待的性质与要求

孔子曰："有朋自远方来，不亦乐乎！"礼貌待客是中华民族的传统美德。无论是在一般的人际交往活动中，还是在商务活动中，抑或是政府活动中，凡来访者都要热情接待，以礼相待，遵守礼仪规范，促进友谊，扩大交往。

一、接待的性质

接待（Reception），简单地说就是团体或个人迎送客人的交往过程，它是社交活动的一个重要内容。通过严谨、热情、周到、细致的接待工作，会加深来客对本企业、单位的了解，展示本企业、单位的形象，提高其知名度和美誉度；接待工作是展示企业文明的窗口，让客人亲临企业、单位，目睹清洁、优雅的工作环境，严明而有条理的工作秩序，公司员工敬业高效的工作作风，能增强客人对本企业、单位的信赖；接待工作是宾主双方面对面感情交流的过程，热情地接待能增进双方的友谊。

随着我国国际地位的日益提高，国内外交流和合作日益增多。因此，接待在现实生活和工作中显得越来越重要。接待按其性质可分为涉外接待与内部接待、计划接待与日常接待、因公接待与私人接待、商务接待与政务接待、会议接待、参观游览接待、家庭接待等。概括地说，在社交活动中，接待具有以下几个特征：

1. 很强的政策性

一项接待工作体现的是接待单位对内对外政策，特别是国家的涉外接待工作更是如此。周恩来总理曾多次告诫“外事无小事”。

2. 工作的复杂性

接待工作仅从生活的角度看，就涉及衣、食、住、行等许多环节，涉及接待单位多个具体部门。稍微大一点的接待，还会涉及不同的单位、行业、地区等，需要很多的单位和人员共同努力才能完成。

3. 很强的服务性

接待工作从大的方面看，大体有两类，一类是旅游性质的接待；另一类是工作性质的接待。不论哪种性质的接待都体现着服务的性质。旅游接待可以说是花钱买服务，工作接待服务是保障。所以，从一定意义上讲，接待就是服务。

二、接待人员的素质要求

接待人员是指那些直接与客人接触，具体从事接待工作的人员。接待人员的形象、素质如何，直接关系到接待单位的对外形象，关系到接待的质量，更关系到接待单位的社会效益和经济效益。因此，接待人员应具备较高的素质。接待人员最基本的素质要求有以下几点：

(1) 具有规范的仪容仪表礼仪要求。仪表端庄，仪容整洁，服装服饰规范，仪容美观大方，充分体现出接待人员仪容仪表的美感。

(2) 具有规范的语言沟通和举止文明的礼仪要求。作为一名接待人员，站、坐、行、举手、投足、目光、表情等都应做到训练有素；语言沟通表达要做到清晰、准确、耐心、热情、友好。这不仅反映出接待人员的文化素养、业务能力，同时也能体现出接待单位的管理水平。

(3) 具有良好的职业道德和职业操守。恪守职责，诚实守信，严格纪律，保守秘密，敬业爱岗，讲究效率，杜绝差错。

(4) 具有良好的服务意识和服务水平。“热情周到，客人满意”是接待服务工作的基本要求。服务要用心，待客如亲人，为每一位客人做好服务，让每一位客人满意，是接待人员的基本要求，也是最高要求。

（5）树立安全防范意识。当前，世界处于“百年未有之大变局”，有许多难以预测的不安全因素。例如，2020 年全球暴发的 COVID－19（新冠肺炎），给人与人之间的交往带来了安全风险，这些都给接待工作带来了新的挑战。商务接待必须树立新的安全防范意识。

三、接待工作的一般要求

接待工作的要求，要根据来访者的身份、来访目的、接待地点的不同而有所区别。但各类接待的目的是一致的，即让来客感受到自己被尊重，感知东道主的诚意，进一步密切双方关系，为双方进一步合作打下良好的基础。接待工作的一般要求体现在两个方面。

（一）做好接待的准备工作

1. 了解客人的基本情况

接到来客通知后，要了解清楚客人的单位、姓名、性别、职业、级别、人数等相关信息；要掌握客人来访的目的和要求；要问清楚客人到达的日期，所乘车次、船次或航班的抵达时间。必要情况下，要向对方索取相关人员的资料。若是涉外来访者，相关情况和资料则更要具有权威性和准确性。

2. 拟定接待方案

接待方案一般包括接待的规格、各项活动的主要安排。接待规格确定的原则是“对等、对口、平衡、惯例”。即主宾双方的主要领导的职务、身份、地位相仿；工作的性质、部门相近，双方人员的数量大体相等；同时要合乎通常的惯例和做法。活动的安排包括整体活动安排和每一项具体活动的日程等。拟定接待方案要充分考虑客人的愿望、风俗习惯、宗教信仰等。方案拟定后，根据具体需要，可通知对方并听取意见。必要时可将活动日程表送到客人手中或客人房间内。

3. 周密组织落实

一旦确定了接待方案，就要进行组织落实。主要是做好接待工作的分工，落实迎送人员、陪同人员名单，做好食宿、交通、会见、会谈、宴请、观览等准备工作。落实工作要周到、细致，实行责任制。

（二）接待要抓好六个环节

1. 组织好迎送

迎和送的好坏关系到整个接待的结果，也关系到客人对东道主的第一印象和整体评价。所以，要精心安排好迎送，并要注意一般是“迎”重于“送”，但“送”要“圆满”。

2. 做好会见、会谈的布置

如有会见、会谈，要根据要求做好会见、会谈场所的布置，严肃庄重、整洁大方。

3. 安排好宴请

如有宴请，对宴请的时间、地点、参加人员、座位、菜单等都要提前商定好，落实好。

4. 安排好吃、住、行

吃、住、行是接待的基础和基本保障，要让客人吃好、住好、行好，有一种如在家的感觉。要尊重客人的需要、习惯和爱好，同时还要特别注意尊重客人的宗教信仰。

5. 观览项目的落实

做好每一个观览地点、内容、人员、路线、时间等的落实工作。

6. 做好安全保卫

接待工作的安全是第一位的。要根据接待的规格，如有必要要制定安全保卫方案，做到万无一失，确保客人的人身、财产、物品安全。

第二节 日常接待礼仪

日常接待是指在日常的商务、政务工作中或日常的生活中对来客的接待。日常接待一般人员少，规格低，时间短。本节主要介绍日常商务接待礼仪，并按照一般的工作流程加以介绍。

一、迎客

日常接待通常分事先预约和没有事先预约两种情况。无论是哪一种情况，对待来访者都要热情有礼。当客人到来时，工作人员应马上放下手中的工作，主动迎上前去，亲切问候，然后问明来意和身份，并向来客做自我介绍。

二、看座

客人来访时，应热情请客人入室就坐。如果客人要找的人不在，应有礼貌地说："对不起，××刚出去，您请稍等。请坐!"如果客人需要等候一段时间，应简要说明原因，如"对不起，王总经理正在处理一件紧急事情，请您稍等一会儿。"并为其提供饮品以及一些书报杂志等，以免冷落客人。

引导或陪同客人去面见领导时，到达接待室后应将客人引至上座的位置上。引导就坐时，座位高低次序礼仪一般是：长沙发优于单人沙发，沙发椅优于普通椅子，较高的座椅优于较低的座椅，距离门远的优于距离门近的，面对门的优于背对门的。

三、奉茶

待客时，应该为客人准备饮品，如茶水、咖啡或饮料等。通常在国内以茶待客的情况较多。因此，应掌握必要的敬茶礼仪。

1. 奉茶的方法

上茶应在主客未正式交谈前。正确的步骤是：正规的茶杯应是瓷茶杯，将杯盖反放于桌上，用茶匙放入适量的茶叶，然后用开水沏茶，茶水七八分满即可，盖好杯盖。然后右手拿着茶杯的中部，左手托着杯底，杯耳应朝向客人，从客人的右后侧奉上，将茶递给客人同时要说“您请用茶”（见图 5－1）。最好不要用一次性的纸杯沏茶，若用，应该将纸杯放入带把的茶杯托上，以免使用时烫手或不好拿用。

图 5－1 奉茶

2. 奉茶的顺序

奉茶应讲究先后顺序。当客人的情况差别较大时，一般应是“尊者为先”；先客后主；先女后男；先长后幼。如果来宾甚多，且其彼此之间差别不大时，可采取下列四种顺序上茶：一是以上茶者为起点，由近而远依次上茶；二是以进入客厅之门为起点，按顺时针方向依次上茶；三是在上茶时，以客人的先来后到为先后顺序；四是上茶时不讲顺序，或是由饮用者自己取用。

3. 奉茶的禁忌

忌用不清洁或有破损的茶具；不要用手抓茶叶；尽量不要用一只手上茶，尤其不能用左手；切勿让手指碰到杯口；为客人倒的第一杯茶，通常以七八分满为佳；把握好续水的时机，以不妨碍宾客交谈为佳，不能等到茶叶见底后再续水。

四、引导

在引导客人时应注意如下礼仪：

1. 与长辈、上司同行

与长辈、上司同行时，原则上应在他们的左边或后面走，有急事需超越时要先道歉。

2. 与女士同行

与女士同行时，男士必须迁就女士的步伐。在马路上男士应走在女士的左边，上楼梯时男士应走在后面，下楼梯时男士则应走在女士前面。总之，将安全一侧让给女士。

3. 引导客人

引导客人时，应走在客人的左前方，一般应与客人保持二三步的距离，一面交谈一面配合客人的脚步，与客人大约130°的角度，切忌独自在前，臀部朝着客人。

4. 宾主并排行

宾主并排行时，引导者应走在外侧后面或偏后一些的位置上；如果三人并行，通常中间为上，内侧次之，外侧再次之。

5. 上楼梯

上楼梯时陪同人员应在有扶手的一边，让客人走在前，下楼时可走在客人的前面，万一摔倒也不会冲倒后面的客人或上级（见图5-2）。

图5-2 为客人引导

6. 乘电梯

乘电梯时，视具体情况而定。当与同级、同辈或不相识者同乘电梯时，进入时要讲究先来后到，出电梯时应由外而里；如果与尊长、客人或上级同乘电梯时，原则上客人和上级先进先出。如果进入无人管理的电梯，客人和上级人数较多，则宜自己首先进入电梯按住电钮以便客人或上级从容进入电梯。总之，视具体情况而定，遵循的基本原则是：将安全、方便让给尊者、长者、客人。

五、馈赠

馈赠是人们在社交过程中通过赠送交往对象一些礼物来表达对对方的祝贺、感谢、友好、慰问等情感的一种交际行为。它是一种传递友情的良好纽带，是社交活动中必不可少的礼仪形式。商务活动中的馈赠是为了感谢或进一步与对方密切关系，加强合作的一种商务活动方式，礼仪馈赠与行贿受贿性质完全不同。大凡向别人馈赠礼品的人，都希望通过馈赠礼品表达出自己的感情并给受礼人留下深刻的印象。但并不是每次馈赠都能达到预期目的，有时甚至会适得其反。因此，在人际交往中掌握馈赠礼仪是商务活动中不可缺少的。

（一）馈赠礼品应考虑的几个问题

1. 馈赠的对象

馈赠的对象是馈赠礼品时首先应当考虑的因素。应根据对方的具体情况“投其所好”，选择合适的礼物。当你把他憧憬已久而又买不到，或者没空买的礼品送给他时，受礼者一定会非常高兴。不分对象，恐怕是“物不达意”的主要原因。

2. 馈赠的目的

馈赠礼品有各种各样的目的，如恭贺新禧、祝贺生日、事业发达、初次见面、久别重逢、临别远行、答谢友人、探视病人等，如果赠送的目的不明确，就很难使对方满意。

3. 礼品的选择

（1）应为其所需。由于每个人的性格、爱好、职业、年龄等不同，因而对物品的喜好也不尽相同。为了使受礼者接受和喜爱你的馈赠品，就必须做到投其所好。而要做到这一点，平时需注意观察了解，多与对方沟通，以便掌握对方的喜好。

（2）应注重真情。最好的礼物应融进送礼人的真正情感。礼品不一定要价钱昂贵，“只送对的不送贵的”。只要是花了心思的，哪怕是自制的礼品，比如，亲手编织的毛衣、自制贺卡等，也会让受礼者感动和喜欢的。同时，礼品一定要讲究包装。在许多国家都非常重视礼品的包装。因为精美的包装可以给人一种神秘感，进而激起对礼品的渴望，又可显示赠送者的情趣和心意。但注意不要过度包装。

（3）避免犯忌。只是了解了送礼对象的喜好还不够，还应了解他们的禁忌。比如，不给年老多病者送“钟”，不给健康人送药，年轻的异性朋友之间不送贴身物品等。此外，如果是给不同民族、不同国家的朋友送礼，更应了解他们的风俗习惯和禁忌，否则，不但会伤害彼此感情，而且还会影响民族团结和国家友好。在涉外馈赠时要注意有八种礼品不能送：一是现金或有价证券；二是天然珠宝和贵重金属首饰；三是药品或营养品；四是带有广告宣传性质的物品；五是容易引起异性误会的物品；六是各种忌讳的物品；七是涉及国家机密的物品；八是具有商业秘密的物品。

4. 馈赠的时机

馈赠礼品的时机，要考虑“适时效应”。逢年过节时，送上一份礼品以示祝愿，他会由衷的感谢；在对方结婚或过生日时送上一份礼品以示道贺，你会给他留下深刻的印象；或在对方高升、录取发榜后，送上一份礼品以示祝贺，他会发自内心的欢喜。这些都是适时的效应。

在国际交往中，馈赠礼品的时间除考虑“适时效应”外，还应注意不同国家、不同民族的风俗习惯。在有些国家，只有在对方送礼时才能还礼。有些国家，例如，日本，要当在场人数不多时送礼。而在另外一些国家则正好相反，比如，阿拉伯国家，必须有其他人在场，送礼才不会被看作是贿赂。世界上不少国家对政府官员收受礼物、礼品有严格的规定，对此要谨慎行事，不要给对方造成不必要的麻烦。

5. 馈赠的场合

馈赠礼品要选择适当的场合。初次在办公室或公开场合见面，就送上一份重礼，会有行贿之嫌。在庄严的场合或大庭广众之下，送给女士衬衣、鞋袜或食品之类的礼品，会给人以很俗气的感觉，会使对方很尴尬。在社交场合，宜送大方、体面、高雅的礼品。花束、书籍、纪念徽章等都是上乘的礼品。

同一样东西在不同的地方赠送效果是不一样的。有的物品在一个国家受欢迎，而在另外一个国家可能就不受欢迎，甚至是禁忌。例如，在美国，一瓶好酒可能是件不错的礼品，但在阿拉伯国家是不能把酒作为礼品的。求人办事时，中国人讲究送烟送酒，而在一些阿拉伯国家他们是不会接受的。

6. 馈赠的方式

通常亲手馈赠礼品是最好的方式。中国人送礼、还礼，一般都采用直接面交。现在，随着社会生活节奏的加快，馈赠礼品的其他形式也变得重要起来，如托人送、邮寄等。在许多发达国家有了专门的礼品公司，你只要给他们打一个电话，礼品公司就能按你的要求把礼品送到受礼人手中。中国人送礼时爱说：“一份薄礼不成敬意，请您笑纳!”等客套话，但这类客套话千万不能对西方人说，他们会认为你贬低他，看不起他。他们总爱说：“这是我为你精心挑选的，希望你能喜欢。”

中国人、日本人都不习惯当着送礼人的面打开礼品。在接受礼品时，常常会推辞客气一番，比如说“不必破费、你太客气了”等话语。然而，西方的习俗与我们却不同。他们总是对送礼者表示感谢，然后当着对方的面打开礼品表示赞赏，并且说明喜欢礼品的哪些方面。按照他们的观点，别人送礼物给你时，忽略道谢是很不礼貌的。他们还认为，忽视礼物就是忽视送礼者，而赞扬礼物就是赞扬送礼者。

（二）几种特殊场合的馈赠礼仪

1. 生日礼物

长辈生日、老年人生日，可根据老年人的生活和爱好需要，作为晚辈送寿礼可以参照传统风俗送些寿糕、寿面、寿烛、寿联等，并送些滋补品、点心、水果或保暖生活用品等，以实用品为首选。父母生日，可根据父母的兴趣爱好，选择一些能表达子女孝心而又实用的礼品。朋友生日，可根据互相的友情深厚程度，选择工艺品、书籍、音像制品、服装为礼物，以促进双方感情发展为目的。小朋友生日，可根据小孩子的年龄、性别选择一些玩具、小孩衣物、糖果、图书等，要以有益于小孩身心健康为前提。

2. 情人节礼物

每年农历七月初七，即七夕节，是中国民间的情人节。

每年的2月14日，是西方国家民间的传统节日——“情人节”。情人节是恋人之间、夫妻之间表达爱慕尊敬之情的一个节日。恋人之间、夫妻之间可以通过送鲜花来传递爱慕之情。鲜花是情人节最好的礼物，一朵玫瑰表示自己对对方的感情至深。红玫瑰象征“我想你”，粉红色或黄色玫瑰花表示初恋。别忘记在系花束的红色缎带上插上一张情人卡，写上几句你想说的悄悄话。除了鲜花外，一些小工艺品如一条丝巾、一把香扇、一条项链、一盒化妆品均可以是恋人间传递爱情的媒介物。夫妻之间除了互赠鲜花外，可以在情人节这天给对方制造一个惊喜，一件对方向往已久的物品，突然在情人节这天从天而降，会让对方终生难以忘怀，铭刻在心。这不仅表达了节日的祝福，更加深了双方的感情。

3. 母亲节礼物

母亲节来源于古希腊，而现代的母亲节起源于美国。1914年，美利坚合众国国会正式命名每年5月的第二个星期日为母亲节。据不完全统计，世界上有70多个国家设有自己国家法定的母亲节。

母亲节赠送一束艳丽的康乃馨及玫瑰花给自己的母亲，表达子女对母亲的哺育感谢之情。康乃馨象征母亲的浓馥，玫瑰花则祝福母亲与父亲永远恩爱。再配以绿叶羊齿，象征母亲健康长寿。最后在花中插上一张母亲卡，写上几句知心话，让母亲高兴一番，再送上一些母亲喜爱的小礼品。

4. 父亲节礼物

父亲节约始于20世纪初，起源于美国，现已广泛流传于世界各地，节日日期因地域而存在差异。1972年，美国总统尼克松正式签署关于确立父亲节的决议，确定每年6月的第三个星期日为父亲节。现在世界上有50多个国家和地区在这一天过父亲节。另外也有不少国家和地区设有自己国家法定的父亲节。

为了表示子女对父亲的尊敬，每逢父亲节，子女们都要赠送一些小礼品给父亲。这些小礼品通常是平日父亲喜欢穿戴的衣服或领带及他爱喝的美酒等，也可以是贺卡或亲手制作的小礼物。节日里给父亲送一束鲜花也是好礼物之一。不过要选择父亲喜欢的颜色和花朵。

5. 教师节礼物

每年的9月10日为我国的教师节。教师节这天，学生们对辛勤教书育人的老师都要以自己的方式表示敬意，给老师赠送一件意味深长的小礼品。最常见的小礼品是贺卡，写上你想对老师说的话，也可以是自己写的书法条幅或画的画等，学生还可给老师献上一束鲜花，表达对老师的崇高敬意。

6. 结婚志喜礼物

向新人表示祝贺，可根据新郎新娘的兴趣爱好、文化修养、经济条件等选择相应的礼物。如家庭生活必需品像床上用品、厨房用品、茶具等；家庭装饰工艺品如装饰字画、工艺品，花草盆景及一些美化房间的装饰物或新婚夫妇喜爱的东西，礼物实用。还可以红包现金形式赠礼。表5－1所示为西方婚龄称谓。

表5－1　西方周年婚庆称谓

结婚周年	礼仪称谓	传统赠品（略）
1周年	纸婚	
5周年	木婚	
10周年	锡婚	
15周年	水晶婚	
20周年	磁婚	
25周年	银婚	
30周年	珍珠婚	
35周年	碧玉婚	
40周年	红宝石婚	
45周年	蓝宝石婚	
50周年	金婚	
55周年	翠玉婚	
60周年	钻石婚	

7. 开业志喜贺礼

作为单位之间，每遇同行或商务合作单位新业开张，可送上一只大花篮，花篮上悬挂一对祝贺联；或送大型条幅表示祝贺；也可以在新闻媒介上刊登祝贺广告，这种方法不仅可达到祝贺的目的，同时还可以通过祝贺达到宣传自己的公关目的。作为个人为朋友新业务的开张表示祝贺，送上一只花篮是最合适的。

8. 乔迁之喜礼物

朋友、亲人乔迁新居，作为亲人朋友可以适时送上一份贺祝乔迁之喜的礼物，礼物范围可以宽泛些，可以送花篮或花束，也可是家庭生活用品或可在家庭里摆饰的工艺品，也可以送一个红包礼金等。

9. 探望慰问礼物

亲朋好友生病应及时探望，根据病情送一些合适的慰问礼品表示自己的关心，以祝愿其身体早日康复。一般的礼品有鲜花、水果、点心、营养补品。如去医院探望病人，还可为喜爱看书的患者送上几本书以供其解闷。

（三）馈赠鲜花的礼仪

鲜花象征着美丽、纯洁和友谊。送花要注意的礼仪是，必须符合风俗习惯。一是鲜花的品种；二是鲜花的颜色；三是鲜花的数量；四是鲜花组成的形式（如束花、花篮、花环、盆花、插花、饰花）；五是送花的时机。为此，有必要了解主要的“花语”（具体详见附录一）。

六、送别

客人要告辞时，应以礼相送，除了要说一些送别的话外，还要懂得一些送客礼节。客人要走，主人不能先于客人起身，不能走在客人前面为客人开门。客人临别时其他成员都应起身相送或握手告别并欢迎下次再来。主人最后将客人送至门口或楼下，待客人身影完全消失后才可返回，绝不能在客人刚出门就“砰”的一声将门重重地关上，这将会使客人产生极不舒服的感觉，甚至使整个接待前功尽弃。

第三节 政务接待礼仪

政务接待，这里主要是指国内各级政府间因交往活动的迎来送往（与其他国家间的接待见涉外礼仪一章）。我国历来强调政府改革精简接待工作，特别是党的十八大以后，中共中央颁布“八项规定”，严厉整治形式主义、官僚主义、享乐主义和奢靡之风，政府工作作风明显好转。随着互联网、5G、人工智能的发展，更加提倡信息化办公，政府工作发生了许多新变化，为政务接待提出了新的要求。政务接待总的原则是精简、优化、节俭、务实。

一、迎送有礼

对同级别政务来访，可根据来访者的目的、性质和来访者的身份、级别以及相互关系，综合平衡确定接待规格。接待的基本原则以“对口对等”为宜，即主客性质对口，身份相当，人数相仿。但由于特殊情况，可以不完全对等，应灵活变通，有时或有破格接待，或有相当级别的人或副职出面，并向对方做出解释。陪同人员从工作需要的实际出发，宜少不多。对于同一级别的政府来访，应保持大体上差不多的接待规格，避免厚此薄彼。

对上级政府的政务指导、检查等性质的公务活动，应该本级政府最高主管出面迎送，同时，为便于工作，可根据分管的工作性质由本级政府的其他副职相随。

总之，不论是迎接、陪同工作，还是送别，应做到热情、友好、周到、高效，体现良好的工作作风。

二、会见与会谈

国内政府间常会就一些相互合作、发展和关心的问题进行面对面的商谈，这就需要掌握一些会见与会谈方面的礼仪。其一般的礼仪规则基本与涉外会见与会谈礼仪相仿。

会见与会谈在形式与内容上密切相关。但二者也有明显的不同，主要表现在以下几点：一是从参与的对象看，会见多为宾主双方；而会谈除了双方外，还常有多边会谈。二是从座位的安排看，会见多为双方按礼仪相对就座，不摆桌子，只设沙发；会谈则各方按礼仪在会谈桌边相对而坐。三是从内容看，会见的内容有礼节性的、事务性的、政治性的或兼而有之，且气氛轻松，时间较短；而会谈的内容较为正式，政治性或专业性较强，气氛比较严肃、庄重，时间较长。

双边会见与会谈中，方位礼仪遵循“面门为尊”，“远门为尊”；座位礼仪遵循“中间为尊”，“以右为尊”（如若一方在国内的政务、党务等活动中则“以左为尊）。

三、陪车礼仪

政务接待中常常会有陪车的情况。陪车时要注意如下一些礼仪：

接送团体宾客上车时，要按先主宾后随员、先女宾后男宾的惯例，要让客人先坐，待客人全部上车就座后，自己才能上车，绝对不能抢先。遇客人先上车，坐到主人的位置上，则不必请客人挪动位置。

如陪同客人乘坐同一辆轿车，主人应帮助客人上车，即首先为客人打开轿车的右侧后门，一手拉车门，一手遮挡车门上框，以防宾客头碰到车门框，做“护顶”姿势。但要注意有两种客人不能遮挡：一是信仰伊斯兰教的客人；二是信仰佛教的客人。因为他们认为这样做会把“圣光”遮住。等客人坐好后，轻关车门，不要因速度太快发出大的响声。同时要特别注意不要夹到客人的手和脚，最后自己从左侧后门上车。

轿车的座次安排有以下几种情况：

（一）双排五座轿车

当主人驾驶时，其座位自高而低依次为：副驾驶座、后排右座、后排左座、后排中座。

当专职司机驾驶时，其座位自高而低依次为：后排右座、后排左座、后排中座、副驾驶座（见图5－3）。

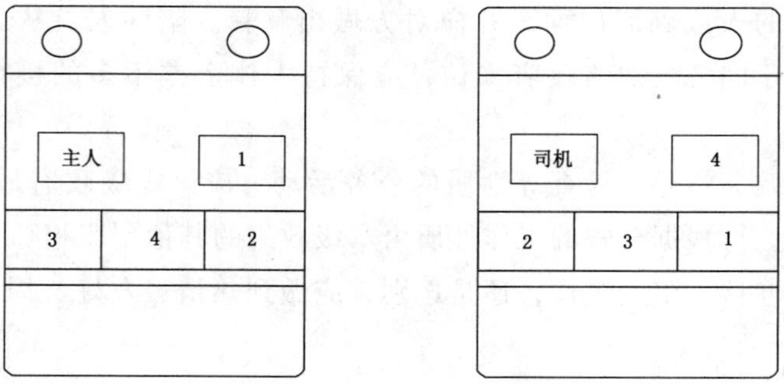

主人驾驶　　　　专职司机驾驶

图 5－3　双排五座轿车

（二）双排六座轿车

座次安排见图 5－4。

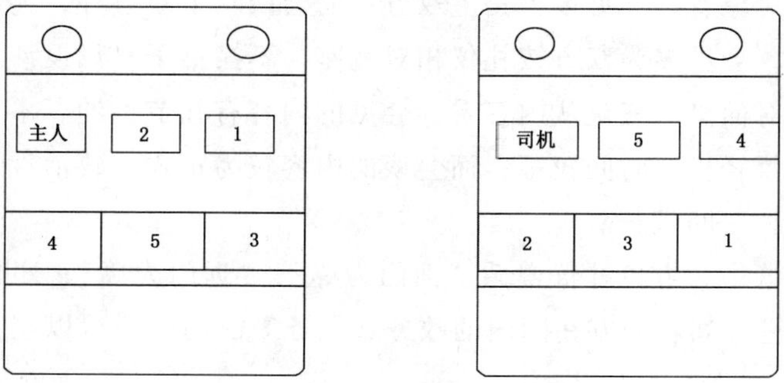

主人驾驶　　　　专职司机驾驶

图 5－4　双排六座轿车

（三）三排七座轿车

座次安排见图 5－5。

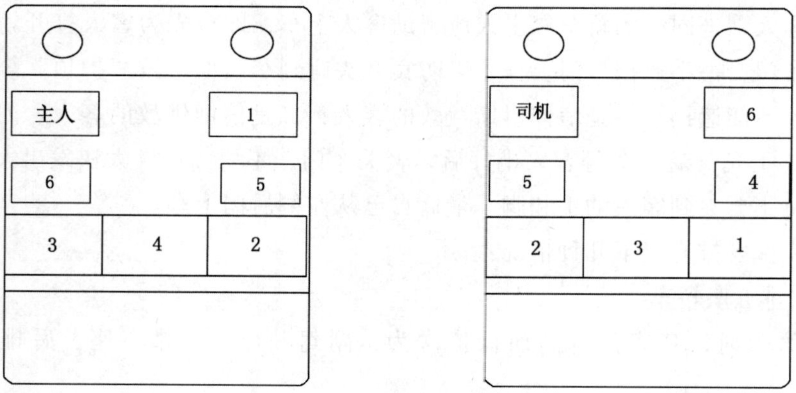

主人驾驶　　　　专职司机驾驶

图 5－5　三排七座轿车

（四）多排座位的轿车

座次安排见图 5－6。

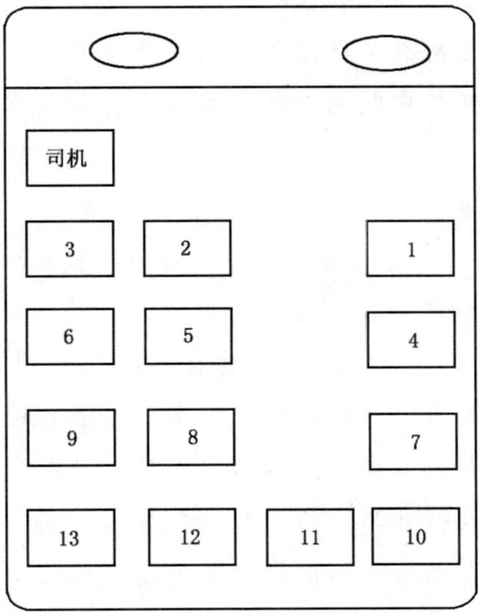

图 5－6 多排座位的轿车

如果乘坐飞机或火车，前进方向为上，靠窗或过道座位为上（因人而定，各有利弊：靠窗座位安静些，过道座位方便些）。如火车 4 人对座，前进方向靠窗口的为第一位，对面为第二位；第一位旁边为第三位，对面为第四位。如是 6 人对座的位置，前进方向的中间为第五位，对面为第六位。

思考与练习

一、思考题

1. 简述接待的性质和接待应注意的环节。
2. 在日常接待中正确看座的礼仪是什么？
3. 在日常接待中正确奉茶的礼仪是什么？
4. 在接待中如何为客人做正确的引导，具体的方式有哪些？
5. 接待工作中的陪车座位次序礼仪有哪些？并以一种示意图加以说明。
6. 馈赠礼品应考虑哪些问题？涉外馈赠八不送是什么？
7. 政务接待中的欢迎仪式的一般程序有哪些？
8. 母亲节快到时，你如何为你亲爱的母亲送上一份礼物？

二、案例分析题

1. 一次，西安某国企老总收到一位美国朋友送的礼物，在表示感谢之后把礼物收了起来，而没有当面打开，这位美国朋友感到不悦，事后中方老总得知收到外国人赠送的礼品必须当面打开并表示赞赏。于是他牢记这一点，不久在与韩国商人的交往中收到礼物之后马上打开欣赏并表示感谢，结果又引起韩国商人的不满。

请回答：

(1) 为什么中方老总两次接受礼物的方式都引起了外国朋友的不悦？

(2) 请你为这位老总解开这个疑惑。涉外馈赠应注意哪些问题？

2. 某企业秘书小王受总经理的指示去公司门口迎接客人，他身着得体的制服，迎向刚刚驶来的一辆高级小轿车。司机熟练地将车停在了公司门口，小王看到后排坐着两位男士，前排副驾驶座上坐着一位外国女宾。小王以优雅的姿态先为后排客人打开车门，做好“护顶”姿势，并目视客人，微笑地问候对方。接下来，小王迅速走到前门，准备迎接那位女士时，却看到女宾满脸不高兴，小王有些茫然了。

请回答：

(1) 这位女宾为什么不高兴呢？

(2) 小王应该如何做？

三、实训内容与要求

1. 日常接待中的奉茶礼仪训练。

2. 接待中的引导礼仪训练。

3. 接待中的馈赠礼仪的训练。

4. 接待中的陪车礼仪的训练。

5. 日常接待完整过程的演练。

6. 拟定一份小型经贸洽谈会议接待的方案。

第六章

商务活动礼仪

——经商软环境不断优化

内容提要

本章主要介绍商务发布会礼仪、商务洽谈与签约礼仪、商务开业礼仪、商务剪彩礼仪和商务展览会礼仪等内容。

重点和难点

本章重点是发布会礼仪、商务洽谈与签约礼仪；本章难点是商务开业礼仪、商务剪彩礼仪和商务展览会礼仪。

自从人类社会有了剩余用品，就开始了最原始的物品交换。商业最早源于原始社会以物易物的交换行为。商业的本质是交换，而且是基于彼此对价值认识的等价交换。中国古代商业产生于先商时期，初步发展于秦汉时期，到了隋唐时期有了进一步的发展。商业从以物易物发展成为以货币为媒介进行交换，从而实现商品流通的经济活动。现代商业特别是进入21世纪电子商务的出现和发展，商业活动出现了线下和线上两种方式。自暴发世界性的COVID－19（新冠肺炎）后，人们的交往方式和生活方式大大改变，线上贸易和物流新业态迅速发展，商务活动也出现了许多新的情况。

商务活动，顾名思义，就是人与人、团体与团体、政府与政府之间在商务方面的交往或来往的活动。从某种意义上讲，商务活动已成为当今社会人类活动的中心内容或重要内容。这里主要介绍几种重要的商务活动礼仪。

第一节 商务发布会礼仪

发布会，又称新闻发布会，也称记者招待会，它是一种借助媒体由发起人或单位就某一信息对某一社会组织或受众主动传播有关信息，进行客观公正报道的有效沟通方式。对国家而言，可以是政务的、经济的、外交的、商务的、军事的，等等，可按性质分别由职能部门授权举办。

对商界而言，举办发布会，常由某个或几个有关的商界单位联合，在特定时间将有关媒体邀请到一起举行一次会议，就某一新产品、新技术或某一事件进行说明，争取媒体进行客观公正的报道，以扩大影响，达到预期目的。改革开放初期，民营企业为了推广自己的产品，扩大社会影响而采用商务发布会营销方式，取得了很好的效果。随着商品经济、市场经济的发展，特别是随着改革开放的不断深入和互联网的快速发展，大大促进了电子商务的发展，商务发布会除了线下实地举行外，还出现了大量的线上现场视频以及新媒体、自媒体方式，其更直接更快捷。两种形式各有长短，应该互相结合，从实际效果出发，做出选择。这里仅就线下商务发布会相关礼仪加以介绍。

做好发布会工作，主要涉及四个方面的问题。

一、发布会的准备

第一，会议筹备。筹备发布会，最重要的是确定好会议的主题，比如，是新产品、新技术，还是就某一事件等。如果是多家联合召开的发布会，要提前协商好。同时，以此为基础对会议的时间、地点、规模、议程、材料准备等工作做出安排。

第二，媒体邀请。根据发布会的主题和目的确定主办单位邀请的具体媒体单位，比如，具体哪几家电视台、广播电台、报社、网络媒体、广告公司、杂志社等。在邀请新闻界人士时，必须有所选择、有所侧重，并非多多益善，要考虑实际效果。一旦确定好，应在发布会前3~5天发出邀请函或请柬，清楚告知发布会的宗旨、时间、地点和具体要求，并回收确认信息，制定参会详细名单，以便下一步安排。同时考虑是否邀请行业部门、各协作单位、所辖政府主管部门、同业和社会有关嘉宾。

第三，现场准备。提前布置发布会现场，比如，会场主办方和来宾的席位安排，媒体记者的区域划分，主办方的员工代表和受众代表的位置安排，以及会场布置，包括主题横幅、设计背板、灯光、音响、放映设备、现场的音乐选择、会议间隙时间的娱乐安排、新闻发布会主持词、领导新闻发布会发言稿、新闻发布会会后媒体新闻通稿等。同时要对新闻发布会举行过程中可能出现的问题做出预案。必要时对主持人、礼仪人员和接待人员进行培训和预演。

二、开好发布会

发布会开始前要再次检查一切准备工作，并制定意外情况补救措施。做好来宾签到、贵宾接待工作。

发布会正式开始一般程序包括：一是主持人宣布会议开始，介绍主办方主要参会人员和邀请的嘉宾以及媒体单位。二是主办方发言人发言，这是发布会的中心内容。有时围绕发言人的发言内容，现场观看相关产品或技术（或会后现场体验）。三是来宾发言。四是发言人回答媒体记者的提问。整个发布会是否成功，取决于整个会议的组织是否紧凑，主题是否突出，特色是否鲜明，以及媒体的积极配合。见图6－1。

图6－1 第二十届中国国际高新技术成果交易会——新闻发布会

三、做好会后跟踪

做好新闻发布会的会后跟踪工作，比如，了解新闻媒体发布情况，整理发布会音像资料、收集会议剪报，汇集发布会成果资料，包括来宾名单、联系方式，各媒体报道整理，发布会总结报告等。同时了解受众的反响，对发布会进行评估，总结经验教训，为今后工作做好准备。

第二节 商务谈判与签约礼仪

商务活动中的谈判和签约是经常性的工作，谈判和签约是相互衔接在一起的。谈判成功后签约，表明商务活动在合作中继续。

一、商务谈判礼仪

商务谈判是商务活动中最常见的一项工作，特别是在今天我国市场经济和全球经济高度融合的情况下更是如此。正因如此，“商界无处不洽谈”成了商界的一句格言。商务谈判指商务交往中的双方或多方就共同关心的经济问题坐在一起进行沟通和协商，寻求解决的办法，消除分歧，达成协议，促进合作的一种方式。

商务谈判要想获得成功，离不开两个方面：一是商务谈判能力；二是商务谈判中的礼仪。二者相互影响，谈判能力是中心，比如，谈判的基本原则、谈判目标、采取的策略方式等；谈判礼仪是指在整个谈判过程中，根据谈判的目标和原则，将礼仪贯彻其中，推进谈判顺利进行。因此，谈判礼仪是谈判能力的补充和完善。

（一）商务谈判基本原则

商务谈判仅就各方关心的经济问题进行商谈，它不同于政治、军事上的谈判，因此应该遵循以下几条基本原则：

一是合法原则。商务谈判的内容会涉及有关经济甚至政治等方面的问题，必须要符合国家的法律法规，这是一条红线。

二是求实原则。即对我方的情况和对方的情况要求真求实，只有真实可靠，才能做到心有底气，求胜有把握。

三是平等原则。商务谈判各方没有高低贵贱之分，要平等共商，对等平衡，机会相当。

四是预审原则。谈判前要认真讨论确定谈判的基本方案，包括备用方案。方案最核心的内容是确定谈判的基本目标，包括底线目标和争取目标。要反复研究方案并报上级主管预审。

五是共赢原则。商务谈判不是“我赢你输”、“你死我活”，只有相互照顾各方利益才可能达成共识。

（二）商务谈判的基本策略

谈判是各方谋略的博弈，必须讲究策略。要熟知商务谈判的过程，即商务谈判“七步曲”——探询、准备、磋商、小结、再磋商、终结、重建。这七个环节一环扣一环，要随机应变。

一是谈判态度策略。根据谈判的目的确定自己的谈判态度，如是积极的态度还是消极的态度，等等。

二是了解对手策略。要尽可能地了解掌握谈判对手的信息，包括其能力、经历、性格、谈判风格等，据此确定己方的策略。

三是多套方案策略。谈判最大的不确定性是不知道对方的底牌，因此谈判中的情况千变万化，要做到处变不惊，就必须提前准备多套方案，有备无患。

四是融洽气氛策略。良好的谈判气氛对促进谈判顺利进行十分重要，为此在谈判开始阶段要善于营造和谐气氛，在谈判中出现僵局时要适当制造一些缓和轻松的气氛。

五是迂回前进策略。谈判不一定要一直咄咄逼人，也不要直奔目标，舍此不让。有时要以退为进，让对方乐于接受，获得成功。

六是掌控局面策略。谈判人能否有效掌控谈判局面对谈判成功至关重要。为此谈判人要力争使谈判按着既定路线进行和发展，掌握谈判主动权。

（三）商务谈判礼仪

商务谈判的成功与否与商务谈判礼仪有着重要的关系，必须加以重视。

第一，必须重视仪表礼仪。商务谈判是一种严肃庄重的场合，在国际上也被认为是最值得重视的社交场合，所以在这种场合，谈判人员应着正装。规范的最正式礼仪服装是：男士应穿深色三件套西装和白衬衫，打素色或条纹式领带，配深色袜子和黑色系皮鞋；女士应穿深色西装套裙和白衬衫，配肉色长筒或连裤式丝袜和黑色高跟、半高跟皮鞋。女士佩戴首饰原则上最多1~2件。同时，女士化职业淡妆，男士也要修剪好边幅，做到无可挑剔。

第二，规范谈判会场礼仪。商务谈判以双边为多，大都使用长桌，座次规则为宾主应分坐在桌子两侧。根据谈判厅的实际大小长桌可横放或竖放。不论横放还是竖放，其座次的礼仪规范是：客为上，主为下，面门为上，背门为下，远门为上，近门为下，右为上，左为下，以上述规则安排主客双方在长桌两边的位置，可视情况摆放主客方桌牌。主客双方落座时，主谈人员居中而坐，其余人员则应遵循右高左低，自近而远原则分别在主谈人员的左右两侧就座，如果有翻译人员，可以安排在主谈人员的右边就座。

举行多边谈判时，为了淡化尊卑的界限，避免失礼，体现彼此平等，按照国际惯例，一般多用圆桌或椭圆桌方式举行“圆桌会议”。东道主一般根据谈判人员数量和礼宾顺序具体排列圆桌各方主谈人位次，并摆放好桌牌。如若人数较多，各方其他人员在主谈人后面的桌子旁就座。

第三，做好接待服务工作。谈判开始前，东道主工作人员要做好迎接工作。谈判过程中，在不影响谈判的情况下，做好相关的保障服务性的工作，针对主谈人的身体情况可以提供个性化的照顾等。谈判结束，无论结果如何，都应以礼相送。周到细致入微的接待和服务能为赢得好的谈判结果增加砝码。

二、商务签约礼仪

（一）签约前的准备

商务谈判成功后就进入签约程序。签约，就是合同的签署。商务签约就是双方或各方通过商务谈判对达成的共识内容以文字形成商务合同，并在合同书上“签字画押”。在现实商务活动中，商务合同的种类繁多。合同也称为合约，一般而言，合约是条文比较简单的合同。

1. 签约合同的准备

从合同签署的过程看，一般分为两个阶段。第一阶段——合同准备阶段，也叫草拟阶段，即各方对合同文本的具体内容、条款、文字，以及行文格式达成一致意见。该阶段涉及各方的权利和义务，要符合相关法律法规，符合国际国内惯例。对于关系重大的或涉外合同，往往需要各方反复多次协商，一般需要律师把关，最后定稿，一式多份。有时，为了慎重起见，对最后确定的文本进行草签留有证据，这也被称之为准合同或待签合同，但不具有法律效力。日常中为简便也常将待签合同简称合同。

第二阶段——签署合同阶段，各方（代表）在确定的合同书上签字，表明该合同正式生效。在合同书上签字对谈判各方而言是一件十分重要且严肃的大事，往往要用一种规范的签约仪式来体现。在正式签约前，要按规范准备好正式签约文本，文本应由各方指定专人参与完成文本的定稿、翻译、校对、印刷、装订等。除了核对谈判内容与文本的一致性外，还要核对各种批件、附件、证明等是否完整准确、真实有效以及译本、副本是否与样本、正本相符。如有争议，应在签约仪式前加以解决。如果是涉外商务合同，则应比照国际惯例，使用各方法定的官方语言文字或国际通用文字，亦可同时并用国际通用文字与本国法定官方文字。

2. 签字厅的准备

签约场所应视参加签约仪式人员身份、人数、影响等因素加以考虑，如宾馆（饭店）或政府会议室（会客厅）等。签约场所应各方提前协商确定，不可一方自行决定后再通知另一方，这是很失礼的。签约现场布置的总原则是庄重、整洁、清静。常见的做法是：厅内面门一般只设一长型条桌，桌面上覆盖着深冷色台布（应考虑双方的颜色禁忌），根据签约方的数量，若仅双方签约则桌后只放两张椅子，供双方签约人签字时用。客方席位在右，主方席位在左。若签约方数量较多时，则桌后只放一把椅子，供各方轮流签约时就座。桌上放好各方待签的文本，上端分别置有签字用具（签字笔、吸墨器等），正中放一束鲜花。如果是涉外签约，在签约桌的中间摆放一个国旗架，分别挂上双方国旗（若多方亦可各方国旗置于各自正前方）。如果是国内企业间签约，可在签约桌的两端摆上席位牌。签约桌后应有一定空间供参加仪式的双方人员站立，或签约桌前方摆放有供参加签约各方其他人员的座椅。背墙上方可挂上“××（项目）签约仪式”字样的条幅。签约桌的前方应开阔、敞亮，如请媒体记者应留有空间，配好灯光。

（二）签约程序

当签约文本和签约厅准备就绪，按确定时间正式开始签约。所有参加签约仪式人员要按社交场合中最重要、最正规的要求着装，男士穿着西装套装（或中山装套装），女士穿着西装套裙。各方应提前协商出席签约仪式的人员，参加签约仪式的人员在数量上应大体相当，各方参加谈判的人员一般都均应在场，具体签字人在地位和级别上应要求对等。签约的程序一般如下：

（1）参加签约仪式的各方代表及特约嘉宾按时步入签字仪式现场。

（2）签字人在签约桌前入座，其他人员分主、客各站一边，按其身份自里向外依次由高到低列队于各自签约者的座位之后。政府间或国家间的商贸签约仪式中，有时出席签约仪式的政府官员站在签约桌后面，具体签字人往往是政府主管部门的负责人。如有媒体参加，则应该在某一侧划出合适位置供媒体使用。见图 6－2。

图 6－2 签约仪式

（3）各方助签人员分别站在主签字人外侧协助签字。

（4）签约仪式开始后，一般先签己方保留的文本。助签人员翻开文本，指明己方具体的签字处，签字人签上自己的姓名后，由助签人员相互交换签过字的文本或主签人相互交换签过字的文本，再次在文本己方处签字。

（5）合同文本签完字后，由双方的签约人郑重地相互交换文本，同时握手致意、祝贺，所有在场人员同时鼓掌。

（6）合同文本交换后，服务人员用托盘端上香槟酒，双方签约人员举杯祝贺。

（7）签约仪式结束后，双方可共同接受媒体采访。退场时，可安排客方人员先走，主方送客后再离开。

第三节 开业与剪彩礼仪

一、开业仪式礼仪

开业仪式一般是指现代商务活动中的商业体，在正式营业活动开张时，按一定程式专门举行的一种礼仪活动。这种方式是商业体向社会公众的一次亮相，以达到扩大传播范围，宣传自己的特色，塑造良好形象，增强员工的自信心和凝聚力，促进业务发展的目的。

（一）开业仪式的类型

由于各个商业体的性质不同，具体的经营范围也不同，因此“开业”的具体内容也不同，比如，新公司成立、新商店开张、新项目开工、写字楼落成、跨海大桥通车、水陆两用车试水、贺岁电影首映，等等。所以，开业仪式有许多具体形式，比如，开幕仪式、开工仪式、奠基仪式、通航仪式、通车仪式、首映式，等等。开业仪式是对这一类商务活动的统称。

（二）开业仪式的准备

开业仪式的准备工作非常重要，关系到开业仪式是否成功，关系到企业的社会形象。开业仪式要遵循“热烈”、“节俭”与“细致”三原则，即场面体现喜庆热烈的气氛，从实际出发，避免铺张浪费，注意节约节俭，遵循礼仪贯例，认真细致，防止差错事故的发生。为此，要做好四项具体工作。

（1）做好宣传工作。开业仪式前3～5天通过传媒进行报道，如发布广告或在公众场合发放宣传品，引起公众的广泛关注。同时提前向媒体记者发出邀请，届时现场采访、报道，以扩大社会影响。

（2）邀请宾客。开业仪式是向社会宣传一项建设成就的喜事，参加仪式的人员，可包括政府相关部门领导、社会知名人士、同业代表、社区负责人及客户代表。与此同时，也应明确本企业参加开业仪式的领导、员工代表、服务人员等。在开业仪式前3至5天发出邀请函，以便嘉宾做好安排。

（3）布置开业仪式现场。根据开业仪式的具体内容选择合适的开业仪式场所。比如，开幕式一般在企业、商场、酒店、商业综合体等的正前门；开工仪式、试水仪式、通航通车仪式等应选择在最具代表该工程标识的现场；首映式、首发式应选择在放映此片的现场。现场布置要突出喜庆、隆重的气氛。根据实际需要，可布置标语彩旗、横幅、气球甚至鞭炮、烟花等。此外，还可以准备鼓乐等加以烘托渲染。现场开业仪式的主横幅一定要醒目，花蓝、花牌的摆放位置要恰当。遵守城市管理，不要影响交通，如确因实际需要，应申请交通部门协调指挥，不要在禁放鞭炮的区域鸣放鞭炮，音响或鼓乐声不可扰民。

（4）做好开业仪式礼仪准备。首先，做好礼仪接待工作准备。接待工作要细致、周到。来宾较多时要设有来宾休息处，做好相应的准备和接待服务，来宾的胸花、桌卡、饮品、礼物等都要一一准备好。对邀请的贵宾，主办单位的主要负责人要出面接待。来宾的停车位置也要提前划分好，并应有具体工作人员现场负责。其次，做好接待人员的选择和培训。要提前根据实际需要，选拔合适的人员具体担任不同的接待岗位，并提前开展必要的培训。最后，参加开业仪式人员的服饰、仪表、仪容要符合美观、大方、庄重、得体的礼仪要求。

（三）开业仪式的程序

因开业的具体内容不同，开业仪式的具体表现形式也有所不同，但基本的程序大体相同，主要包括以下几个方面：

（1）宣布仪式开始。当全体与会者一同步入会场后，主持人宣布仪式正式开始。全体肃立，奏唱国歌。随后主持人介绍参加仪式的贵宾及有关方面的代表或单位。

（2）领导致辞。企业或主管单位主要领导致辞，致辞内容主要包括对来宾表示感谢，介绍此次庆典项目简介和活动的意义等，同时感谢社会各界的大力支持，并简单地对今后的发展加以说明。

（3）嘉宾讲话。一般来说，出席庆典的上级主要领导、特邀嘉宾、协作单位等，都应有代表讲话或致贺词。若请上级领导、特邀嘉宾、协作单位等相关人员发言，应提前邀请、沟通，并明确对方发言人的姓名、职务及发言大概时间等，避免现场邀请时出现尴尬场面。对外来的贺电、贺信等可以挑重要的几封宣读，对没有宣读的贺电、贺信应公布其署名名称。公布名称的时候，可以依照“先来后到”的顺序进行宣读。

（4）实施“开业”。其是指根据具体的开业内容而进行的程序，这个环节是开业仪式中最核心的内容，因具体内容不同，这个环节也有所差别。

如是开幕式，则邀请有关专业人士揭幕或剪彩。揭幕人行至彩幕前恭立，礼仪人员将开启彩幕的彩索递交宾主手中，随之揭幕人目视彩幕，双手拉彩幕，令其展开，全场注视并鼓掌祝贺，同时奏乐。

如是开工仪式，则主要负责人陪同来宾至开工现场肃立，然后宾主双方同时来到开工操作的机关处，并对其躬身施礼后，亲手启动开关或按钮，全场鼓掌祝贺，同时奏乐。其后，职工上岗就位操作，正式开工，全体来宾在主人带领下参观生产现场，有时请专业人士进行必要的讲解。

如是奠基仪式，则奠基人先肃立并注视奠基工程和奠基石，并对其躬身施礼，表达敬意，随后双手握系有红绸带的新铁锹为奠基石培土，随后由主人和其他奠基人依次为奠基石培土，直至将奠基石完全培盖上为止。

如是破土动工仪式，则参加仪式人员站立于破土之处的周围注视破土人。破土人走到破土处，双手握系有红色绸带的新铁锹垦挖土三次，以示良好开端，全场鼓掌祝贺，同时奏乐或燃放鞭炮。

如是竣工仪式或落成典礼，则全体参加仪式人员在竣工的工程标识处肃立躬行注目礼，由相关嘉宾揭幕或剪彩，全体鼓掌祝贺，奏乐或放飞气球等，而后全体参观。

如是竣工下水仪式（试水仪式），则行掷瓶礼。通常是在要下水的新船船头上用红绸结成大红花，在两侧船弦上扎上彩旗，系上彩带。这时由特邀嘉宾身着礼服双手握持一瓶正宗的香槟酒，用力将其掷向船头，使其瓶破后香槟酒四射，酒沫飞溅，酒气四溢。全体人员向新船行注目礼，热烈鼓掌，鼓乐喧天，鞭炮齐鸣，释放气球，放飞信鸽，同时砍断系船的绳索，船上抛撒彩花，飘落彩带，船鸣笛缓缓驶向水中，并航行。

如是通车仪式，则在首车（汽车、火车、地铁）车头处用红绸结成大红花，在车身两侧酌情扎上彩旗，系上彩带。仪式的中心环节是宾主共同剪彩，然后宾主与群众代表一起登车而行，同时现场一片欢腾喜庆的气氛。

如是通航仪式（首航仪式），对首航的飞机或轮船的布置同试水仪式和通车仪式中的首船、首车的布置相类似，不再赘述。

如是影视剧的首映式，则导演、制片人和主要演员一起上台介绍影片及摄制的一些花絮，而后与观众一同观看影片。

（5）结束。不同内容的开业仪式，一般在“实施开业”中心环节后，往往宾主与群众代表一同进入项目现场观览。仪式结束，一一送别来宾，并表示感谢。如有礼品、纪念品相赠，注意不要忘记。

二、剪彩仪式礼仪

剪彩一般与开业仪式相伴而行。因开业的具体内容不同，有的可安排剪彩，有的可不安排；有的可突出剪彩环节，有的剪彩环节并不突出。为此，对那些需要突出剪彩环节的开业仪式，就必须重视并做好剪彩的每个细节。在组织剪彩时，主办方一定要从实际需要出发，切不可贪大求洋，铺张浪费，应以勤俭节约为原则。

（一）剪彩仪式的准备

剪彩仪式的准备工作涉及如下几个方面：

第一，剪彩的一般准备。剪彩的一般准备包括剪彩场地准备、媒体的邀请等，与开业仪式的准备相同，不再赘述。

第二，剪彩物品的准备。仪式上所需特殊准备的物品主要有红色缎带、新剪刀、托盘以及红色地毯。

根据实际参加直接剪彩的人数，将未用过的红色绸缎（一匹为好）按剪彩时剪彩人相互间的距离为基本距离，打成间距略宽于剪彩人间距的花团，其花团的数量比剪彩人的数量多1个。根据剪彩人数，准备新剪刀，剪刀的颜色、大小、形状要完全一样。一般剪彩仪式完成后，主办方会将剪彩人使用过的剪刀包装后赠送给剪彩人，以作纪念。

准备好与剪彩人数相同的剪彩托盘。托盘用以盛放红色缎带、剪刀。托盘以不锈钢材质为好，大小要合适，以圆形为佳，上面铺盖红色的绒布或绸布。

第三，剪彩人员的准备。除主持人之外，剪彩人员主要由剪彩人与助剪人构成。

首先，剪彩仪式的主持人是整个仪式的灵魂，一般为主办方企业的主要负责人。大型重要的剪彩仪式有时也请媒体节目主持人担任。

其次，提前确定剪彩人。在剪彩仪式上担任剪彩人是一种荣誉，多由上级领导、合作伙伴、社会名流、员工代表或客户代表等担任。剪彩人要提前协商确定，并提前征得本人同意，切不可临时拉来凑数。要准确核实剪彩人的姓名、单位、身份与职务，以备剪彩时宣告。必要时，可将剪彩人提前集中起来进行简短培训，并对其服饰提出要求，比如，要着正装，仪表仪容得体，大方整洁，不得戴帽子和戴墨镜。要将剪彩的大体程序和剪彩需要注意的事宜告知每位剪彩人，亦可提前排练，以免出现尴尬局面。

最后，剪彩人数可根据剪彩项目实际情况而定，最少1人，多者可十余人，剪彩人不要过多。剪彩人剪彩时应横排面向观众而站，其位次高低遵循国际礼仪的基本原则，即：中间高于两侧，右侧高于左侧，距中间位次近的高于位次远的。

第四，助剪人员的确定和培训。助剪人员是指剪彩人剪彩过程中从旁为其提供帮助的人员。助剪人员多由东道主一方的女职员担任，或是承担此项工作的礼仪小姐。

剪彩仪式上的礼仪小姐又可分为迎宾者、引导者、服务者、拉彩者、捧花者、托盘者。迎宾者的任务是在活动现场负责迎来送往；引导者的任务是在进行剪彩时负责带领剪彩人登台或退场；服务者的任务是为来宾、剪彩人安排临时休息处；拉彩者的任务是在剪彩时展拉开红色缎带；捧花者的任务是在剪彩时手托花团；托盘者的任务是为剪彩者提供剪刀、手套等剪彩用品。应根据剪彩的实际需要提前选拔礼仪小姐，并做好相关培训，明确其各自的具体任务与要求。她们的服务礼仪素质好坏直接影响剪彩的效果。

由于剪彩仪式的特殊性质，礼仪小姐的基本条件是相貌较好、年轻健康、气质高雅、音色甜美、身材颀长。同时仪容仪表应该做到化淡妆，盘头发，穿着款式、面料、色彩统一的单色旗袍，穿黑色高跟皮鞋和肉色连裤丝袜，可最多佩戴1~2款合适的首饰（戒指或耳饰）。

（二）剪彩仪式程序

剪彩仪式一般在行将启用的项目现场举行，通常选择在正门外的广场或正门内的大厅。现场的布置如开业仪式一样热烈、隆重。见图6－3。

剪彩仪式应该紧凑、喜庆、热烈。时长一般控制在一刻钟至半小时为好。剪彩仪式通常包括五个基本的程序。

图6－3　西工大空乘专业学生礼仪服务剪彩仪式

（1）嘉宾入场。嘉宾座位事先应摆放好嘉宾姓名，中央级的来宾只写“首长”，其他人可直接写姓名。剪彩仪式开始前嘉宾在礼仪小姐的引领下入场，剪彩人前排就座。

（2）仪式开始。企业主要负责人宣布仪式开始，同时奏乐，而后介绍嘉宾并表示感谢。

（3）宾主讲话。根据实际情况，可由主办单位代表、上级部门主管部门代表、合作单位代表以及社会知名人士先后发言。讲话的内容应对剪彩的项目从不同的角度加以介绍、祝贺，发言应言简意赅。

（4）实施剪彩。在欢乐的乐曲声中礼仪小姐登场，引领剪彩人按主办单位的安排站立在确定的位置。随后拉彩者拉起红绸及彩球，剪彩人在中心剪彩者暗示下一同剪断红绸，彩花团落盘，全体人员热烈鼓掌。

（5）剪彩结束。根据剪彩内容的实际，主办单位可安排一些文艺、参观、联谊、座谈、签名、题词、就餐等活动。最后向来宾赠送一些纪念品，并热情谢送每一位来宾。

第四节 展览会礼仪

展览会，对商务活动而言，是指有关单位为了介绍本企业的业绩，展示自己的成果，推销自己的产品、技术或专利，以集中陈列实物、模型、文字、图表、影像资料等方式，向社会加以展示的形式。有时也简称为展览或展示会、展品会、商品会，对较大型跨国界的展览会称之为博览会。

在商品经济高度发达的今天，展览会对开展商务交流，促进经济繁荣，扩大消费，提高人民生活水平等方面具有重要的作用。由于展览会具有现场性、直观性、体验性、感染性、大众性等特点，越来越受到商家的青睐。特别是在互联网快速发展的今天，它具有快速传播的特点，可以大大提高商家的社会影响力和知名度。近年来，不论国家层面，还是各个地区，每年都会举办各种类型的展览会。比如，最著名的“广交会”（中国进出口商品交易会）、“中国国际进口博览会”等。

随着移动互联网、大数据和云计算等技术的应用与发展，特别是 COVID－19（新冠肺炎）的全球暴发，给展览行业带来了新的挑战。在此情况下，多数展览会采用线上采购的方式进行，取得了丰硕的成果。

展览会礼仪，通常是指商界单位在组织、参加展览会时，所应当遵循的规范与惯例，主要涉及展览会的分类、展览会的组织与参展会礼仪三个方面的内容。

（一）展览会的分类

由于商业的发展和商品的极大丰富，展览会覆盖内容非常广泛，按不同的划分标准，展览会可分为不同的具体类型。

第一，按展览会的目的划分。这是划分展览会类型的最主要标准。按此标准划分，展览会可分为宣传型展览会和销售型展览会。宣传型展览会意在向外界宣传、介绍参展单位的发展历史与经营理念以及成就和实力。所以它又叫陈列会。销售型展览会主要是为了展示参展单位的产品、技术和专利，以此来吸引顾客，促进销售，扩大经营。通常，销售型展览会也称为展销会或交易会。

第二，按展览品的种类划分。展览品的类型决定展览会的性质。按此标准划分，展览会可分为单一型展览会与综合型展览会。单一型展览会，一般只展示某一门类的产品、技术或专利，只是其具体的品牌、型号、功能会所不同而已。比如，常见的化妆品展览会、汽车展览会等，也经常以某一具体展示门类的产品、技术或专利的名称来直接冠名展览会名称，如“家用电器览会”等。综合型展览会，也称混合型展览会，它是同时展示多种门类的产品、技术或专利的大型展览会，它主要侧重的是展示单位的综合实力。

第三，按展览会的规模划分。根据具体规模的大小，展览会可分为大型展览会、小型展览会和微型展览会。大型展览会多由专门机构来承办。比如，现在省会城市一般都设有会展中心，专门负责举办此类展览会。由于综合性的展览会档次高、影响大，因此，参展单位必须经过申报、审核、批准，同时还需支付展位费用。小型展览会多由某一单位自行举办，其规模相对较小，主要展示本单位最新的产品、技术和专利。微型展览会是比小型展览会还小的展览会，一般不向社会进行商业展示，只在本单位的展览室或荣誉室进行陈列，主要供来宾参观或用于对本单位员工进行企业文化教育。

第四，按参展者的区域划分。根据参展单位所在的地理区域不同，展览会可分为国际性展览会、洲际性展览会、全国性展览会、全省性展览会等。对区域广的大型展览会，常之称为博览会。比如，中国国际进口博览会，其是世界规模最大的博览会。组织展览会要从实际出发，切不要贪大求全。根据参展单位所属行业，展览会亦可分为行业性展览会和跨行业展览会。

第五，按展览会的场地划分。举办展览会的场地不同，展览会可分为室内展览会和室外展览会。室内展览会大都设在专门的展览馆或宾馆或本单位的展览厅、展览室，因此展览会布置精美、陈列有序、安全防盗、展品不易受损。见图 6－4。室外展览会多设在露天之处，场地宽敞，光线充足，出入便捷，好布展。室内与室外展览会各有所长，要根据实际需要进行选择。

图 6－4　室内展览会

第六，按展览会的时间划分。举办展览会所用时间的长短称为展期。展期不同，展览会可分为长期展览会、定期展览会和临时展览会。长期展览会一般常年举办，其展览场所固定，展品变动不大。定期展览会一般固定在某一特定的时间之内举办。例如，“广交会”固定在每年春季和秋季举办；中国国际进口博览会从 2018 年起每年固定时间举办一次。定期展览会的主题相对固定不变，场地相对固定，但展品内容会有所变动。定期展览会大都具有连续性、系列性。临时展览会举办的时间、场所、展品及展览主题则根据实际需要而变化，展期也比较短。

（二）展览会的组织

组织一个成功的展览会要做好五项工作。

第一，明确展览会主题。任何一个展览会都应有明确的主题。主题确定后，应进一步明确展览会的对象、规模、形式、展期以及时间、地点等具体事项，并以此进行展览会的策划、准备和实施。同时成立会议的组织结构，明确主办、承办、协办单位，分工协作。

第二，展览内容宣传。较大型的展览会一般都设有专门的宣传机构（宣传组）专责此项工作。通过召开新闻发布会、电视广播报刊、互联网以及线上线下等多种形式，对展览会的宗旨、主题、规模、时间、地点以及入场要求等进行广泛宣传。必要时，主办单位应设计好展览会的会徽、会标及相关的宣传标语，或可印制一些宣传品进行张贴、发放。宣传工作要提前进行，根据展览会的规模大小，确定提前宣传时间，一般不少于一个月。

第三，确定参展单位。要及早将展览会举办的一系列的相关内容，以及参展单位的范围与条件、报名参展的具体时间、地点、咨询的联络方式、主办方提供的辅助服务项目、参展单位需负担的费用，等等，如实告知参展单位，可向拟参展的单位发出正式邀请，或向社会发布招商广告。主办方要对参展单位进行必要的资格条件审核。

第四，展览会布展。展览会现场的规划与布置是一项重要的事情，主要包括两项内容：一是展位的合理分配。参展单位都想占据最优越的位置，要做到公平合理，主办方可采取竞拍、投标、抽签、“先来后到”（报名先后）等方法分配。二是展区内的布置。比如，图表文字、模型、实物的拼接组装，灯光、音响、饰件的安装，展版、展台、展厅的设计与装潢等。布展的效果应与展出的物品合理搭配、互相衬托、相得益彰，烘托出展览会的主题，浑然一体，井然有序。

第五，其他相关工作。一是会议的安全安保工作。要确保整个展览会期间的人身、设备、展品的安全，必要时应与当地公安部门取得联系，争取得到配合和支持。二是为参展单位提供好相关服务，例如，展品的运输、安装与保险，通信设备的准备，以及展览会服务人员的选拔与培训等。

（三）展览会礼仪

展览会礼仪是指所有参加展览会的人员都应当遵循的礼仪规范与惯例。作为参展单位，要做好三个方面的礼仪，即整体形象佳、待客有礼貌、解说讲技巧。

第一，整体形象美。参展单位的整体形象包括物美与人美。物美，就是对本单位的展台，从整体的布置、展品的陈列、展台的美化，做到整体和谐，美观大方，空间与实物、色彩与光线，以及提供咨询的桌椅、资料等，都体现出整体美。人美，就是要求工作人员统一规范着装，最好为本单位的统一制服，或男穿西装、女穿套裙。仪容仪表大方得体，女士应化淡妆，全体工作人员应统一佩戴工号牌（胸卡），以不佩戴首饰为佳。如若安排专人迎送宾客，应着色彩鲜艳的单色旗袍，胸前应斜披写有参展单位或其主打展品名称的红色绶带。

第二，待客有礼貌。参展单位的工作人员要认真为客人服务。展览开始，参展的工作人员应各就各位，站立迎宾，守时守纪，彬彬有礼。要面带微笑与来展位的客户打招呼，主动问候，待客人询问时，热情介绍解答。当客户离开时，应当礼貌地向对方施礼道别。对参展过程中个别观众不遵守参观要求，乱摸乱动展品时要礼貌相劝，不得与观众争吵。如遇特殊情况，应请大会有关部门处理解决。

第三，解说讲技巧。一是要实事求是，切不可夸大其词；二是针对观众的不同心理需要，加以介绍和说明，增强双向沟通的互动性；三是解释和说明时，要用通俗易懂的语言，尽量不要使用过分专业和晦涩语言；四是必要时，可邀请观众亲自动手操作，或工作人员为其进行现场示范，增强真实感。解说时要注意“FABE”并重，即“F（Feature）”——产品特征；“A（Advantage）”——展品优点；“B（Benefit）”——客户利益；“E（Evidentiary）”——产品的资信。这四点很重要，应该真实地向客户说明。

总之，尾随观众兜售展品，弄虚作假，或强行向观众推介展品，均为展览会之大忌。

思考与练习

一、思考题

1. 商务发布会的准备工作有哪些？
2. 商务发布会的程序有哪些？发布会后应做哪些工作？
3. 商务谈判的基本原则和策略有哪些？
4. 商务谈判仪式前要准备哪些工作？
5. 商务谈判仪式的程序是什么？
6. 商务签约仪式前要做好哪些准备工作？
7. 商务签约仪式的程序是什么？重点要做好哪些工作？
8. 开业仪式有哪些类型？请加以简单说明。
9. 开业仪式前要做好哪些具体准备工作？
10. 开业仪式的程序有哪些？应注意的事项是什么？
11. 剪彩仪式与开业仪式有何关系？剪彩仪式重点做好的两项准备工作是什么？
12. 剪彩仪式的程序是什么？应注意哪些礼仪事项？
13. 展览会仪式前要做好哪些准备工作？
14. 展览会礼仪有哪些？
15. 通过本章学习，你对商务活动的礼仪有哪些新的认识？

二、案例分析题

1. 西北某地区的一个大型水库经过4年的建设于6月份雨季到来之际终于建成了，这对于解决方圆数十公里范围内的生活用水和农作物的生长都具有十分重要的意义。为此，具体承担此项工程建设的企业决定在6月6日举办一场轰轰烈烈的落成典礼。为此，提前进行筹备。邀请了当地政府的领导和省水利厅领导，还专门去北京邀请了几位歌星，并邀请了当地多家媒体。由于水库地处偏远山区，交通不便，就决定在当地市区内的一个广场举行落成典礼，并专门搭建了一个大舞台，现场布置的非常气派，落成典礼当天附近百姓都前来观看，热闹非凡，特别是歌星的演唱更是让当地群众大开眼界。虽然落成典礼很热闹，声势也很大，但却受到了上级的批评，群众也议论纷纷。

请回答：

(1) 此次落成典礼为何受到批评和非议？请指出不正确的地方？

(2) 如果你是此次落成典礼的总策划，你应该怎样做？

2. 某礼仪策划公司剪彩仪式的具体做法如下："当主持人宣告进行剪彩之后，礼仪小姐即率先登场。在上场时，礼仪小姐应排成一行从两侧同时登台，或是从右侧登台均可。登台之后，拉彩者与捧花者应当站成一行，拉彩者处于两端拉直红色缎带，捧花者各自双手手捧一朵花团。托盘者须站立在拉彩者与捧花者身后一米左右，并且自成一行。剪彩者登台时，宜从右侧出场。当剪彩者均已到达既定位置之后，托盘者应前行一步，到达剪彩者的右后侧，以便为其递上剪刀、手套……

请回答：

(1) 该剪彩仪式的做法你认为有何不妥，为什么？

(2) 请你介绍剪彩仪式的做法和注意事项。

三、实训内容与要求

1. 商务发布会仪式完整过程的训练。
2. 商务谈判礼仪的训练。
3. 商务签约仪式礼仪的训练。
4. 商务开业仪式中某一奠基仪式和某一竣工仪式的策划方案。
5. 策划一个剪彩仪式方案并按角色进行演练。
6. 策划一个展览会仪式方案并按角色进行演练。

第七章

宴请礼仪

——折射饮食文化的光彩

内容提要

本章从宴请的类型、邀请礼仪、席位安排、出席宴请礼仪等方面介绍有关宴请方面的礼仪知识。

重点和难点

本章的重点是邀请礼仪、出席宴请礼仪；本章的难点是席位安排。

第一节 宴请的类型

宴请（Dine），是最常见的交际活动，尤其是宴会，是最高层次的社交活动之一。所以，宴请礼仪在整个社交礼仪中占有非常重要的地位。宴请具有社交性、聚餐式和规格化三个特点，是人们结交朋友、联络感情、密切关系的重要手段。

就目前看，国际上通用的宴请主要分为宴会、招待会、茶会和工作餐等四种形式。宴会是最正式、最隆重的宴请形式。

一、宴会

宴会（Banquet）种类繁多，按礼宾规格划分，可分为国宴、正式宴会、便宴和家宴；按举办时间划分，可分为早宴、午宴、晚宴，以晚宴档次最高；按餐别划分，可分为中餐宴会、西餐宴会、中西合餐宴会；按性质划分，可分为工作宴会、欢迎宴会、节庆宴会。

1. 国宴

国宴（State Banquet）是国家元首或政府首脑为国家庆典或欢迎外国元首、政府首脑而举行的规格最高的正式宴会，它对礼仪要求也最严格。

国宴的宴会厅内要悬挂国旗，并由乐队演奏国歌和席间乐。国宴由国家元首或政府首脑主持，席间宾主双方相互致辞、祝酒。参加国宴者必须着正装，座次按礼宾次序排列。国宴的请柬、席卡、菜单上都印有国徽，对菜肴、酒水、使用的餐具要求精美富有特色，服务则要求周到、细致、规范、有礼。

2. 正式宴会

正式宴会（Official Banquet）是指政府、团体为了迎送宾朋、答谢主人等而隆重举行的宴请。其规格仅次于国宴，除了不悬挂国旗、不奏国歌以及出席人员的规格不同外，其余的安排大体与国宴相同。礼仪要求也比较严格，宾主按身份排席次和座次，许多国家还在请柬上注明对客人的服饰要求。席间一般也有致辞和祝酒，有时也设乐队演奏席间乐。正式宴会对菜肴、酒水、餐具均有一定的要求。服务则要求规范，讲究服务质量。

3. 便宴

便宴（Informal Dinner）是一种非正式的宴请，其气氛热烈、随和而又亲切，常用于招待亲朋好友，是商务活动中较普遍使用的宴请形式。便宴一般规模不大，形式简便，可以不排座次，不做正式讲话致辞，对菜肴的数量、质量、上菜程序、餐具的使用及服务等没有严格的礼仪要求。

4. 家宴

家宴（Family Feast）是在自己家里设便宴招待客人的一种宴请方式。家宴常由家庭主妇亲自下厨烹调，家人共同招待客人，显得亲切、自然，让客人有“宾至如归”的感觉。席间宾主随意交谈，气氛轻松、愉快、悠闲、自在，不讲究严格的礼仪。它不仅适用于民间交际，商务人员也常以此作为联络感情、促进交往、促进交易的一种沟通形式。西方人士也喜欢采用这种方式招待客人，以示友好。

二、招待会

招待会（Reception）是指不备正餐，较为灵活的宴请方式。它备有食品、酒水、饮料，由客人根据自己的口味选择自己喜欢的食物和饮料，可与他人一起或独自一个人用餐，或站或坐。招待会一般不排座次，可以自由活动。常见的招待会有冷餐会、酒会等。

1. 冷餐会

冷餐会（Buffet Party），又称自助餐（Buffet），是一种非常流行、灵活、方便，由客人自行挑选、自取自食的宴请形式。根据主客双方的身份，冷餐会规格及隆重程度可高可低。冷餐会菜肴品种较多，其中以冷菜为主，辅以热菜、甜点和水果。客人进餐时，可手持餐碟根据自己的口味和饮食习惯到食品桌前按食品类别顺序挑选菜点，拿到餐桌食用。酒水主要以啤酒、葡萄酒及软饮料为主，一般不用烈性酒，饮用时，客人可以自己取用，也可以由服务人员端送。席间不排座位，自由选择座位就座，活动自由，不拘于传统的就餐形式，所以被越来越多的人所接受。

2. 酒会

酒会（Wine Party）主要是以酒水为主招待客人的一种宴请形式。酒会上有许多用酒和软饮料调制而成的鸡尾酒，所以酒会亦称鸡尾酒会。酒会以酒水为主，佐以各种小吃、果汁，不用或少用烈酒。食品多为三明治、面包、小香肠、炸薯片、炸春卷等，不设刀叉，以牙签取食。

酒会规格可高可低，适用于各种节日、庆典、仪式及招待性演出等各种活动。酒会的形式活泼，席间可以随意走动、自由交流、互相敬酒，气氛轻松愉快，交友广泛。客人多为站着进餐，酒和小吃由服务人员用托盘端上让客人自己选取，适合现代人的生活节奏。

三、茶会

茶会（Tea Party）是以茶会友的一种简便的招待形式，通常安排在上午 10 时左右或下午 4 时左右，在客厅举行，内设茶几、座椅。茶会不排座次，如果是为贵宾举行的活动，入座时应有意识地将主宾和主人安排坐在一起，其他人员可随意就座。茶会还应备有水果、点心、小吃供与会者边品尝，边交谈。茶会对茶叶的品种、沏茶的用水和水温以及茶具都颇有讲究。茶叶的选择要照顾到客人的嗜好和习惯。欧洲人喜欢喝红茶，日本人喜欢喝乌龙茶，美国人喝袋茶，有外国人参加的茶会还可以准备咖啡和冷饮。茶具要美观、卫生，要选用陶瓷器皿，不要用玻璃杯，也不要用热水瓶代替茶壶。

四、工作餐

工作餐（Working Lunch）是现代交往常用的一种非正式宴请形式，主要是利用进餐时间围绕工作中的问题边吃边谈。就餐时气氛融洽，彼此都无拘束，可拉近宾主之间距离，往往能收到正式宴会所难以达到的效果。此类活动不请配偶和与工作无关的人员参加。

工作餐一般不排座次、无须致辞。菜肴以方便、快捷、简单、营养、卫生为好，一般不喝烈性酒。工作餐多在小餐厅或招待所食堂举行，若采用分餐，还可送到工作现场。按用餐时间可分为工作早餐、工作午餐和工作晚餐，忙时还可安排工作夜餐。

第二节 邀请者礼仪

为达到宴请目的，作为邀请者，应当熟悉和遵循礼仪的要求。合乎礼仪的宴请，须做大量的、细致的工作。

一、明确宴请目的

举办宴请的目的一定要明确。宴请的目的多种多样，既可以为某个人举行，也可以为某件事举行。例如，开业庆典、庆祝节日、纪念日、迎送外宾、欢迎宾朋、庆祝双方合作成功而举行宴会；也可以为老人祝寿举行寿宴、新人结婚举行婚宴等。宴请名义，即以谁的名义出面邀请。宴请可以个人的名义邀请客人，也可以单位的名义发出邀请，具体可根据主宾双方的身份而定。

确定了宴请的目的后，还需确定宴请的范围和对象。宴请的范围是指宴请哪些方面的人士出席、多少人赴宴、什么级别、主方需要多少人出席等。宴请的范围主要取决于宴请的性质、主宾的身份、国际惯例、双方的关系以及主方习惯做法等。同时，还应考虑被邀请单位之间的关系，防止互有“敌意”的双方出席同一宴会，以免相互尴尬，影响宴会气氛。宴请的范围要适当，范围过大，造成浪费，太小则会影响今后的交往。宴请的范围一经确定，即应草拟具体邀请名单，被邀请人的姓名、职务、称呼等一定要准确，并适时向客人发出邀请。各种宴请活动一般均应向客人发请柬。这既是出于礼貌，又能对客人起到提醒和备忘的作用。请柬一般提前一周或两周发出，以便被邀请人早做安排。随着互联网的发展，电子请柬应运而生，其设计精美，方便快捷，越来越受到青睐。

二、确定宴请方式

以何种形式举办宴请，要视具体情况和本单位的习惯做法。一般正式的、规格高的、人数较少则以宴会的形式为宜；人数较多则以冷餐会或酒会更为合适。我国的宴会基本上采用中餐宴会。

宴会的时间应对主宾双方都合适，尤其要照顾来宾方面。按国际惯例，晚宴被认为规格最高。安排宴会的时间要注意避开重要的节假日、重要的活动日和双方或一方的禁忌日。例如，伊斯兰教在斋月内白天禁食，宴请宜在日落后进行。对西方人士，不要选 13 日，更不要选 13 日正逢星期五那天。宴请活动时间要与主宾单位商量，主宾确定时间后，再约请其他宾客。

宴请的场所选择在何处，体现着主人对宴请的重视程度。宴请场所可依据宴请目的、规模、形式和经费等来确定，通常应选择环境优雅、卫生干净、服务优良、管理规范的饭店或宾馆。具体落实时应注意：第一，按客人多少来定。客人多，在大宾馆，客人少，则可在小酒楼。第二，按宴请类型来定。宴会可在饭店、宾馆，冷餐会、酒会则可在大厅或花园。第三，依据宾主熟悉程度、关系深浅来定。比如，星级宾馆的正式宴会则表现主人对来宾的敬重，家宴显示宾主之间亲密无间的情谊。第四，根据来宾宗教习俗和饮食习惯来定，如伊斯兰教则适合在清真餐厅摆席。第五，选择当地负有盛名的名酒家或老字号酒楼可以为宴会增色。第六，尽可能选择举办人熟悉的在当地有声誉的饭店、宾馆，这有助于店家与主人的默契配合，使气氛更加融洽。

三、拟定宴请菜单

拟定宴请菜单应考虑以下事项：第一，宴请的种类、规格及宾客的身份。第二，客人的饮食习惯与禁忌。第三，宴请的时间和季节。第四，主宾双方的口味、年龄、健康状况等。

宴请菜肴宜选择精致可口、赏心悦目，冷热、甜咸、荤素、营养、酒水搭配合理，色香味俱全，特色突出的菜肴。大体有三类可以选择。

1. 中餐特色菜肴和地方特色菜肴

中国地大物博，饮食文化各具特色，名扬天下的八大菜系便是中餐的主要代表。在宴请外籍人士和外地客人时，应尽量安排一些具有中餐特色和地方特色的菜肴。

2. 餐馆的看家菜

大凡名酒家、老字号酒楼、高星级宾馆餐厅必有自己的看家菜。在知名餐馆点菜时，应尽量安排一些看家菜，使宾主就餐更为尽兴。

3. 主人的拿手菜

在举行家宴时，主人一定要当众露上一手，多做几个自己的拿手菜。这种拿手菜不必追求十全十美，主人亲自下厨为客人烧菜，一定会得到客人的赞赏。

当然，在安排菜单时，还必须兼顾来宾的饮食禁忌，尤其是要对主宾的饮食禁忌予以高度重视。这些饮食方面的禁忌主要有：一是宗教禁忌；二是职业禁忌；三是个人禁忌等。

四、发出宴请邀请

各种宴请活动一般均应向客人发请柬。请柬一般提前一周、两周或更长一些时间发出，以便被邀请人早做安排。请柬要规范，符合礼仪要求，要将宴会活动的目的、意义、邀请范围、时间、地点等写清楚，重大的活动还要注明着装的要求及其他附加条件。对于规格非常高的贵宾，可由主人亲笔书写邀请信。现在设计精美的电子请柬方便快捷，越来越受欢迎。

第三节 宴会规范礼仪

宴会是最正式的宴请形式，为此，应了解和掌握有关宴会的规范要求。

一、席位安排的一般原则

任何形式的宴会，其席位的安排都应遵循以下几个原则：第一，不同形式的宴会，席位的排列各有不同，排列的依据主要是国际惯例和本国的礼宾顺序，除此之外，还应考虑客人之间的政治关系、身份地位、语言沟通、专业兴趣等因素。但是不论如何排列，都应先把主宾夫妇和主人夫妇置于最为尊贵的位置。第二，桌次高低以距离主桌位置远近而定，右高左低；同一桌上，席位高低以离主人远近而定，右高左低。国外的习惯，男女穿插就座，以女主人为准，主宾在女主人右上方，主宾夫人在男主人右上方。我国的习惯按职务排列以便于谈话，如夫人出席，常常把女士排在一起。译员一般安排在主宾右侧。如遇特殊情况还可以灵活处理。第三，为了保证全体赴宴者临场不乱，都能迅速找到自己的席位，可在请柬上注明桌次。还可以在宴会现场悬挂桌次图，在每张餐桌上放置桌次牌、座次牌或姓名牌。宾客入场时，安排领台员引导客人入座。

二、中餐宴会规范礼仪

（一）宴会桌次排列

中餐宴会活动中的桌次安排有严格的礼仪规范和讲究。安排桌次，视参加人数多少可设一桌或多桌。中餐宴会应采用圆桌，多桌分为主桌和辅桌。桌次的安排可根据宴会厅的形状和桌数的多少来确定。

如两桌组成的小型宴会。餐桌的排列有时需要横排，有时需要竖排。两桌横排时，桌次以右为尊，以左为卑。左与右方位的确定是以面对正门的位置为准。两桌竖排时，桌次以距离正门远的位置为上，以距离正门近的位置为下。

三桌或三桌以上的桌数宴会，也叫多桌宴会，其排列方法除了要注意遵守两桌排列的规则外，还应考虑距离主桌的距离，即距主桌越近，桌次越高；距主桌越远，桌次越低。

在安排桌次时，除主桌可以略大之外，其他餐桌大小、形状应大体相仿，不宜差别过大。排列形状有一字型、品字型、独立型、十字型、轴心型、讲台型、环绕型、多排型等。几种不同桌次的常规排列方法见图 7 – 1 至图 7 – 10。

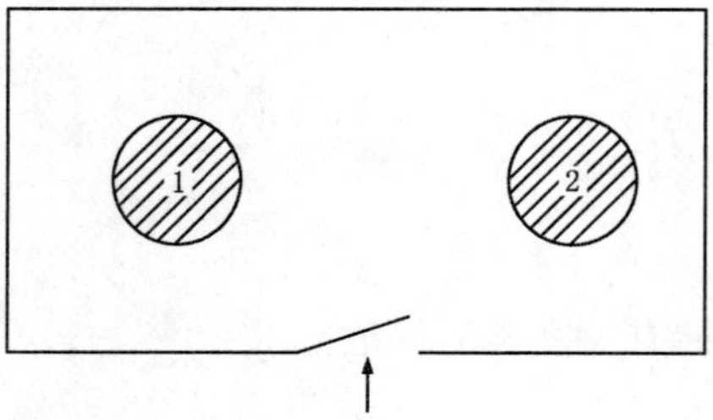

图 7-1 左右型

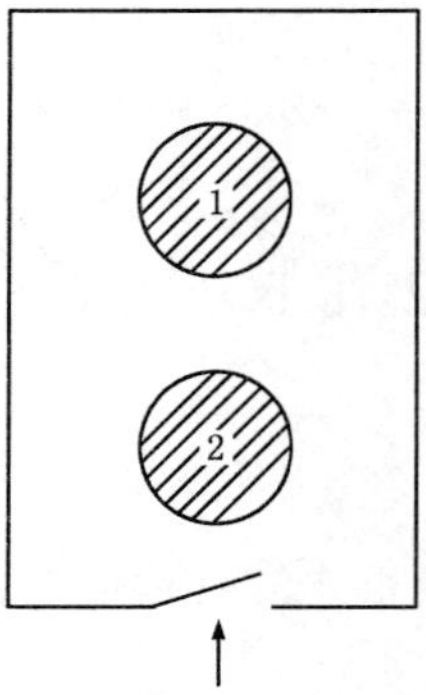

图 7-2 远近型

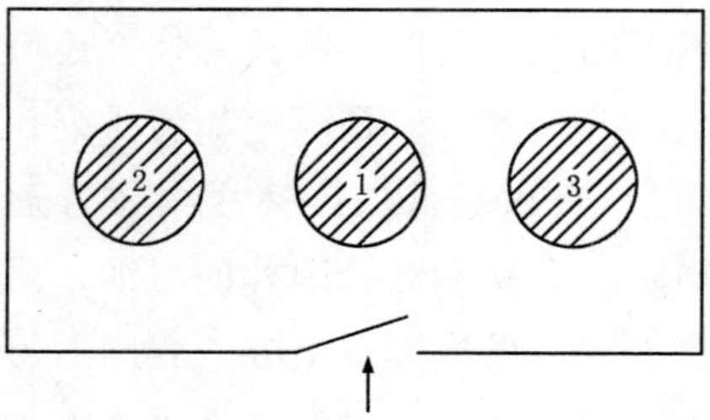

图 7-3 一字型

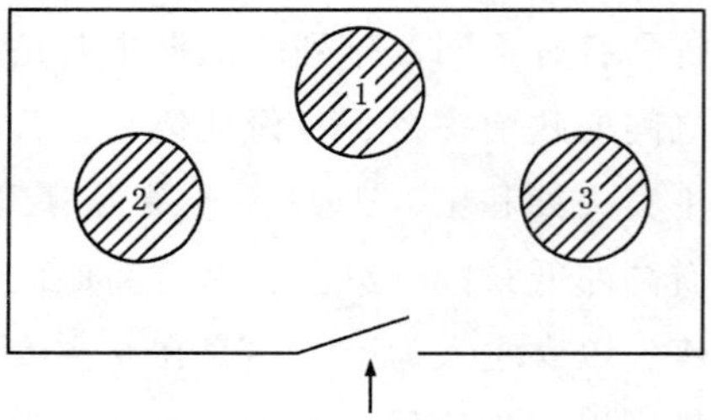

图 7-4 品字型

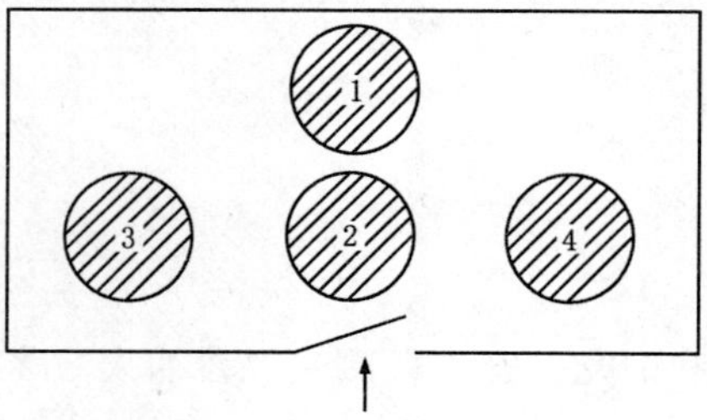

图 7-5 独立型

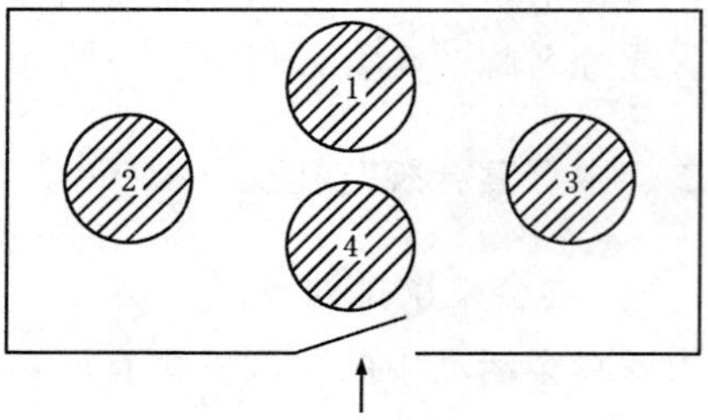

图 7-6 十字型

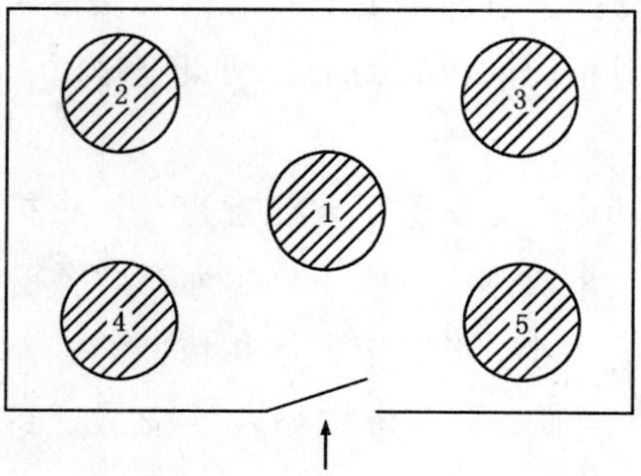

图 7-7 轴心型

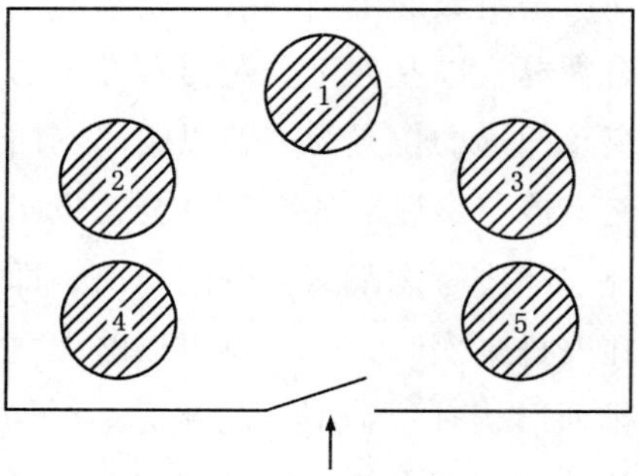

图 7-8 讲台型

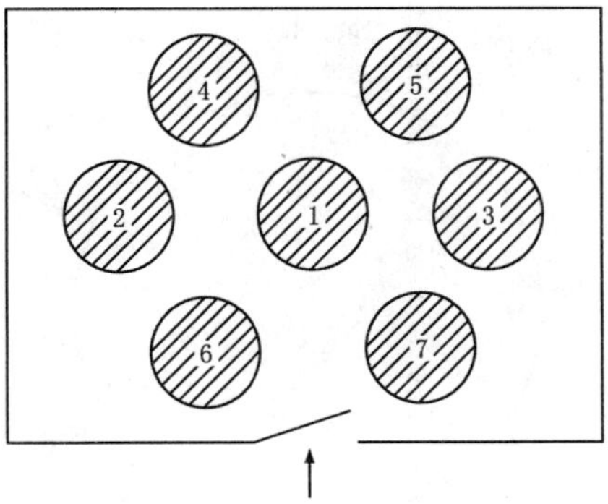

图 7－9 环绕型

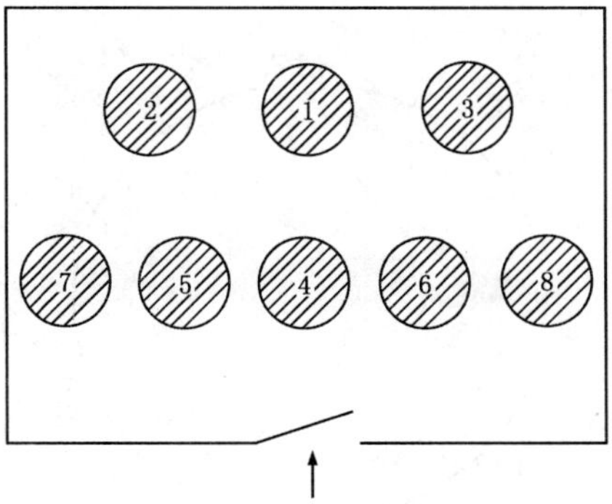

图 7－10 多排型

（二）宴会位次排列

举办中餐宴会一般用圆桌，席位排列的基本规则是：面门为上、中间为主、距离定位、以右为尊、观景为佳、邻墙为好、宽敞为优。每张餐桌上的具体位次有主次尊卑之分。宴会的主人应在主桌面对正门就座；同一张桌上距离主人相同的位次，排列顺序讲究以右为尊，以左为卑；同一张桌上位次的尊卑，根据距离主人的远近而定，以近为上，以远为下。在举行多桌宴会时，各桌之上均应有一位主桌主人的代表作为各桌的主人，其位置一般应以主桌主人同向就座，有时也可以面向主桌主人就坐。每张餐桌安排就餐人数一般应限制在 10 人之内，并且以双数为好。

在每张餐桌位次的具体安排上，还可以分为两种情况。

1. 每张餐桌上一个主位的排列方法

每张餐桌上只有一个主人，主宾在其右首就座，形成一个谈话中心。见图 7－11。

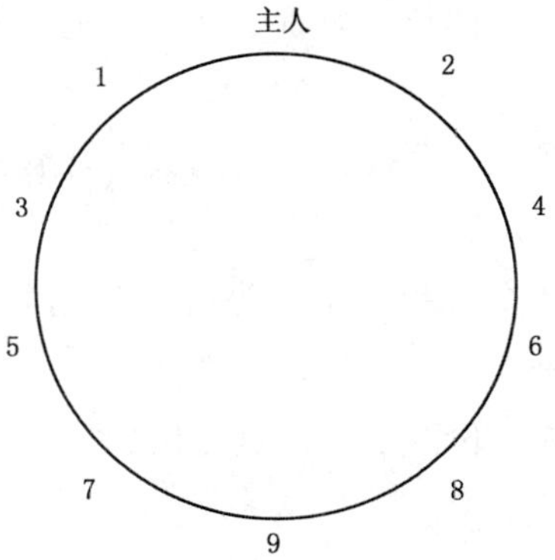

图 7－11 一主位式座位

2. 每张餐桌上有两个主位的排列方法

如主人夫妇就座于同一桌，以男主人为第一主人，女主人为第二主人，主宾和主宾夫人分别坐在男女主人右侧，桌上形成了两个谈话中心。见图 7－12。

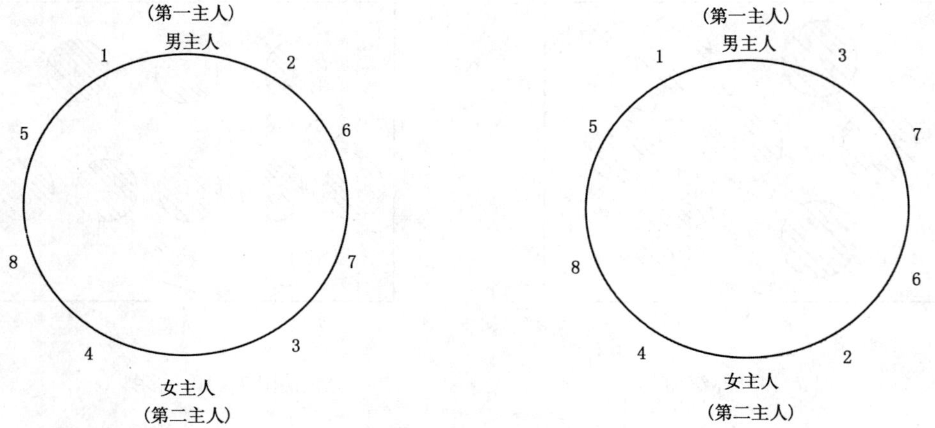

图 7－12　两主位式座位

特殊情况，如遇主宾的身份高于主人时，为表示对他的尊重，可安排主宾在主人位次上就座，而主人则坐在主宾的位置上，第二主人坐在主宾的左侧。如果本单位出席人员中有身份高于主人者，可请其在主位就座，主人坐在身份高者的左侧。

（三）上菜的顺序

中餐一般讲究先凉菜后热菜，先炒后烧，咸鲜清淡的先上，甜味浓味的后上，最后上主食。有规格的宴席，热菜中的主菜，比如，有燕窝、海参、鱼翅，应该先上。即所谓最贵的热菜先上，再辅以熘炒烧扒。

上菜顺序通常是：冷盘→头菜（主题菜）→热炒→大菜→汤→点心→水果。当冷盘吃剩三分之一时，开始上第一道热菜。上菜时，如果由服务员给每个人上菜，要按照先主宾后主人，先女士后男士；或按顺时针方向依次进行。如果由个人取菜，每道热菜应先转到主宾面前，由主宾开始按顺时针方向依次取食。切不可迫不及待地越位取菜。

（四）中餐的就餐方式

根据餐具的使用划分为分餐式、公筷式、自助式、合餐式等四种具体形式。

1. 分餐式

分餐式，指的是在用餐的整个过程之中，为每一位用餐者所上的主食、菜肴、酒水，以及所提供的其他餐具，一律每人一样一份，分别使用，不容混杂、共用或共享。菜肴一般是由服务员用小碟盛放，每人一份送上。优点是用餐卫生，又体现了公平。此种形式尤其适合于正式宴会。

2. 公筷式

公筷式，即在用餐时，主食、菜肴等不必人各一份，分装开来，而用大盘盛放，用共用的餐具适量取食，放入自己的食碟、汤碗之内，再用自己专用的餐具享用。这种方式既体现了中国传统聚餐方式，又兼顾了卫生，适合一般的宴会。

3. 自助式

自助式的主要特点是不排席位，不安排统一的菜单，而是将提供的全部主食、菜肴、酒水陈列在一起，由用餐者根据自己的喜好自主地选择享用。其优点是节省费用，用餐卫生，就餐自由，适合于在举行大型活动时招待为数众多的来宾用餐。

4. 合餐式

合餐式是中餐传统的用餐方式，是指多人一道用餐时，主食、菜肴被置于公用的碗盘之内，而由用餐者根据自己的口味嗜好，使用自己的餐具，直接从碗盘之中取用。这种方式容易体现出家庭般和睦、团结的气氛，但不够卫生。因此，它仅仅适用个人吃便餐或是家人一道聚餐。在正式的宴会上不宜采用，尤其是宴请外国友人，是非常不合适的。

随着社会的发展，人们对用餐卫生越来越重视，特别是 COVID—19（新冠肺炎）发生后，分餐制再次进入公众视野。分餐制、公筷制是一种健康文明的生活方式，值得大力倡导推广。

（五）餐具的摆放与使用

在我国，宴请餐桌摆台主要有三种类型：中式摆台（有中式中餐台和日式中餐台）、西式摆台、中西混合式摆台。见图 7－13。

图 7－13　中式餐台与中式西式餐台

1. 餐具的摆放

中餐的餐具主要有杯、盘、碗、碟、筷、匙等。在正式的宴会上，红酒杯放在餐碟正上方，水杯放在左上方，白酒杯放在右上方，三杯成一条线。筷子与汤匙放在专用的筷匙架上。酱油、醋、辣油等佐料应一桌一份，并要备好牙签和烟灰缸。宴请外宾时，还应备好刀叉，供不会使用筷子者使用。餐具的摆放见图 7－14 和图 7－15。

2. 餐具的使用

中餐各种餐具在使用上有许多讲究，正确地使用餐具是餐饮礼仪的重要组成部分。

（1）筷子。筷子是中餐最有代表性的餐具，早在上古时期人们就已经开始使用筷子，唐代传入日本，现在世界上有许多国家也使用筷子，并且筷子正受到越来越多的外国人的青睐。筷子，体现了中华民族智慧和文化，凝聚着深厚的科学知识和人体工程学问。筷子

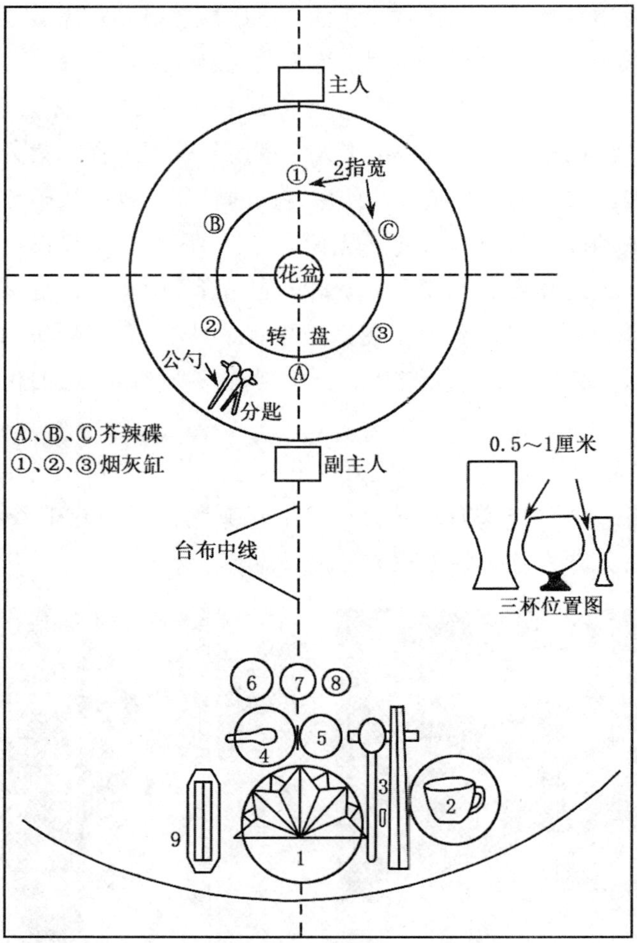

①餐碟、餐巾花 ②茶杯、茶杯碟 ③筷子、公羹 ④翅碗、匙羹
⑤味碟 ⑥水杯 ⑦红酒杯 ⑧白酒杯 ⑨香巾、香巾盘（篮或碟）

图7-14 中餐宴会摆台规格图

图7-15 中餐摆台实景图

一般应以右手持筷，用右手拇指、食指和中指三指共同捏住筷子上部三分之一处。筷子的灵活和美感，比欧美国家使用刀叉更灵活、更人性化。

使用筷子有许多讲究，筷子材料质量要好，制作精良，不能长短不一、变形、损坏，更不可“独木成林”，这些是最基本的要求。我国古时就有用筷“十忌”。日本人用筷也有八忌：忌“迷筷”，准备去夹某种菜肴，途中却又停了下来；忌“游筷”，夹哪种菜还没看好，拿起筷子在餐桌上空来回游荡盘旋；忌“窥筷”，手拿筷子虽举起但犹豫不决，在桌上用窥视的眼神看着菜肴；忌“碎筷”，将筷子当刀用，用力切割大块的菜肴；忌“剃筷”，以筷当牙签，挫动塞在牙上的菜肴；忌“插筷”，不吃饭时将筷子插在饭碗的米饭上，让人联想到祭祀情形；忌“泪筷”，筷子上沾有菜汁在夹菜时像眼泪一样滴下；忌“吮筷”，用嘴去舔筷子上的菜汁。

（2）汤匙。汤匙主要用以饮汤，尽量不要用其舀菜。用筷子取菜时，可用汤匙加以辅助。使用汤匙要注意：一是用它饮汤时，不要全部放入口中吸吮；二是用汤匙取食物后，应立刻食用，不要再次倒回原处；三是若食物过烫，不宜用汤匙折来折去。

（3）食碟。每个人面前的食碟是用来暂放从公用菜盘取来的菜肴的。使用食碟要注意：一是不要取放菜肴过多；二是不要多种菜肴堆放在一起相互“串味”；三是不要将不宜入口的残渣、骨、刺吐在地上、桌上，应轻放在食碟的前端，由服务人员撤换。

（4）碗。碗主要用于盛放主食、羹、汤。在正式的宴会上，使用碗要注意：一是不要端起碗进食，尤其不要双手端起碗进食；二是碗内的食品要用餐具取，不能用嘴吸；三是碗内的多余食品不可往嘴里倒，也不可用舌头舔；四是暂不用的碗不可放杂物。

（5）水杯、酒杯。中餐的水杯主要用于盛白水、饮料、果汁。要注意不要用水杯盛酒；酒杯有红酒杯和白酒杯，大的为红酒杯，小的为白酒杯，二者一般不混用。

（6）餐巾。在正式的宴会上，都会为每位用餐者准备一条餐巾。它应当铺放在并拢之后的大腿上，而不能把它围在脖子上，或掖在衣领里、腰带上。餐巾可用于轻揩嘴部和手，但不能用于擦餐具或擦汗。

（7）湿毛巾。正式宴会前，会为每位用餐者上一条湿毛巾，它是用来擦手的，不能用来擦脸、擦嘴、擦汗。宴会结束时，再上一条湿毛巾，它是用来擦嘴的，不能用来擦脸、擦汗。

（8）水盂。有时品尝某些食物需要直接动手，往往会在餐桌上摆上一个水盂，水上漂有玫瑰花瓣或柠檬片。它里面的水不能喝，只能用来洗手，用两手轮流沾湿指头，轻轻擦洗，然后用餐巾擦干。

（9）牙签。牙签主要用来剔牙。就餐时尽量不要当众剔牙。非剔不可时，应以一只手掩住口部。剔牙之后，不要长时间用嘴叼着牙签。

（六）中餐就餐礼仪

1. 进餐礼仪

为保证进餐时的欢快气氛，要注意如下礼仪：

（1）上桌后不要先拿筷，应等主人邀请、主宾动筷时再拿筷。

（2）筷子不要伸得太长、更不要在菜盘里翻找自己喜欢的菜肴，应先将转台上自己想吃的菜转到眼前，再从容取菜，取菜要适量，不要把对自己口味的好菜一人“包干”。

（3）已经咬过的菜不要放回盘子里，应将其吃完；冷盘菜、海味、虾、蒸鱼等需要蘸调料的食物可自由调味，但切记勿将咬过的食物再放进调料盘中调蘸。

（4）向客人介绍自家做的拿手菜或名厨做的菜，请大家趁热品尝时，不得争抢，应首先礼让临座客人，然后再伸筷取食。

（5）为表示友好、热情，彼此之间可以让菜，劝对方品尝，但不要为他人布菜，“看菜不夹菜”。否则会让人很为难。

（6）席间应适当与临座的客人交谈，不可“埋头苦干”，交谈时应将手中的筷子放在筷架上（不可将筷子随便放在桌面上或菜盘上），切不可拿在手中挥舞。

（7）其他客人还没吃完时，不要独自先离席，在宴会餐桌上，进餐速度快慢不要依个人习惯，而应适应宴会的节奏，等大家都吃完，主人起身，主宾离席时再致谢退席。

2. 接待外宾吃中餐时要注意的一些事项

（1）外宾上桌后，首先要尊重客人的饮食习惯，应询问客人是否会用或者喜欢用筷子，是否需要另配刀叉餐具。

（2）席上使用餐具，千万不要再用餐巾纸或餐巾去擦拭，这会使外宾认为餐具不洁，进而影响进餐情绪。

（3）每上一道菜，应主动向客人介绍食品制作的原料及食用方法。因中餐菜肴经过加工后，已看不见食品本身原料，而有些外宾对有的菜肴如动物内脏、海鲜中的海参等是拒绝食用的。

（4）介绍菜点时，应尽量介绍其特色，而不要笼统地说这是中国的“名菜、名点”，外国人对于“著名”的认识与中国人有一定偏差。

（5）招待外宾千万不要说“没有什么好菜”、“招待不周”之类的客套话，这种中国式的谦虚会被他们误认为你对他重视不够，而应当说“今天的菜肴是我们精心为你们准备的，希望你们吃得开心”。

三、西餐宴会规范礼仪

随着改革开放的深入和中西方交流的扩大，西餐已逐步进入中国人的生活，不论你是否喜欢，也会经常遇到吃西餐的机会。

西餐是西式饭菜的一种约定俗成的统称，大致可以分为欧美式和俄式两种。欧美式菜系主要包括英、法、美、意等国菜肴，以及少量的西班牙、葡萄牙、荷兰等国菜肴。欧美式菜系虽因国度不同而在用料、口味等方面有所区别，但差别不大，而俄式菜系在风格上却自成一统。法式菜肴和俄式菜肴是西餐中最著名的两大菜肴。

西餐菜肴主料突出，营养丰富，讲究色彩，味道鲜香，其烹饪和食用同中餐有很大的不同，体现了西方饮食文化。学习、了解西餐的基本常识十分必要。

（一）西餐宴会的席位排列

西餐同中餐相比，席位排列既有许多相同之处，也有不少不同之处。西餐宴会往往根据人数的多少，使用方桌或长桌，或以此拼成各种形状的桌形共餐。因此，在绝大多数情况下，西餐宴会席位排列主要是位次问题。除了极其盛大的宴会，一般不涉及桌次。具体有以下几个方面：

1. 排列的规则

（1）女士优先。排定用餐席位时，一般女主人为第一主人，在主位就座。而男主人为第二主人，坐在第二主人的位置上。

（2）距离定位。西餐桌上席位的尊卑根据其距离主位的远近决定，距主位近的位置要高于距主位远的位置。

（3）以右为尊。就某一具体位置而言，按礼仪规范其右侧之位要高于左侧之位。在西餐排席时，男主宾要排在女主人的右侧，女主宾排在男主人右侧，并按此原则依次排列。

（4）面门为上。在餐厅内，以餐厅正门作为参照物时，按礼仪的要求，面对餐厅正门的位子要高于背对餐厅正门的位子。

（5）交叉排列。西餐排列席位时讲究交叉排列，即男女应当交叉排列，熟人和生人也应当交叉排列。一个就餐者的对面和两侧往往是异性或不熟悉的人，这样可以广交朋友。

2. 席位的排列

西餐的餐桌一般用长桌或方桌，因此，席位的排列方法主要分长桌和方桌两种。

（1）长桌的席位排列。其席位排列的方法有两种：

第一种是男女主人在长桌的中央相对而坐，餐桌的两端可以坐人，也可以不坐人。见图 7－16。

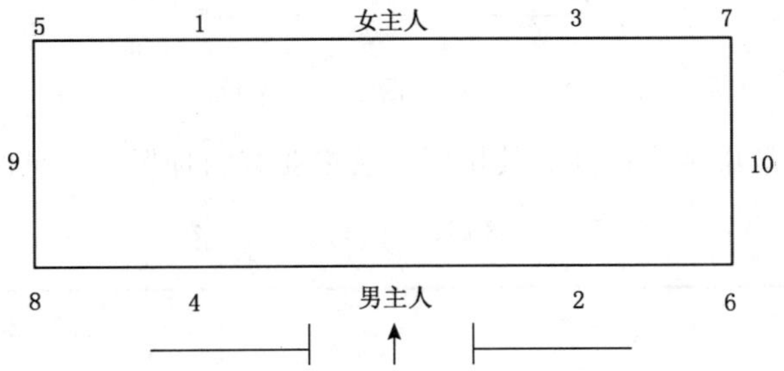

图 7－16　西餐长桌席位

第二种是男女主人分别坐在长桌的两端。见图 7－17。

（2）方桌的席位排列。其席位排列的方法是：以方桌排列位次时，就座于餐桌四面的人数应相等。在一般情况下，一桌共坐 8 人，每侧各坐两人的情况比较多见。在进行排列时，应使男女主人与男女主宾对面而坐，所有人均各自与自己的恋人或配偶坐成斜对角。见图 7－18。

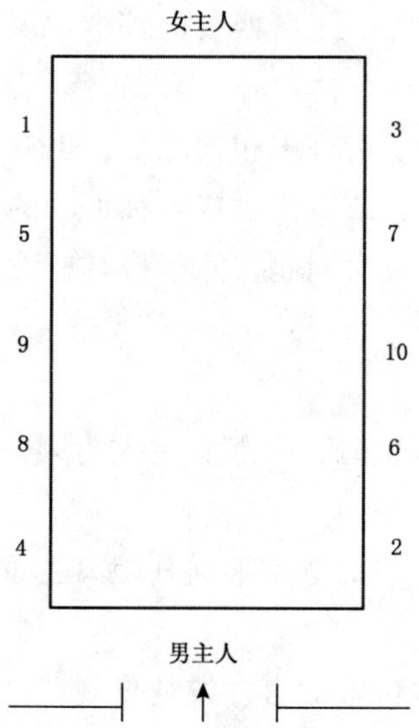

图 7－17　西餐长桌席位

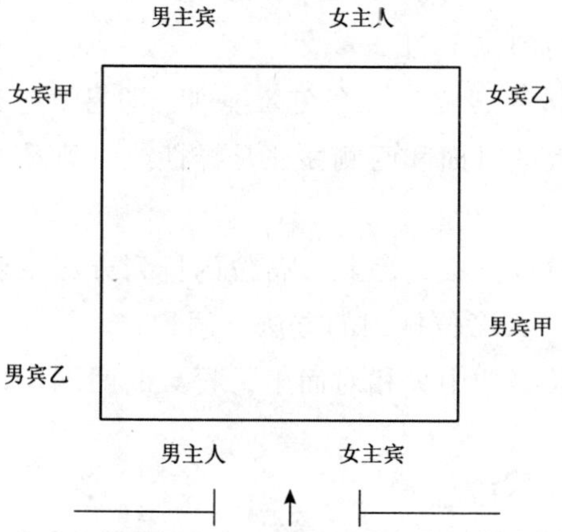

图 7－18　西餐方桌席位

（3）长桌相拼的餐桌席位排列。其排列方法主要有两种形式。见图 7－19 和图 7－20。

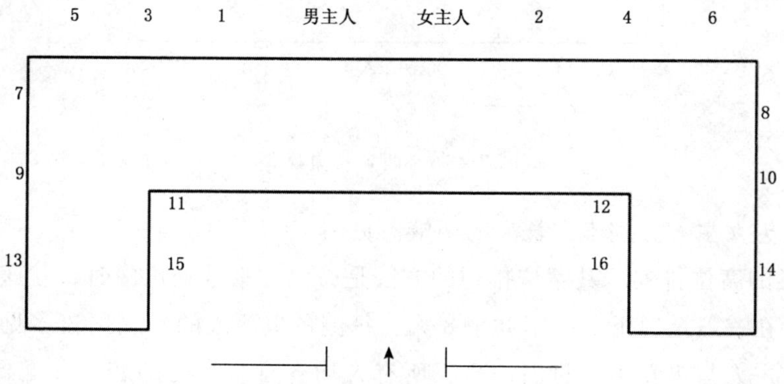

图 7－19　西餐长桌相拼席位

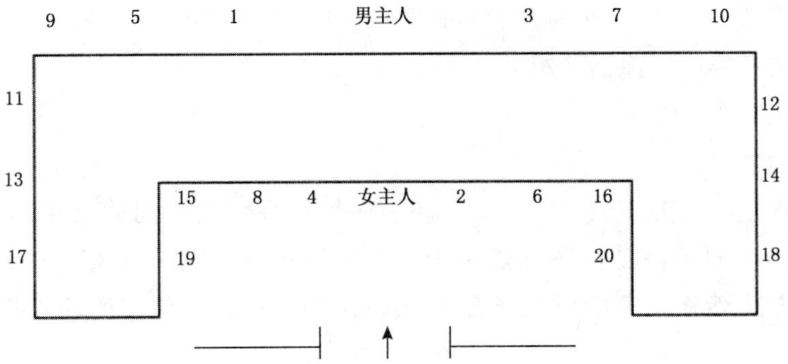

图 7-20 西餐长桌相拼席位

（二）西餐宴会的上菜顺序

一般情况下，完整的西餐正餐由 8 道菜肴组成。

1. 开胃菜

开胃菜，也叫头盆、前菜，一般是由蔬菜、水果、海鲜、肉食所组成的拼盘。它多以各种调味汁凉拌而成。在西餐里，它往往不被列入正式的菜序，而仅仅充当着“前奏曲”。

2. 面包

西餐正餐面包一般是切片面包，吃面包时，可根据个人口味涂上黄油、果酱或奶酪。

3. 汤

西餐中的汤有两大类，即浓汤和清汤，有很好的开胃作用。正式喝汤时，才算正式开始吃西餐。

4. 主菜

主菜十分广泛，包括水产菜肴、畜肉菜肴、禽肉菜肴和蔬菜菜肴等。正式的西餐宴会上，大体上要上一个冷菜、两个热菜。两个热菜中，一个是鱼菜，由鱼或虾以及蔬菜组成，应先上鱼菜。另一个是肉菜，为西餐中的大菜，是必不可少的。它多用烤肉，配以蔬菜，往往代表着此次用餐的最高档次和水平。有时还会再上一个海味菜。

5. 点心

吃过主菜后，一般要上一些诸如蛋糕、饼干、吐司、三明治等西式点心。

6. 甜品

点心之后，接着上甜品，最常见的有冰淇淋、布丁等。

7. 水果

吃完甜品，一般还要摆上干鲜果品。常用的干果有核桃、榛子、腰果、杏仁、开心果等。草莓、菠萝、苹果、香蕉、橙子、葡萄等是西餐桌上最常见的鲜果。

8. 热饮

在宴会结束前，还要为用餐者提供热饮，以此作为“压轴戏”。一般为红茶或咖啡，以帮助消化。西餐的热饮可以在餐桌上饮用，也可以到休息室或客厅去饮用。

从实际情况看，西餐也在简化，比较简便的西餐菜单包括：第一，开胃菜。第二，汤。第三，主菜。第四，甜品。第五，咖啡。

（三）餐具的摆放和使用

1. 餐具的摆放

西餐的餐具主要有刀、叉、匙、盘、碟、杯等，讲究吃不同的菜要用不同的刀、叉，喝不同的酒要用不同的酒杯。餐具摆法为：正面放汤盘，左手放叉，右手放刀，汤盘上方放匙，右上方放酒杯。餐巾放在汤盘上或插在水杯里，面包、奶油盘摆放在左边。见图 7－21。

1. 面包和黄油盘 2. 黄油刀 3. 鱼叉 4. 叉 5. 垫盘 6. 猪牛排刀 7. 鱼刀 8. 清汤匙 9. 龙虾叉 10. 口布 11. 盐和胡椒瓶 12. 烟灰缸 13. 水杯 14. 红酒杯 15. 白酒杯 16. 甜点匙 17. 甜点叉

图 7－21 西餐宴会铺台

2. 餐具的使用

用刀、叉进餐是西餐的最重要特征之一。除此之外，西餐的主要餐具还有餐匙和餐巾，用法也有特殊之处。至于西餐桌上的盘、碟、杯、水盂、牙签等餐具，其基本用法同中餐相似，可参照之。对于初赴西餐宴会的人来说，最不习惯的是对刀、叉等餐具的使用。各种菜式的吃法和刀、叉的使用方法如下：

喝汤时，只用一支汤匙。喝法是：右手执匙，向外舀喝，吃完汤菜时，将汤匙留在汤盘（碗）中，匙把指向自己。吃菜时，则要从靠近自己的这边吃起。吃完菜，应把刀叉并排放在盘上，自有服务员将它们拿去。否则，服务员不知你是否吃完，是不会将盘子端走的。

吃肉类时有两种方式：一是边割边吃；二是先把肉块切好，然后把刀子放在餐盘右侧，单用叉子取食。前者是欧洲的古老习惯，后者则是美式吃法，一般以前者比较正式。

吃肉饼、煎蛋、沙拉时不用刀，只用叉。吃面包不能用刀、叉，用手撕来吃。吃炸薯片、炸肉片、芹菜等食物也不用刀、叉，跟吃面包一样，可以用手取食。取食时，仅限于用拇指和食指拈取，食后可用摆在面前的小手巾拭手。吃甜点可用叉或匙。

餐后吃水果时，比如，橙子用刀切成块吃；橘子、荔枝、龙眼等则可剥了皮吃；苹果、梨，不要整个拿着咬，应先用水果刀切成小块，再用刀去皮、去核，然后用双手或叉取着吃。其余如西瓜、菠萝等，通常去皮切块，吃时可以用小刀切成小块，用叉取食。切忌吃后再吐果皮和果核。

喝咖啡时如愿意添加牛奶或糖，添加后要用小勺搅拌均匀，将小勺放在咖啡的垫碟上。喝时应右手拿杯把，左手端垫碟，直接用嘴喝，不要用小勺一勺一勺地舀着喝。

如果暂停用餐，刀、叉（或叉、匙）应互成夹角如八字形状置于盘上，叉齿向下；如果已经用毕，则刀、叉（或叉、匙）应并排置于盘上，注意叉齿应该向上。

（四）西餐宴会礼仪

1. 保持正确的坐姿

就座时，应从左侧进入，并使身体与餐桌保持两拳左右的距离。身体要端正挺直，双手不要支在桌上或藏于桌下，而应扶住桌沿。手肘不要放在桌面上，不要翘起脚。双腿切勿乱伸，西餐就座时，往往自己的对面与两侧皆为异性。

2. 禁止发出各种声响

用餐之际，不论有意还是无意，吃东西或是喝东西，不要发出声来，更不要搞得铿锵作响；咳嗽、打喷嚏，打嗝等都应自觉控制；也不要把座椅、餐桌、餐具弄出声音来。西方人认为，唯独缺乏教养者才会在进食时出声作响。

3. 正确使用各种餐具

使用刀、叉进餐时，从外侧往内侧取用刀、叉，要左手持叉，右手持刀。不懂可以现场观摩他人，尤其是女主人的做法。

4. 吃相要文雅

在用餐时，要维护环境卫生并注意个人卫生，不要吃得自己身上、脸上到处“留痕”，也不要把餐盘、餐桌和地面上弄得一塌糊涂。

5. 讲究西餐的食用方法

喝汤时如汤过热，可以等待稍凉后再吃，不要用嘴吹。吃鱼、肉等带刺或骨的菜肴时，不要直接外吐，可用餐巾捂嘴轻轻吐在叉子上，再放入盘中。吃面条时要用叉子先将面条卷起，然后送入口中。面包一般掰成小块送入口中，不要拿着整块面包去咬。吃鸡腿时应先将骨头去掉，不要用手拿着吃。吃鱼时不要将鱼翻身，要吃完上层后用刀或叉将鱼骨剔除后再吃下层。吃肉时，要切下一块吃一块，块不能切得过大，或一次将肉都切成块。

第四节 出席宴请礼仪

出席宴请活动时，要注意九个方面的礼仪问题。

一、应邀

收到请柬时，应看清请柬上的说明，确定是属于哪一种类型的宴会及有无一些具体要求。比如，请柬上注有“R. S. V. P”（敬候回音）或“Regrets Only”（如不光临请予回复）字样时，前一种是指被邀请者无论是否赴宴，都要予以回复；后一种则是指被邀请者如不能赴宴才予以回复。按照一般的礼节要求，回复邀请应在收到请柬后的第一天内回复；回复太迟，则会被视为无礼。

经口头约妥再发来的请柬，上面一般有“To Remind”（备忘）字样，只起提醒作用，可不必答复。若答复，可打电话或复以便函。

接受邀请后，没有特殊的原因，不要随意变动；万一有特殊情况不能出席，应及时、有礼貌地向主人解释或道歉，千万不可不经解释就随意不去参加。这是极不礼貌的行为。

应邀出席宴会前，要核实举办活动的时间、地点、是否邀请了配偶，以及对服装的要求等。

二、服饰

如果主人对参加宴会人员的着装有特殊的要求，一般应尊重主人的意见，按要求着装。参加不同场合的宴会，应该有不同的着装和打扮，在国宴、正式宴会等隆重场合，应该穿严肃、大方的礼服；而举行家宴时，一般穿便服即可。

在正式宴会等隆重场合，男士应穿西装、中山装或民族服装。如果穿西装，应该系领带。女士最好穿旗袍、西服套裙或长裙。如果男士伴随女士赴宴，那么男士的装扮应配合女士，如果女伴穿的是有光泽的大礼服或小礼服，男士起码应穿晨礼服；如果女伴穿的是高雅的连身洋装，男士则应穿深色西服，系银灰色领带，而不应该穿中山装或其他民族服装。在欧美国家参加正式宴会，男士通常穿深色西装，配白色或浅色衬衣，系领带、领结或领花和擦拭干净的黑皮鞋；女士出席正式宴会通常穿礼服，一般长袖礼服配短手套，而短袖礼服则配长手套，礼服应与高跟鞋搭配。

三、抵达

参加宴会要守时，既不能迟到也不必早到，应正点或比邀请时间早到 2 ~ 5 分钟较为合适。如果因为特殊原因不能按时抵达，最迟不得超过 15 分钟，并及早告之，同时一定要表示歉意。

参加宴会人员到达宴请地点后，如主人在门口恭迎客人，则应趋前向主人问候、握手，随主人或迎宾人员引导到休息厅或宴会厅。如是庆祝性、节庆宴会，还可以向宴请单位送花篮或花束。参加家宴，可酌情给女主人赠送少量鲜花。如果来宾直接进入宴会厅，则应在宴会厅门前找到服务人员，请他们引领到席位处。

四、入席

应邀出席宴请活动，应听从主人安排，大方就座。如宴会座次较多，入座时应看清自己的桌次与座位卡，不要随意乱坐。如邻座是长者或女士，应主动协助他们坐下。

入席就座以后，首先要注意自己的姿态既要坐得端正，又不要显得过于拘谨。椅子不要坐满，只坐 2/3 的位置，身体轻轻靠在椅背上。双手放于膝部，不要将臂肘放在桌子上，不要玩弄桌上的餐具和酒具，或做理头发等不雅的习惯性动作。两脚自然垂直放在本人座位下，不要将脚伸到别人座位处，不要抖脚。女士就座时不要将裙子撩起再坐下，也不要用餐巾或纸巾擦拭餐具，因为这种动作是告诉别人餐具不清洁，会使主人难堪。对于服务员送上来的热（或湿）毛巾，只可以擦嘴、擦手，不可以擦汗。

上菜前将餐巾轻轻展开，放在膝盖上。餐中起身时，餐巾应放在椅子上。用餐完毕离席时，餐巾不必折叠，自然放置在餐桌上。餐巾的用途是防止菜食弄脏衣服，也可用来擦嘴。

出席西式宴会，当服务员拉开椅子后，要从椅子左侧入座，入座后可将座椅调到最舒适的位置。一般距餐桌 20 厘米，随身携带的小提包等物品可放在身后与椅子靠背之间。坐好后应先与主人或邻座客人轻声交谈几句，然后再打开餐巾放在膝盖上。

五、进餐

入座后，主人招呼，即可开始进餐。取食应少量多次，食物不够可再取。如有服务员分菜，需增添时，待服务员送上再取。如遇本人不能吃或不爱吃的菜肴，当服务员上菜或主人夹菜时，不要拒绝，可取少量放在盘内，并说声："谢谢，够了。"对不合口味的菜，切勿显露厌恶的表情，也不能说三道四。

进餐时要讲究吃相，要文雅。要"以食就口"，闭嘴咀嚼。不要舔嘴唇或发出声响。咀嚼时不要讲话。既不要狼吞虎咽，也不要过细过慢，不要摇头晃脑，汗流满面。喝汤不要啜，汤热不要去吹。骨头、鱼刺等残物轻放入餐盘内待服务员撤走。

进餐时要讲究卫生，不要吸烟，不要咳嗽、清嗓子、吸鼻涕、打喷嚏，如有此需要，应起身去卫生间处理。万一不能控制时，也要用餐巾捂住鼻子、嘴巴，事后向周围的人道"对不起"。未吃完的菜、用过的餐具、牙签等都应放在餐盘内，切忌放在桌上。

各国的餐饮都有自己的传统习惯，进餐时要注意尊重食俗习惯，席间因有事临时离席应向邻座轻声说明，并将刀叉成八字形或一字形放在自己用的餐盘边，示意还没用完餐，避免服务员撤走；当自己已经用完餐时，可将刀叉并拢平行放在餐盘的1/3处或边上，服务员则会及时收起。见图7－22。

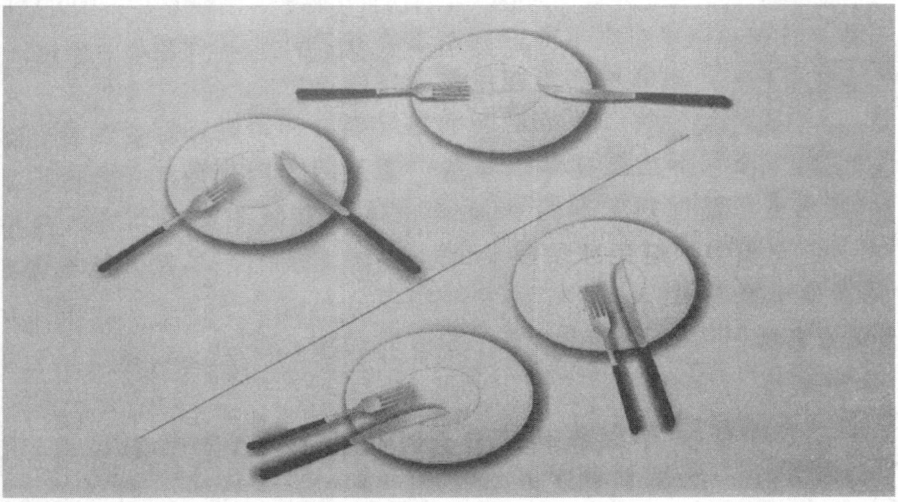

图7－22　用完和未用完餐刀叉摆放示意

六、交谈

宴会上无论是主人、客人或陪客，都应主动与同桌人交谈，特别是左右邻座。如果不认识，可以做自我介绍，交换一下名片。话题要注意对象和场合，不要一个人夸夸其谈，引人不悦，也不要一言不发，好像专门为吃饭而来。宴会上沉默寡言会使宴会气氛显得沉闷，男女主人应主动引出交谈的话题，促使客人们相互谈论大家都感兴趣的内容，使宴会始终保持愉快的气氛。谈话时应避免高声失态，也不可窃窃私语，不要只同几个熟人或一两个人谈话。

七、宽衣

在社交场合，无论气温多高，也不能当众解开纽扣，敞开外衣。在小型便宴上，如主人请客人宽衣，男宾可脱下外衣，搭在椅背上。但女士是不可以宽衣的。

八、祝酒

正式宴会，主人和主宾要先发表专门的祝酒词。主人、主宾致祝酒词时应暂停进餐，停止交谈，注意倾听。奏国歌时要肃立。主人和主宾讲完话，与贵宾席人员碰杯后，往往到其他桌敬酒，各桌人员应起立举杯，碰杯时要目视对方致意。当主桌未祝酒时，其他桌不可先起立或串桌祝酒。客人不宜先提议为主人干杯，以免喧宾夺主。当有人为你斟酒或提议碰杯时，不要随意拒绝，即使不能喝，也应有所表示，以示敬意。碰杯时，主人和主宾先碰，人多时可同时举杯示意，不需逐一碰杯，祝酒时要注意不可交叉碰杯。不同酒的握杯方法见图7－23。

白兰地酒握杯方法

红葡萄酒握杯方法

白葡萄酒握杯方法

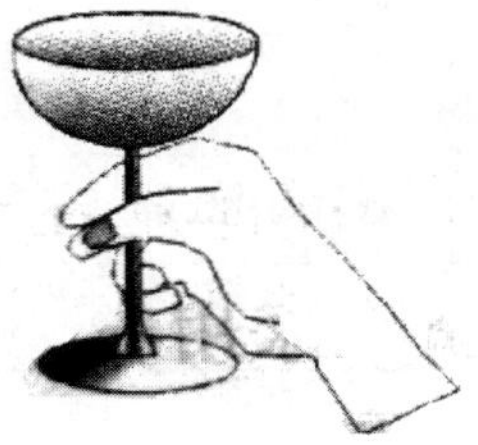

香槟酒握杯方法

啤酒握杯方法

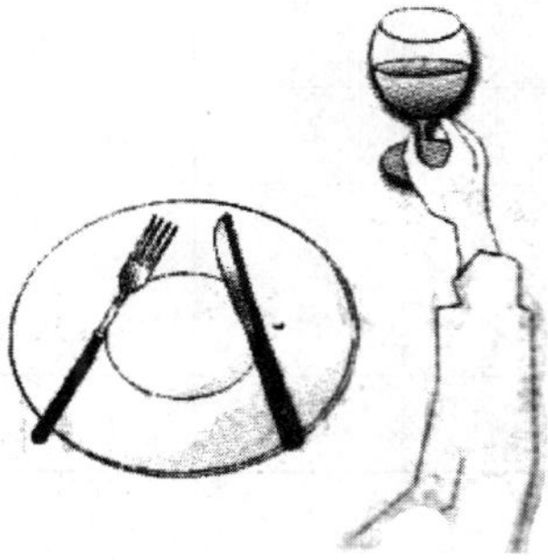

西餐酒握杯方法

图7－23　不同酒握杯方法

一般正式宴会，要主动将饮酒量控制在本人酒量的1/3以内，切不可过量饮酒，避免失言失态，或醉酒误事。不会喝酒或不能饮酒时，要注意礼貌拒酒。可以提前声明或以饮料代酒，也可以倒入杯中少许酒不喝。不要在别人给自己斟酒时，乱推乱躲，将酒杯倒扣。

西餐宴会的饮酒、祝酒、干杯等同中餐有很大不同。在西餐宴会上一般不上烈性酒。正式宴会一般分餐前酒、佐餐酒、餐后酒。不同的菜饮不同的酒，用不同的杯，不同的酒饮法也略有不同（见表7－1）。而祝酒干杯讲究只用香槟酒，这时即使不会喝也要抿一小口。西方人一般只祝酒，不劝酒；只敬酒，不真正干杯，喝与不喝，喝多喝少随个人自便。在餐桌上饮酒失态是有失身份的。与外宾干杯，不要交叉干杯，否则会形成十字形，触犯西方人的忌讳。在餐桌上闹酒、高声叫喊、猜拳行令，均属粗野、不文明行为，要坚决杜绝。

表 6-1　　宴会主要酒品性质与饮用方式

酒名	酒精度数	适饮温度	酒杯	饮法
白酒	50°左右	不加温	小磁皿或玻璃杯	酒满，一饮而尽
啤酒	4°	7°	倒三角杯或带把啤酒杯	斟满，不上正席，不加冰，大口饮
白葡萄酒	12°	7°	高脚玻璃杯	1/4-1/3 杯，可加冰块，手捏杯脚，小口细品
红葡萄酒	12°	18°	高脚玻璃杯	1/4-1/3 杯，不兑任何饮料，手握杯身（非手掌握身或杯柄），摇、闻、品（佐餐酒）
玫瑰红葡萄酒	12°	7°	高脚玻璃杯	1/4-1/3 杯，可加冰块，手捏杯脚，小口细品，女士所用
香槟酒	10°	8°	郁金香型酒杯	斟七八分，泡沫满至口，饮前冷藏，手握杯脚（餐前酒，祝酒）
白兰地	40°	18°	大肚、收口矮脚玻璃杯	1 盎司量，右手握杯肚加温、闻、品（餐后酒）
威士忌	40°		专用平底小玻璃杯	加冰块、苏打水、姜汁，慢品
伏特加	40°-50°	浓、烈	平底玻璃杯	可单饮，可佐餐，可加饮料调制饮用
鸡尾酒			高脚广口玻璃杯	不混喝

九、告辞

待绝大部分客人已停止进餐之时，主人把餐巾放在桌上，或者从餐桌旁站起来，是表明宴会到此为止的信号。只要看到这种信号，宾客即可把自己的餐巾放下，起身离席了。离开餐桌时，不要将座椅拉开就走，而应将椅子再挪回原处，男士应帮助身边的女士移开座椅，尔后再把座椅放回餐桌旁。

一般情况下，主宾是第一位告辞的人。离席时应让身份高者、年长者或女士先走。

宴会结束后，主人务必将客人送至大门口，客人则应对主人的盛情款待表示感谢。当告辞退席并致过谢以后，不要再和主人说个没完没了，以免影响主人招呼别的客人。退席时男宾应先与男主人告别，女宾则先与女主人告别，然后再与其他客人告别。如退席人数比较多时，只需与主人微笑或握手告别即可。除了在宴会结束时应向主人致谢之外，如果在宴请活动之后，向主人致便函或名片表示感谢，主人很可能把这看作是一种特别礼貌的行为而铭记在心。

有的主人为每位出席者备有小纪念品或一朵鲜花。宴会结束，主人招呼客人带走，遇此情况客人应略表谢意或说一两句赞扬小礼品的话语。有时外国客人往往把宴会菜单作为纪念品带走，有时还请同席者在菜单上签名留念。除主人特别示意作为纪念品的东西外，各种招待用品及糖果等都不要拿走。

思考与练习

一、思考题

1. 宴请有哪些种类？宴会和招待会的具体形式有几种？

2. 宴会席位安排的一般原则是什么？

3. 中餐宴会怎样安排席位？

4. 出席中餐宴会应注意哪些礼仪规范？

5. 西餐宴会席位排列的规则怎样？

6. 西餐如何正确地使用餐具？

7. 出席西餐宴会应注意的礼仪是什么？

8. 中餐和西餐的上菜顺序如何？

9. 中餐的就餐方式一般有哪几种？

10. 怎样做到文明参加宴请？

11. 请概括总结中西餐宴请礼仪有哪些不同？

二、案例分析题

1. 西安市与日本奈良市缔结友好城市，在西安某著名饭店举办了一场大型的中餐宴会，邀请本市最著名的演员到场助兴。这位演员到达后，费了很多时间才找到了自己的位置。当他入座后发现与其同桌的客人都是接送领导的司机，演员感到自尊心受到了伤害，没有同任何人打招呼就悄悄离开了饭店。当时宴会组织者并没有觉察到这一点，一直等到宴会进行中主持人要邀请这位演员演唱时，才发现演员并不在现场。幸好主持人及时进行了调整，才没有出现“冷场”。

请回答：

(1) 演员为什么不辞而别？

(2) 从接待的礼仪看，这次安排有何不妥？具体加以说明。

(3) 情况发生后该如何处理？

(4) 如果你是这位演员，你该如何正确地处理此事？

2. 某饭店中餐宴会厅，饭店总经理宴请一位西藏高僧。中午11点，一群人簇拥着西藏高僧步入厅堂，两名服务员上前迎接，引领客人入席，并迅速地做好了餐前服务工作。菜品是预订好的，按照程序依次上菜，一切服务在紧张有序地进行；食之过半，宾客要求上主食，三鲜水饺很快端上了桌面。在大家的建议下，高僧用筷子夹起一个水饺放入口中品尝，但很快就吐了出来，面色仍旧温和地问：“这是什么馅的?”服务员一听马上意识到问题的严重性，心里想坏了！事先忘了确认是否是素食。三鲜水饺虽是清真，但仍有虾仁等原料，高僧是不能食用的。忙向高僧道歉：“实在对不起，这是我们工作的失误，马上给您换一盘素食水饺。”服务员马上通知厨房上了一盘素食的三鲜水饺。这时经理也赶忙道歉。高僧说：“没关系，不知者不为怪。”这次失误虽然很严重，但由于高僧的宽容大度，最终得以顺利解决。

请回答：

(1) 这件事对服务员有什么深刻的教训?

(2) 情况发生后该如何处理?

三、实训内容与要求

1. 中餐餐具的摆台练习。
2. 西餐餐具的摆台练习。
3. 中餐席位排列的练习。
4. 西餐席位排列的练习。
5. 西餐餐具使用的练习。
6. 分别制作中西餐宴请的请柬，并相互交流点评。

第八章

社会公共礼仪

——礼仪之花处处绽放

内容提要

本章主要介绍社会公共场所、公共交通乘坐、出行旅游观光以及社交网络通信四种礼仪要求。

重点和难点

本章重点为社会公共场所礼仪与公共交通乘坐礼仪，难点为出行旅游观光礼仪与社交网络通信礼仪。

第一节 社会公共场所礼仪

一、社会公众与社会公共场所

公共礼仪（Public Etiquette）是指公众在社会公共场所中所表现出的礼仪行为，它体现着社会公德。在社会交往中，良好的公共礼仪可以使人际交往更加和谐、美好，社会更加文明进步。

公共场所（Public Place）是指人们离开家庭、离开所在的具体组织，如工作的单位、学习的学校、组成的项目团队等，处于社会公共活动的空间。按社会学关于社会群体理论的阐述，社会是由个体的人与不同的群体按一定的社会关系组成的，每个人都在不同的社会群体中。简单地说，社会群体主要由两大类群体构成，一类是基础群体（初级群体），其是指一个人最初接触所在的群体，其中最主要的是家庭，这是以情感为纽带的直接面对面交往的小型群体；另一类是职能群体（次级群体），其是因承担一定的社会职责和社会目标而成立起来的，比如，企业、公司、学校、医院、政府、军队，等等。其特点是具有严密的组织架构、严格的规章制度，每个成员都有自己的角色，是非面对面交往的大型群体。初级群体和职能群体这两类群体的共同特征是，群体的社会界限十分清晰、明确，也就是说，这两类群体不是一个社会人员随随便便可以进出的。因此，其成员的一切活动都要受到所在群体角色规范的制约。

当这两类群体的成员处在自由活动的空间，比如，休息时、度假期间、或因“公”外出时，就处在一个以自我为主的空间或场所，这个场所就是社会公共场所，这些人就构成了社会公众（Publics），或称之为大众、群众、民众。当然，严格意义上讲，公众是对社会组织而言的，大众是对媒体而言的，群众是对领导和干部而言的，民众是对政府和法律而言的。这里不对公众、大众、群众、民众作严格的区分，均称之为社会公众，他们有共同的特点：人员广泛的分散性、存在时间和空间的变化性、个体交往的非面对面性、个体存在的隐匿性、个体行为不确定性等。

这种范围广泛、松散、行为不确定的社会群体成员之间的相互交往互动就形成了特有的群体心理现象。因此，社会公众就成为社会学和社会心理学研究的一个重要内容，也是当今任何政府都非常重视的社会管理问题之一。

这里所说的社会公共场所是指社会公众在某一时间处于社会的某些公共活动空间，这个空间非常广泛，购物场所如商场、集市、超市等；休闲场所如广场、公园、运动场等；交通场所如机场、车站、码头等；餐饮场所如饮食一条街、小吃城、餐厅等；娱乐场所如娱乐场、影剧院、歌舞厅、游乐场等。这些场所是人们生活的重要空间。

公共场所中的公众所具有的隐匿性、短时性、流动性、非直接面对面性等特点，决定了公共场所中公众的行为往往自我约束性较差，这为公共场所的管理提出了新的要求。公共场所的公众礼仪不仅关系到每个公共场所的礼仪文明，也影响到整个社会的礼仪文明。

二、公共场所礼仪

这里所界定的公共场所大体有两类：一类是社会服务的窗口单位，如商场、酒店、银行、车站、影剧院、图书馆等；另一类是一些休闲的公共场所，如开放性的公园、广场等，在时间和空间上属于相对自由开放性的。

这些窗口单位都有专门的机构、工作人员和服务设施等。在这些场合，公众的身份也发生了角色变化，是被服务的对象。对窗口单位而言，公共场所礼仪涉及两个重要的方面：即窗口服务礼仪和公众人员礼仪。在这两个方面中，窗口服务礼仪是公共场所礼仪的主导。

（一）窗口服务礼仪

窗口服务礼仪主要包括以下几个方面：

（1）树立全心全意为民服务的思想。窗口单位员工应树立“客户至上”、“客户在我心中”的服务理念。

（2）热情、周到、细致、耐心的服务态度。搞好服务是所有窗口单位的宗旨，因此，对所提供的服务项目、服务内容，要做到尽心尽责。具体而言，就是要做到“热情、周到、细致、耐心”八字方针。

（3）精湛的服务技能。这是对窗口服务人员的业务要求，包括所涉及的行业知识、专业知识、操作程序、岗位技能、服务效率等。如果服务人员一问三不知，业务办理又慢又差，往往会导致顾客的不满，甚至发生口角或矛盾。

（4）规范整洁的服务环境。窗口大厅要干净、卫生、整洁，室内光线充足，温度适宜，保持空气流通，物品摆放有序便捷。

（5）员工应具备良好的沟通能力。窗口单位的所有工作人员都应具备良好的沟通能力，会说话，会听话，会沟通。能及时化解矛盾，让顾客满意。

（6）制定具体的公众行为准则。针对具体的窗口实际性质和情况，制定并张贴相关的公共场所公众行为规范，必要时可与当地安保部门联合发布。

（7）员工成为礼仪的表率。窗口单位的员工在工作期间，不论仪容仪表，还是言谈举止，还是与客户交流沟通，都必须按礼仪规范严格要求自己。规范的员工礼仪，良好的精神面貌，训练有素的业务能力，能对公众起着良好的示范作用，也会对公众产生直接的积极影响。

（二）公众在公共场所的礼仪

公众在公共场所都应自觉约束自己，做一名遵守社会公德的践行者。遵守秩序、仪表整洁、讲究卫生、尊老爱幼，是公共场所礼仪总的原则和基本要求。

1. 服饰应景得体

公共场所有其不同的性质、功能和环境，比如，商场购物、休闲度假、公园散步、朋友聚会，等等。为此，衣着打扮应该与公共场所相符合。但现实生活中却常常看到有人穿着西装革履出现在商场里，有人穿着军警服装在公园里散步，有的女士化浓妆在广场跳舞。这样的着装在公共场所不仅很另类，同时与环境极为不和谐。一般而言，在公共场所，原则上不穿正装、礼服、职业装，要根据场所的性质、环境、气候，以及自己的活动目的，做到衣着适应环境，大方得体。

2. 遵守公共场所的规章

公共场所会因其具体的性质和职能制定一些相关的规定，这些规定大都具有强制性，公众进入这些场所要自觉严格遵守相关规定。

在现实社会中，有的公众有时是无意违反了公共场所的某些规定，比如，随地吐痰、随地扔烟头等，则会受到批评或处罚；或是没有提前注意到公共场所的相关规定，比如，有些展览馆、博物馆不允许拍照等。为此，去公共场所前，最好提前了解一下其相关的规定和要求，以免“犯规”。

3. 养成良好的言行举止

良好的言行举止，概括地讲，主要包括如下内容：

（1）爱护公物。要爱护公共设施，不能乱踩乱画，更不得去损坏、破坏。

（2）遵守秩序。公共场合人多，容易互相争挤，良好的秩序是保证安全的重要条件。这就要求公众要相互照顾和礼让。

（3）举止文明。公共场所，严禁行为怪异，姿势不当，手舞足蹈，以手指人，拉拉扯扯；严禁大声喧哗，高谈阔论，恶言恶语，非议他人，嘲弄异俗，争吵辱骂，出言不逊。

（4）讲究卫生。患有传染病和严重疾病的人应严禁在公共场所活动。穿着打扮应大方得体，衣服干净整洁，禁止蓬头垢面，避免当众挖眼屎、擤鼻涕、抠鼻孔、挖耳秽、剔牙齿、剪指甲等不雅动作。公共场所禁止吸烟，禁止随地吐痰、乱扔垃圾。

（5）尊老爱幼。对年长者和婴幼儿童，在力所能及的情况下给予帮助和关照。

只有每位公众都自觉践行公共礼仪，才能创建美好和谐的公共环境。

第二节 公共交通乘坐礼仪

随着我国经济的快速发展，科学技术的不断进步，大大改善了人们的衣食住行方式。其中变化最大的一个方面就是出行方式的变化，由过去单一的出行方式，变成了“陆海空”立体交通模式，特别是城市中快捷便利的公交、地铁，城际之间高速舒适的铁路（高铁、动车），遍布国内外主要城市的飞机，令世界刮目相看。2019 年 9 月 19 日，中共中央、国务院印发的《交通强国建设纲要》提出：到 2035 年基本形成“全国 123 出行交通圈”（都市区 1 小时通勤、城市群 2 小时通达、全国主要城市 3 小时覆盖）和“全球 123 快货物流圈”（国内 1 天送达、周边国家 2 天送达、全球主要城市 3 天送达）的目标。

发达便利的公共交通工具也给乘坐公共交通的公众提出了礼仪要求。

一、乘坐飞机礼仪

在所有的公共交通工具中，飞机最舒适、最快速，其档次也最高。由于是高空远距离飞行，安全是第一要素，在乘坐飞机时必须认真遵守乘机礼仪。

(1) 国内机场要求旅客提前2小时到达机场，通常提前半小时开始登机。机场一般都设在城市郊区，距市区较远，因此时间安排要预留有余地。根据民航局有关要求，严禁携带有碍飞行安全的物品乘机，包括枪支、弹药、刀具、其他武器，以及一切易燃、易爆、剧毒、放射性等危险物品，包括女士化妆修眉刀、修眉剪以及超过100毫升的液体（可装入行李托运）等都严禁带上飞机。

(2) 登机时应认真配合安全检查。在进行安全检查时，每位乘客都要经过身份验证，通过安全门，随身携带的行李需要通过监测器，如有必要，对乘客或行李使用探测仪进行检查，或手工检查。凡此种种，都应积极配合，不得拒绝或无端指责。

(3) 登机时行李包尽量拿在胸前，避免背在身后或在地上拖行碰到其他人。对号入座，不能确定座位时可询问空姐。不要停靠在过道上，尽快将手提行李、衣物等整齐平稳地放入座位附近的行李架内，与其他乘客要互谅互让。入座后，保持安静，维护自尊，不当众脱衣、脱鞋，尤其不要把腿、脚乱伸放。

(4) 飞机起飞前，客舱乘务员会通过播放电视录像介绍氧气面罩、救生衣的使用方法，介绍飞机上紧急出口位置及疏散、撤离飞机的办法。每位旅客靠椅背后的物品袋内均备有有关安全的图示资料。旅客要认真听、看这些有关安全乘行的演示或资料。要熟知并遵守各项有关安全乘机的规定。

(5) 当飞机起降时，自觉系好安全带，并且收起小桌板，调直座椅靠背，安静等待飞机的滑行和起降。当飞机受到高空气流影响发生颠簸、抖动时，应回到座位，系好安全带，切勿站立、走动。在飞机起飞后和降落平稳前的整个期间，手机和其他电子设备禁止使用（飞行模式除外）。

(6) 禁止乱摸、乱动飞机上的安全用品，有需要帮助，可按头部上方的呼唤铃。不得私自拿走安全用品，不得私自打开安全门，这会危及乘客的生命安全，是违法行为。

(7) 可以与邻座的乘客打招呼或稍作交谈。当与多位熟人一同乘机时，不要大声喧哗或高谈阔论，亦不要谈论令人不安的劫机、撞机、坠机事件。当飞机进入平稳飞行状态时，可以解开安全带，久坐疲劳时可在过道少许站立活动一下，尽量不要影响干扰他人。休息时不要将靠椅调得太低，以免影响后面的旅客。当自己休息时，注意不要使身体触及他人。如果自己在里面座位要外出时，轻声向邻座表示歉意。如与其他旅客产生矛盾，应以礼律己，以礼待人。必要时请乘务人员协助解决，切勿大吵大闹或大打出手。总之，飞机客舱内自我空间有限，必须时时处处自我约束，而不能我行我素。

(8) 在飞机平稳飞行途中提供餐饮服务时，注意礼节，注意吃相，不要弄得杯盘狼藉。如需续加饮料，可向乘务员示意说明。头等舱点餐时，不要浪费，提倡不喝或少喝，不向乘务员提出额外要求。

(9) 讲究卫生，不要乱吐东西，垃圾放入专用清洁袋。飞行过程中尽量不要脱下鞋子，以免异味影响他人，如果是长途飞行，脱鞋后袜子外面应再罩上护袜。使用卫生间时，要按次序，及时冲洗，保持清洁，不占用时间过长，不在卫生间内长时间化妆或梳头。女士少用香水、化妆品，因机舱内通风不畅，浓烈味的化妆品会令人不适。

（10）按照国际惯例，所有空乘人员都不接受小费。要尊重空乘人员，不要把乘务员当成私人保姆，不要故意刁难他们，不要蓄意滋事，有意见可以向航空公司或有关部门反映。不得在飞机上与乘务员大吵大闹，以免影响旅行安全，严重的会受到法律制裁。

（11）在飞机没有完全停稳之前不要站起来，要等信号灯熄灭后再解开安全带，然后打开行李箱按次序取出行李。从前到后依次走出机舱。下飞机时，对乘务员的问候要点头有所回应。

二、乘坐火车礼仪

乘坐火车（包括地铁、动车和高铁）已经成为人们日常的出行方式。乘坐火车应注意如下基本礼仪：

（1）文明购票乘车。地铁购票比较简单，可以在地铁站窗口或在售票机上购票，也可以通过智能手机扫码，或凭城市居民一卡通乘坐地铁。

购买高铁票或非高铁票（直快、特快、普快火车），可在12306.cn网站购票，亦可到火车站购票窗口、铁路代售点购买。军警人员、学生购票按具体购票要求购买。

凭购买的车票（电子客票）到火车站等候乘车。需要注意的是，要记清楚客票是高铁还是一般火车票，有些城市的火车站分高铁站和一般火车站，有的特大城市按开往的方向区分车站功能，一定要仔细核对车站地点和时间。

（2）认真配合安全检查。严禁携带枪支、弹药、刀具、其他武器，以及一切易燃、易爆、剧毒、放射性等危险物品。进入候车大厅前要例行安全检查，经过身份验证，通过安全门，随身携带的行李、包裹需要通过监测器检测，如有必要，对乘客或行李使用探测仪进行检查，或手工检查。有时还要接受盘问，应积极配合，不得拒绝或无端指责。

（3）自觉遵守乘车秩序。乘坐火车需凭票对号入座，乘坐火车出行一般情况下人比较多，要自觉遵守秩序，不论是候车、检票、上车，都要提前看清具体的候车室、检票口、车厢号、座位号等信息，避免看错而慌乱。整个过程不要拥挤，争抢，保证安全。上车后，按照车票显示信息找到座位号，放好物品，安静心情。

（4）保持公共环境卫生。不论饮食自带的食物，还是车上购买的食品，食用时要安静，不要乱吐痰、乱扔东西，废弃的剩残物装入垃圾袋后放入车厢垃圾箱内，或等待乘务员收走。座位和小桌板上不要乱放东西，座位空间应始终保持干净整洁。饮水处、洗漱间和卫生间是公共区域，按次序使用，使用时注意卫生。长途坐车，尽量不要脱鞋子，以免异味影响他人。

（5）遵守乘车安全规则。禁止乱动车上安全设施，特别是制动阀不可乱动，否则违法。要照顾好随行的小孩和老年人的安全，如有需要帮助，可联系乘务人员。注意保护好自身和财物安全。遇有紧急情况可请乘务人员相助。

（6）做一名文明旅客。以礼律己，以礼待人。严禁占座霸座，禁止酗酒。久坐疲劳时可在过道少许站立或到车厢两端的空闲处适当活动一下，尽量不要影响干扰他人。不要与其他旅客产生矛盾，如因一些事发生不愉快，必要时请乘务人员协助解决，切勿大吵大闹，或大打出手。

(7) 尊重列车工作人员，火车乘务员和卫生清洁人员工作时间长，劳动强度大，每个人都应该尊重他们的劳动。不要故意刁难他们，更不得蓄意滋事，有意见可以向铁路部门反映，不得在列车上与乘务员大吵大闹，严重影响旅行安全的，将会受到法律的制裁。

三、乘坐公交车礼仪

市内公交车或城际公交车是人们短距离出行的主要方式。城市公交车是一个城市的窗口，是城市的一张名片。提高城市公交车礼仪涉及两个方面：一是驾驶员与公交车的自身因素；二是公众乘客的因素。

(一) 驾驶员与公交设备礼仪

1. 选拔高素质驾驶员

公交车与飞机、火车等其他交通工具不同的最突出特点是，乘客与驾驶员共处一个车厢空间，驾驶员同时还承担着“售票员”、车厢管理员和安全员的职责，与乘客面对面的互动。现在，大多数城市公交车都是无人售票，乘客前门刷卡上车到站后门下车。上下班高峰时段，司机还要负责车厢内乘客的疏导和维持秩序。此外有时还要调节乘客之间的一些矛盾，处理突发安全事件。可见，维护公交车内良好秩序的关键离不开驾驶员的综合素质。近年来，正是因个别公交车司机的素质不高，甚至身心不健康，或对突发问题处理不当，发生了数起市内公交车坠河、坠湖惨案，造成了恶劣的社会影响。

为此，市政管理部门和公交公司要高度重视司机人员的选拔、培训、考核上岗，同时每半年或一年进行再培训。公交车司机应该具备：身体健康，反应敏捷，心理素质好，沉着冷静；爱岗敬业，责任心强；驾驶技术娴熟，具有处理突发问题的经验；语言表达好，沟通能力强，等等。

2. 保证良好的车况

许多城市都十分注重地铁、高铁以及城市公共设施的建设，往往忽略了对公交车硬件的投入，车况老化，设备陈旧。有的车厢小，座位少，没有空调，车窗滑动性、封闭性很差。司机驾驶室与乘客区域没有相对隔离，广播系统、监控系统差，等等。从心理学的角度看，这种车况容易使人产生烦躁心理，容易导致负面情绪。为此，市政管理部门改善公交车的硬件投入是非常必要的。

3. 驾驶员规范上岗

出车前后应清扫擦洗好车内卫生和座椅、门窗。上岗期间，除特别需要不得接打手机，不得看手机，不得将消极情绪带到岗位上。按要求规范穿着工装，岗位标示佩戴整齐。乘客上下车时礼貌迎送，乘客询问时耐心解释回答。对个别违反乘车要求的旅客，耐心劝告，避免与旅客发生争吵。对言行不端的旅客不听劝阻，影响或危害到行车安全时，应尽快选择合适地点停车，并及时与当地公安部门联系，妥善处理解决，同时向本级交管部门报告。切不可一边驾驶一边与旅客争吵等。当乘客发生疾病等突发情况时，应尽快协助送往医院，并向其他乘客说明情况，求得谅解。

（二）乘客礼仪

1. 有序排队上下车

在公交站候车时，应在指定的位置等候，不要到车道上候车。公交车到达停稳后，自觉排队并主动让老弱病残、妇女儿童先上车，不要停留在车门口阻挡别人，自觉往车厢里走，不得占抢座位。到站前提前向车门处移动，后下车的乘客为先下车的乘客让路，到站车停稳下车，要注意携老扶幼。

2. 遵守车厢礼仪

严禁占座、霸座。当见有老、病、孕、婴者无座位时，年轻乘客应主动让座。当他人给自己让座时，应表示感谢。车厢内是公共场所，应遵守公共道德，不吸烟、不随地吐痰、不乱扔果皮纸屑等。与他人说话或接打电话时要轻声，不要大声喧哗、嬉闹。雨雪天时妥善收好雨伞，避免影响他人。炎热夏季，女乘客应避免穿着过于暴露的衣服。车上人多拥挤时，乘客间难免有碰撞，应该互相谅解。

3. 严禁与驾驶员闲聊

尊重驾驶员的辛苦劳动，不得故意刁难和蓄意滋事，有意见可向公交部门反映。不得在车厢内与驾驶员大吵大闹，严重影响行车安全的，将会受到法律的制裁。

当发生个别极端行为时，或当驾驶员遇到紧急危险时，应积极相助，制止事态发展。

四、骑共享单车礼仪

近年来，随着移动互联网的快速发展，共享单车横空出世，为市民短途出行提供了经济便利，其是绿色环保的共享交通出行方式，是公共交通的一种补充。据资料介绍，截至2017年，我国共有共享单车品牌26个，投放单车过千万辆，租用共享单车超过1亿人次。共享单车遍布全国大中小城市。

但由于共享单车的运营管理不到位，导致出现了一些问题，投放过多，无人管理，乱停乱放，影响交通，影响环境。有的人把共享单车变成了独享单车，甚至有些人将共享单车肢解，挂在树上，扔到湖里……

要解决存在的问题，一是需要政府完善有关共享单车的规则制度，加强共享单车的运营管理；二是提高公众骑行的文明礼仪。

1. 文明开锁骑车

共享单车使用的前提是基于大数据、人工智能、云计算等全链运营，使用者需用移动客户终端与互联网相连。每个品牌的共享单车尽管使用方式略有不同，但基本的程序是一样的。以哈罗单车为例，打开手机，用支付宝扫一扫功能扫描共享单车上的二维码，即可打开车锁。如若遇到的单车有故障无法开锁，可另行更换其他的单车。不论何种情况，不得用坚硬工具砸、撬等强行弄坏车锁。

2. 文明上路骑车

共享单车没有货架，前车筐很小，为此骑车上路时不可放过重的物品，前车筐不可坐小孩。不满 12 周岁的儿童不得骑车上路。要严格遵守交通规则，不闯红灯，骑车不撑雨伞，不互相追逐或曲折竞驶。靠右侧骑行，遵守交通规则，礼貌让人。

3. 正确停放

到达目的地后，找到正确安全的存放区域，停放整齐，及时锁车。不可只图自己方便，给他人带来不便，方便他人就是方便自己。应该自觉遵守规则，“我为人人，人人便捷”，做一名文明的公众达人。

第三节 出行观光旅游礼仪

旅游（Travel）是指个人或群体在一定时间内离开自己学习、工作、生活的环境，到另一个不同于原有环境的地方，通过自身的感知和认识、情绪和情感的体验、意志的陶冶，对旅游资源即人文景观和自然景观自我消费的过程。

旅游观光主要有六大环节，即“吃、住、行、游、购、娱”。不论在哪个旅游环节，都应该做一名自尊自律的文明游客。

1. 遵守规章制度

不论是在景区观光，还是乘坐交通工具，还是在娱乐场所，都有其具体的管理制度和要求。比如，禁止吸烟、不准拍照、不准喧哗、不准攀登、不乱喂动物，等等，旅游过程中要按要求遵守这些管理制度。

随旅游团出游时，要严格遵守时间，不要迟到，以免耽误行程。在观光时一定要听从导游的安排，离团应征得导游同意，在自由活动时要严格遵守集合时间。

出国旅游，稍不注意即违法。比如，在新加坡随地吐痰会被处以鞭刑，每位游客都要遵守相关的规章制度和规则。

2. 爱护公共财物

居住酒店，不污损客房用品，不损坏公用设施，不贪占小便宜，节约用水用电，用餐不浪费。在旅游景区，山川名胜和历史古迹都是不可再生的宝贵自然资源和文化遗产，要爱护那里的一砖一瓦、一草一木。不要触摸珍贵文物展品，不要采花折枝、践踏草地；不用树木为承重载体做各种运动，留影时不得拉扯植物；不得在建筑物上随意涂写刻画，等等。近年常有游客在文物古迹上刻写“某某到此一游”之类的行为，损坏了文物，造成了恶劣影响。

3. 保持环境整洁

在旅游观光时，要保持环境的整洁。不论是在居住的酒店还是农家乐，不论是乘车还是自驾，不论是在景区还是在购物商场，都不得乱扔垃圾，不得乱吐乱丢废弃物，更不要随意随地便溺。保持环境清洁卫生，人人有责。

4. 互尊互让互谅

游客来自四面八方，旺季和热点景区常常人山人海。为此，互尊互让互谅十分重要。比如，乘坐旅游大巴车时，年轻游客尽量坐到车厢后面，把前几排座位让给老人、妇女和儿童，不要抢占座位。观光车的第一排座位一般是留给领队或导游的，游客尽量不要坐。旅游中，如遇狭窄不方便行走的地方时，主动给老弱妇孺让道。如果不小心冒犯了他人，应及时致歉。在旅游过程中，若产生一些小的摩擦或不愉快，应严于律己，宽以待人，互尊互让互谅，绝不允许相互对骂，或大打出手。近些年，有个别游客在飞机上大吵大闹，甚至大打出手，影响极坏。如确实发生矛盾不好解决，可通过导游或联系有关机构协助解决。

5. 注重良好的个人形象

首先，外出旅游，应讲究个人卫生，衣着整洁得体。公共场所穿着得体，不得大声喧哗、嬉笑打闹。游山玩水时服饰可舒适自然，运动装、休闲装皆可，但不要赤身裸露，要注意个人形象，不伤风化。其次，言谈举止处处体现高雅，不讲粗话脏话。不在肃静的场合大声喧哗、嬉笑打闹。不要强行与外宾合影，不对着别人打喷嚏。不长期占用公共设施，礼让老幼病残，礼让女士。不要谈论涉及庸俗、血腥、恐怖、灾难等话题。旅游中常有互动的娱乐场景，当需要展现自己的时候，要落落大方，提倡健康娱乐，抵制封建迷信活动，拒绝黄、赌、毒。

6. 尊重风俗习惯

“十里不同风，百里不同俗”，每个地区的风土人情和风俗习惯各不相同，有的大相径庭，为此要入乡随俗。要尊重当地的风俗习惯，特别是一些少数民族地区或有不同宗教的地区，要严格遵守宗教戒规。否则可能会因小事而酿成大错。比如，不能着背心、打赤膊、穿拖鞋进入寺院，女士进入寺院不得穿短裙及袒胸露背、无衣袖的衣服。遵守寺院规矩，言行有礼。当寺内举行宗教仪式或做佛事时不得高声喧哗，未经寺内职事人员允许不可随便进入僧人寮房（宿舍）等地方。为了保持道场的清净，严禁将一切荤腥烟酒及其制品带入寺院。

7. 尊重服务人员

吃、住、行、游、购、娱，愉快的旅游观光处处离不开服务人员的辛勤劳动。为此，对每位服务人员都应该心存感激。每当离开一个旅游场所，都应对他们的服务表示感谢。在与服务人员接触时，应谦和有礼。当服务人员忙不过来时，应耐心等待，不可敲击桌碗或喊叫。对于服务人员工作上的失误或服务不周到，要善意提出，不可讽刺。如确实有大的失误或造成损失的，应有礼有节地加以反映，不可当场大喊大叫。

第四节 社交网络通信礼仪

随着科学技术的不断发展进步，网络通信已经走进了百姓生活，实现了大众化。一部智能手机基本可以实现接打电话、收发文字、图片、视频、可视电话、网络支付等功能。

发达的网络通信给我们带来便捷的同时，也给人们带来了烦恼，给社交网络通信提出了新的礼仪要求。

一、接打电话礼仪

在公共场合接打电话应注意如下礼仪：

（1）工作场合不打私人电话。非因工作需要，工作场合不要接打个人手机。有的单位要求在岗不得带手机，虽可带手机原则上应关机或静音。工作中如有对方打来电话，非工作事宜，应告知工作不便下班后再联系。工作中不要谈论个人私事，沟通工作事宜时，应遵循办公电话接打礼仪，即称呼得体、应答有礼、亲切简短、接听有语。

（2）公共场合打电话要讲究公德。凡在公共场合，手机应调成振动或音量小的状态，有的场合，如在影剧院等类似场合，是禁止手机发出响声的。一般公共场合往往声音嘈杂，没急事以不打电话为佳，如果打电话，尽量轻声，尽量不干打扰他人。

（3）接打电话讲究礼貌。因事接打电话时，要考虑对方时间上是否方便，不论是否熟悉，都应讲礼貌。应亲切称呼，声音大小适当，讲普通话，吐字清晰，态度和蔼。不论何种情况，都要尊重对方，长话短说，不占用对方更多时间。

（4）不在电话中谈论是非。私人通话，有事说事。电话不议论是非，不谈论负能量的信息。不得传播各种小道消息。不非议国家大政方针，不涉密泄密。

二、电子信件礼仪

当今，电子信件已广泛应用于日常学习、生活、工作、娱乐交往之中。在使用电子信件的时候，也要遵守相关的礼仪要求。

（一）确保安全

电子通信由于它的特殊性，信息安全十分重要。

（1）确保电子通信安全。个人电子通信的 IP 地址、密码等相关重要信息不要外泄，发送的邮件必要时要加密。

（2）不要在联网的计算机上存储涉及国家、企业的机密文件。

（3）不要试图访问仅限内部使用的系统和未经预先登陆的商业系统，以免遭“黑客”攻击。

（二）电子通信礼仪

电子通信虽非面对面的信息沟通，但也必须讲究礼仪。

（1）接发电子信件要符合规范。电子信件也是一种书信或是一种电子化的应用文体，所以要精心构思，认真撰写，主题明确，格式规范，内容完整，语言通顺，文字准确简练，符合国际规范。比如，发 Email 邮件，就涉及主题、称呼、正文、结尾、附件、签名，以及发送、抄送、密送等。不要轻易使用网络语言，不仅让人费解，而且易造成误会。

（2）要及时答复他人的信件。收到他人的电子邮件应及时阅读并即刻回复对方，这不仅是一种礼节，也是对对方的一种尊重。

三、自媒体社交礼仪

随着移动互联网的快速发展和智能手机的广泛使用，个人社交软件也得到了迅速发展，例如，QQ、微博、微信、微会、易信、抖音等多款自媒体的广泛应用。

狭义的自媒体是指以单个的个体作为新闻制造主体而进行内容创造的，而且拥有独立用户号的媒体。目前，我国现阶段是以微博、微信公众平台为载体的自媒体阶段，并发展为以直播、短视频（如抖音）等为主要形式的新自媒体阶段。

自媒体内容由自媒体人自行决定。自媒体的主要表现形式是文字、图片、音频、视频等，自媒体内容丰富多样。

自媒体具有个性化、碎片化、交互性、群体性、传播性等特点。目前，我国自媒体发展方兴未艾，自媒体人的文化、教育、经济等背景不同，导致信息泛滥，一些内容低俗。一些人为了追求点击率，发布的内容忽略了其真实性，甚至降低了道德底线，造成了不良的社会影响。目前，虽然有很多约束自媒体平台的管制法令，但还需要在法律上加强对自媒体的规范和引导。

作为自媒体的公众个体，应该自觉遵循如下礼仪：

（1）严格遵守相关法律法规和道德操守。作为一名普通社交网络公众，处理自媒体信息不外乎两项事情：一是听声音、读文字、看视频，简称收帖；二是将所写文字、所录音频、所拍视频等发到网络平台，简称发帖。自媒体社交平台不是法外之地。作为发帖人，“帖子作品”的内容和形式必须符合国家相关法律法规，符合伦理道德。绝不可为了博得眼球，增加阅读量，而发布低俗、虚假、色情、甚至谣言等帖子。要自觉成为正能量的传播者，成为净化自媒体社交平台的维护者。

（2）维护个人的良好形象。在社交网络里你的言行、分享的链接、表达的观点、选择的图片，在现实社会里直接代表并定义了你自己，这就是你的社交货币。看到这些信息的人，可以了解你是一个怎样性格的人，从而更乐于与你互换信息，交换资源。所以，当我们与他人在社交网络平台交流时，应懂礼仪、讲礼仪。首先要尊重对方，做到不卑不亢，做到有礼有节，让交流气氛融洽和谐。在与他人交流时，要以诚相待，不摆架子，不卖关子，坦诚相待。不论身份高低，不论职业区分，只要有精彩观点，就值得交流互动、相互取长补短，从而让交流各方同时受益。当接收到对方的信息后，应及时阅读并回复，应该对等交流。不要轻易评论他人发布的信息，评论要有见地。转帖要甄别是否真实可靠，不要发布不实信息。

（3）树立自媒体平台安全意识。自媒体社交平台是一个虚拟的社会环境，是一个人人都可以“有话可说”的网络空间。每个人都可以将文字、图片、语音、视频等转发，形成一种话语，产生认同和共鸣，建立起不同规模的社交网群。自媒体与意识形态密切相关，与国家安全密切相关。不传播有损于国家政权、制度、安全的信息，不要涉及国家政治、经济、文化、军事等秘密信息，牢固树立安全防范意识。

思考与练习

一、思考题

1. 什么是社会公众？社会公众的主要特点有哪些？

2. 社会公共场所与社会初级群体有哪些不同性质？

3. 加强社会公共场合礼仪要从哪两个方面着手？作为窗口单位要加强的服务礼仪有哪些？作为一名社会公众人员在公共场合要注意哪些礼仪？

4. 外出旅游乘坐飞机要注意哪些礼仪？

5. 乘坐火车出游要注意的礼仪有哪些？

6. 加强公交车礼仪建设要从哪两个方面着手？作为一名乘客应该注意哪些礼仪？

7. 你骑行过共享单车吗，感受如何？如何做一名文明骑行者？

8. 如何做一名文明游客？

9. 打电话要注意哪些礼仪？

10. 使用电子信件应注意哪些礼仪？

11. 你都使用过哪些自媒体社交软件？并对其进行评价。

12. 自媒体社交应注意哪些礼仪问题？

二、案例分析题

1. 2017年暑假，西安某高校的吴老师决定和妻子一起去美国旅游。一放假他们就赶紧找到一家旅行社，办理了相关手续，准备了各种材料，面签顺利通过后，他们按旅行社的要求，认真阅读了美国出入境的具体要求和注意事项，准备了出游的各类生活用品，并顺利登上了飞往洛杉矶的美联航飞机。

从西安直飞洛杉矶要12个小时，与中国的时差正好是昼夜颠倒。途中，美国空姐热情友好地为旅客提供餐饮服务。有各种软饮料、低度酒精类饮料和饭菜。前排的刘先生是位生意人，在国内常坐飞机。提供饮料时，他先是分别要了橙汁一杯，好喝，又要了一杯苹果汁，好喝，又要了一杯美式咖啡。感觉比国内飞机上的好喝多了，接着他又向服务员要了红葡萄酒、白葡萄酒和汽泡酒共3瓶。正在他慢慢品尝这些美酒时，服务员向他开出了饮品费用单共200多美元。他大声用汉语叫着：为什么要这么多钱，飞机上的饮料不都是免费的吗？你们美国鬼子欺负我们中国人，我们不怕你们。我们现在有钱了，我给你们……他的喊叫引来了一片谴责声，机上的男保安也出现在他的面前。

清晨，飞机总算安全落地，办理出关手续。长长的队伍，一道一道的检查过关，终于吴老师到了最后一道程序——过安检。大包小包都放在了安检传送带上，一切好像都很顺利。这时，一名男士安检员指着吴老师的一个大箱子用英语说，要求把箱子打开。这一下子让吴老师有些发懵。怎么了，难道有违禁物品，这可麻烦了。吴老师只好按要求解开打包带，再打开箱子，把所有的东西一件一件地拿出来，摆在桌子上，让他们再检查，等待他们的询问。稍后，吴老师对这位检查员友好地说："Is that all right，sir（可以了吗，先生）？"这时这名安检员用手指着吴老师从西安出发前专门去超市买的牛肉老坛酸菜方便面，并用生硬的汉语说"牛"，吴老师不解地看着这名检查员的脸，突然才反应过来，是有"牛肉"的字样。结果4包方便面都被没收了。往返16天的美国之旅，也只能吃不太习惯的西餐了。

根据案例内容回答下列问题：

从旅游观光礼仪的角度分析，游客刘先生的做法对吗？涉外旅游应注意哪些礼仪行为？

2. 张女士是一家企业的退休员工。她虽已退休，但对新知识新事物接受很快，更换了智能手机，每天上网聊天，加入了三个广场舞朋友群，两个夕阳红合唱群，三个天涯游旅游群，朋友圈里有四百多人。她每天只要有时间就手机不离手，逐个看群里、朋友圈里的每一条信息，还要逐一回复，发表言论，比上班忙多了。半年多时间下来，她室外锻炼比以前少多了，家务劳动大都由老伴儿承包了。尽管如此，她的眼神却不如以前了，颈椎也时常不舒服。这种现象，不仅发生在张女士身上，也发生在许许多多的人身上。

请用有关自媒体社交礼仪的知识分析下列问题：

(1) 张女士为何出现这种身体状况？你身边也有这样的现象吗？请你给张女士出出主意，应该怎么办？

(2) 此现象对你有何启发，应该如何正确应用自媒体社交平台？

三、实训内容与要求

1. 选一种公共场合（商场、酒店、银行），请同学们分别扮演顾客、窗口服务员和公众，演示公共场合中的礼仪，老师进行点评指导。

2. 请同学们分别扮演乘坐高铁的顾客、高铁服务员和公众，演示公共场合中的礼仪，老师进行点评指导。

3. 请同学们分别扮演三名顾客、一名导游和公众，演示公共场合中的礼仪，老师进行点评指导。

4. 请同学们拍摄一段短视频，并在社交平台上互动，老师进行点评指导。

第九章

涉 外 礼 仪

——架起国际友谊的桥梁

内 容 提 要

本章主要介绍涉外礼仪通则、礼宾次序、涉外接待礼仪会见与会谈礼仪、参观游览礼仪、签字仪式和国旗礼仪。

重点和难点

本章的重点为礼宾次序、会见与会谈礼仪和签字仪式礼仪，难点是涉外接待礼仪和国旗礼仪。

第一节 涉外礼仪通则

涉外礼仪是指在国际交往活动中，遵循国际上的一般原则和方式方法，在维护自身和本国形象的同时向交往对象表示尊重和友好的双方都可接受和认同的交往礼节。随着我国改革开放的深入进行，对外交往活动日益增多，涉外礼仪越来越重要，成为连接国际友谊的桥梁。为此，在涉外交往活动中，就必须学习和掌握涉外礼仪，同时了解世界各国，特别是交往国的文化、风土人情、民俗禁忌，才能做到以礼待人，增进友谊，促进合作，维护自身的形象和国家的尊严，体现我国“礼仪之邦”的美誉。

现代涉外礼仪是世界各国共同建设和使用的文明成果，它是在现代国际交往理念基础上产生并发展起来的国际交往准则。当今社会是一个开放的社会，开放交融是现代文明的标志。习近平主席提出的“人类命运共同体”理念得到了世界上越来越多的国家的认同。国家与国家、人民与人民之间的交往日趋频繁。因此，了解和掌握国际交往礼仪的基本原则，是开展涉外交往活动的前提和基础。

一、涉外礼仪基本原则

涉外礼仪主要包含涉外交往中的日常交际礼节，也包含涉外交往的各种仪式礼仪等内容。其中，有的礼仪已形成国际公约，例如，在《维也纳外交关系公约》中所涉及的许多内容已经具有国际法律效力；《联合国宪章》确定了国际交往的基本理念，成为国际交往的基本准则。虽然，涉外日常交往礼节大部分内容是“约定俗成”的，但也基本形成共识，成为国际惯例，被各国及其国民普遍认可和接受，起着一定的规范作用。在遵守这些共同的交往规则的同时，在交往中也强调尊重交往国的传统文化、风土人情、民俗禁忌等特殊礼节。因此，从涉外礼仪的构成看，基本准则既要体现共性，也要体现特殊性。

（一）平等相待，相互尊重的原则

平等理念是《联合国宪章》规定的国际交往的基本准则，它以“主权平等”为基础，包括两个方面的含义：一是每个国家都享有平等权利，不受他人侵犯；二是每个国家都有尊重别国主权的义务，不得借口行使自己的主权而侵犯他国的主权。因此，国际交往必须遵循平等相待原则。相互尊重是平等相待的具体体现，它不仅包括尊重交往双方的个人或组织，也包括尊重交往国的文化、民情等，甚至包括尊重交往国的国徽、国旗等各种国家标志，使其不受侮辱。尊重他国，绝不是以贬低自己为代价的，而是在尊重他国的同时，维护自己的尊严。在国际交往中，我们要意识到自己在外国人的眼里，是代表着自己的国家，代表着自己的民族，代表着自己所在的组织；言行应当从容得体，堂堂正正；在对方面前不应卑躬屈膝，低三下四，丧失国家气节；也不应妄自尊大，放肆嚣张。因此，自尊、自重、自爱、自信，才能坦诚乐观、从容不迫、相互尊重、平等相待。

维护形象是国际交往中平等相待的基本要求。周恩来同志曾经要求我国的涉外人员“具备高度的社会主义觉悟，坚定的政治立场和严格的组织纪律，在任何复杂艰险的情况下，对祖国赤胆忠心，为维护国家利益和民族尊严，甚至不惜牺牲个人的一切。”

（二）遵守惯例，求同存异的原则

涉外礼仪大多是“约定俗成”的惯例，在涉外交往中需要严格遵守。但是，世界各国的礼仪与习俗在一定程度上也存在着差异。了解这些差异有助于在涉外交往中更好地遵守求同存异的原则。求同即是遵守礼仪的“惯例”；存异则是重视礼仪的“差异”。世界各国和不同的民族在交往中，使用的见面礼仪各不相同。但握手礼是通行于世界各国及各民族的见面礼仪。在涉外交往中，以握手作为见面礼仪适合于各种场合。

（三）相互理解，入乡随俗的原则

“入乡随俗”是指在遵守国际交往惯例的基础上，遵守国际交往活动所在国或地区的风俗礼仪，是涉外礼仪的基本原则。世界上的各个国家、各个地区、各个民族，在其历史发展进程中形成了各自的宗教、语言、文化、风俗和习惯，并且存在着不同程度的差异。这种“十里不同风，百里不同俗”的局面，是不以人的主观意志为转移的，也是世界任何人都难以强求统一的。假如要前往阿拉伯国家参观访问，在出发前就应充分了解伊斯兰教国家在衣食住行、言谈举止、待人接物等方面所特有的讲究和禁忌，这样在与伊斯兰教教徒交往时才能心中有数，不致引起麻烦和纠纷。为此，这一原则要求我们在涉外交往中，首先，要了解交往对象的习俗，“入境而问禁，入国而问俗，入门而问讳”，才能恰如其分地相互表达亲善、友好、尊重，才能更好地增进理解和沟通；其次，在交往的时候还要无条件地遵守对方的风俗习惯；最后，作为交往的双方，当自己作为东道主时，应当做到“主随客便”，而当自己作为客人时，应当做到“客随主便”，这是“入乡随俗”的具体体现。

（四）恪守信用，遵约守时的原则

恪守信用关系到个人和组织的信誉与形象，失时、失约等失礼行为，往往是交往失败的开端。遵约守时就是遵守约定、信守时间。因此，恪守信用、遵约守时是取信于人的一项基本要求，也是涉外礼仪的基本原则。这一原则要求我们在涉外交往中，无论是答应对方的要求，还是自己主动提出的建议，都必须深思熟虑，量力而行，切忌鲁莽行事。如果已经达成了约定，就必须恪守约定，兑现承诺。唯有如此，才能赢得对方的信任。倘若由于难以抗拒的因素致使自己单方面失约，或是有约难行，都应尽早向有关各方进行通报，如实说明缘由，并郑重地向对方致以歉意，主动按照规定和惯例承担由此给对方所造成的损失。切忌得过且过，甚至避而不谈。

（五）热情有度，尊重隐私的原则

热情有度是指在涉外交往中，热情要有分寸，不能过度，既体现热情，又要让对方感到自然。尊重隐私就是在涉外交往中绝不涉及对方的个人私事或难言之情。在涉外交往特别是与西方人交往中要做到八不问：即年龄大小、恋爱婚姻、财产收入、个人经历、身体状况、家庭住址、行动去向、信仰政见。中华民族是一个好客的民族，但是在涉外交往活动时，关键要把握好待人接物的热情程度，以及尊重对方的隐私。热情要有，但过犹不及，其限度应是有利于双方的交往，不给对方添麻烦，不干涉对方私生活，不提及对方的难言之处，不使对方感到不快。例如，中国人初次见面，往往以请教对方的尊姓大名、身份年龄、工作单位等作为彼此交谈的缘起，这种寻根究底式的探问被视为涉外交往中不应有的行为，也是缺乏涉外交往修养的表现。因此，在涉外交往时，尊重对方，也是尊重自己。要做到：初次见面，莫问姓名；情同手足，莫问收入；敬老尊贤，莫问年龄；与人为友，莫问婚姻；问候致意，莫问吃饭；赞赏物品，莫问价钱；尊重对方，莫多叮嘱；客气礼让，莫要过分。

（六）不卑不亢，谦虚适度的原则

中国文化讲究含蓄委婉，面对外国注重直率坦诚的文化差异，我们应该实事求是地评价自己，敢于并善于对自己进行正面的评价和肯定。做到不卑不亢，既不自吹自擂、自我标榜、一味抬高自己；也不自我贬低、自轻自贱，过分地谦虚客套。当遇到对方赞扬自己的长相、衣饰、手艺、特长及技术时，一定要大大方方地道声"谢谢"，这样既表现了自信，肯定了自己的优势，又体现了自己的礼貌，接纳了对方的夸奖。当宴请款待外国友人或赠送礼品时，一定要有意识地说："这是这家菜馆烹饪的最拿手的菜肴"，"这是本地最有特色的"等，唯有如此，对方才会感到备受尊重。同样，当别人为自己做了有益的事情，或提供帮助时，都应该做到"谢谢挂在嘴上"，但要注意不要过分客套。

（七）女士优先，以右为尊的原则

女士优先是国际社会公认的一条重要的礼仪原则。它主要适用于成年的异性男女参与的社交活动场合，每一位成年男子都有义务主动地、自觉地去尊重妇女、照顾妇女、关心妇女和保护妇女，要想方设法为妇女排忧解难，从而体现男子的绅士风度。假如不慎使女士陷于尴尬、难堪的境地，这便是男士的失职。强调"女士优先"，并非将其视为弱者，去同情或怜悯，而是尊重妇女，视其为"人类的母亲"。

国际交往的惯例以右为尊。在并排站立、行走或就座时，为表现礼貌，主人应该居左，而请客人居右；职位、身份较低者应主动居左，请职位、身份较高者居右。在各种类型的国际交往中，无论是政治磋商、商务往来、文化交流，还是私人接触、社交应酬时，凡涉及位次尊卑时，都要遵照"以右为尊"的原则。

尽管国际交往礼仪的方式呈现出简化、灵活、注重实效的发展趋势，但是涉外礼仪的基本原则是相对稳定的。只有遵循涉外礼仪的基本原则，才能维护正常的涉外交往活动。

二、礼宾次序

礼宾次序，又称礼宾排列顺序或礼宾序列，是指国际交往中对出席活动的国家、地区、团体和人士的位次按一定的规则或国际惯例，以及参照当事国的常规做法进行排列的先后次序。礼宾次序实质上体现着东道主对各国来宾所给予的礼遇。在一些国际性的集会上则表示各国主权平等的地位。礼宾次序安排不当或不符合国际惯例，则会引起不必要的争执与误会，甚至影响国家关系。因此，在组织涉外活动时，对礼宾次序应给予高度重视。

礼宾次序，虽然国际上已有一些惯例，但各国的具体做法有所差异。有些排列顺序和做法已由国际法或国内法专门做出规定，例如，外交代表的排列次序在《维也纳外交关系公约》中就有专门的规定。很多国家对本国各级官员的排列次序常用法律形式固定下来，如法国 1907 年 7 月 16 日公布的"关于位次排列的命令"就明确规定中央与地方的官方机构、团体和个人参加公共活动的排列顺序。目前，国际常用的礼宾次序主要有四种排列方法。

（一）按身份与职务的高低排列

按身份与职务的高低确定位次是礼宾排列次序的主要方法。一般的官方活动，通常是按身份与职务的高低安排礼宾次序。如按国家元首、副元首、政府总理（首相）、副总理（副首相）、部长、副部长等顺序排列。特别是在接待来自不同国家的多个代表团时，可依据各国提供的正式名单或正式通知，按身份与职务的高低顺序来排列各代表团的礼宾次序。各国由于国家体制不同，部门官员的职务不尽一致，可以根据各国的规定，按相当的级别和官衔进行排序。

（二）按字母顺序排列

国际组织举行活动，或者举行国际会议，一般按照参加国的国名字母顺序进行排列。国际上采用英文字母排列的情况居多，少数情况也有按其他语种的字母顺序排列。在国际会议上，公布与会者名单、悬挂与会国国旗、座位安排等均按各国国名的英文字母顺序排列，即首先按国家名称英文的第一个字母排序，如果第一个字母相同，按第二个字母排序，等等，依次类推。联合国召开联合国大会或各专门机构会议，悬挂会员国旗等均按此法；联合国大会的席次也按英文字母排列。但是，为了避免一些国家总是占踞前排席位，联大特别规定，每年抽签一次，决定本年度大会席位以哪一个字母打头，以便让各国都有均等机会排在前列。在国际体育比赛中，体育代表队名称的位次，以及开幕式、闭幕式各国代表队出场的顺序一般也按国名英文字母顺序排列；但为体现主办国对其他国家的尊重，主办国代表队一般排在最后一个出场。

有些国家在举办国际会议时，为了体现东道主的国际影响和国际地位，有时也会以东道主国家的文字字母顺序进行排序，历史上就有以俄文、日文和中文文字字母进行排序等一些情况。不过应在举办前提前加以说明。

（三）按通知代表团组成的日期先后排列

在一些多边国际活动中，主办国按通知代表团组成的日期先后排列礼宾次序，这也是国际上常用的一种方法。主办国对于同等身份的外国代表团，一般按派遣国通知代表团组成的日期排列，也有按代表团抵达活动地点的时间先后排列，或按派遣国决定应邀派遣代表团参加该活动的答复时间先后排列。究竟采取何种方法，主办国在致各国的邀请书中都要加以说明。

（四）按综合因素排列

在众多国际交往活动中，遇到的情况往往十分复杂，主办方在安排礼宾次序时要考虑的因素很多，包括国家之间的关系，地区所在，活动的性质、内容，以及对于此项国际活动贡献的大小，甚至考虑参加活动的各国要人的威望、资历等。所以，排列礼宾次序常常不能按一种排列方法，而是几种排列方法交叉运用。如在某一多边国际活动中，确定与会代表团的礼宾次序，首先是按正式代表团的规格，即代表团团长的身份高低确定排列等级；其次在同一等级中按派遣国通知代表团组成日期先后排列位置，也可以按照代表团所在国的国名英文字母顺序排列位置。有些国家在举办某类国际活动时，把同一国际集团的、同一地区的、同一宗教信仰的、关系特殊的国家的代表团排在前面或排在一起；对同一级别的人员，常把威望高、资历深、年龄大者排在前面。有时，国际活动也考虑业务性质、相互关系、语言交流等因素排列礼宾次序，如观礼、观看演出、观看比赛等国际活动，特别是大型宴请活动，在考虑身份、职务的前提下，将业务性质对口的、语言相通的、宗教信仰一致的、风俗习惯相近的安排在一起。

总之，在涉外交往实践中，排列礼宾次序要耐心、细致，既要参考国际惯例，又要针对具体情况，考虑、研究、设想多种方案，做到合情、合理，避免因礼宾次序问题引起国际纠纷。

第二节 涉外接待礼仪

迎送宾客是国际交往中的一种社交礼节。在正式的国事访问中，对外国来宾，东道国要根据其身份和访问性质以及两国关系等因素，安排相应的迎送活动和礼仪规格。如对外国国家元首、政府首脑和军方首领的正式访问，各国一般都举行隆重的迎送仪式，如安排检阅仪仗队等。对其他人员的访问，一般不举行正式欢迎仪式。如迎送民间团体时，不举行大型、隆重的仪式，但需根据来宾的身份，安排对口部门、对等身份的人员在他们抵离时，到机场、车站和码头迎接或送行。国外旅客来华旅游，均按照国家文旅部等部门的有关规定进行安排。涉外接待礼仪主要包括四个方面内容。

一、迎送

1. 依据来访者的身份、级别和来访性质、目的、两国关系以及国际惯例等确定迎送规格

接待规格的高低体现了对来访客人的重视程度和欢迎的热烈程度，来访者对于接待规格的高低也往往比较敏感。接待规格的高低常常从各个方面表现出来。例如，主宾身份的高低、对外影响的大小、宾主双方的关系以及来访者人数规模的多少等。迎送规格的确定，一般情况下，迎送人员要与来宾的身份相当，人数大体相仿。但由于特殊情况，可以不完全对等，应灵活变通。有时从特殊需要出发，也有破格接待，安排较高规格和较大场面；有时也由相当级别人员或副职出面，并向对方做出解释。陪同迎送人员不宜过多或过少。对于同一级别的来宾，应保持大体上差不多的接待规格，以免给人厚此薄彼的感觉。

2. 要掌握好迎送的时间

要准确掌握来宾乘坐的交通工具，如飞机、火车、汽车、轮船的抵离航班、车次和时间，以便及早通知有关方面。如因天气变化等意外原因导致来宾行期有变化，应及时了解情况，并尽快通知各方，修改接待计划。只有这样，才能既顺利接送客人，又不耽误迎送人员时间。接待工作中的时间观念十分重要。不仅不能忘记时间，更重要的是要把时间搞准确：是24时制，还是12时制；是哪个地区的时间，等等。迎接人员迎送时应准时到达迎送地点，并且要留有应变时间的余地，切勿迟到、早退。

二、介绍

当迎接人员与客人见面时，应首先问候并表示欢迎，再相互介绍。介绍通常由礼宾接待人员将前来迎接的人员按职位高低顺序介绍给来宾，也可由东道主的最高领导者向对方介绍自己和主要迎接成员。按国际礼仪，宾主彼此相互介绍遵循“遵者优先知情”的规则。为此，在东道主先向来宾介绍完迎接人员后，来宾亦按同样方式向东道主介绍来宾成员。

三、献花

迎送时如安排献花，必须用鲜花，并做到花束整洁、鲜艳，但忌用杜鹃、菊花、石竹花和黄色花卉。有的国家习惯送花环，或送一二枝名贵的兰花、玫瑰花等。献花通常由少年儿童或女青年在主要迎送人员与客人握手之后进行，也有由女主人向女宾献花的。

四、欢迎仪式

举行欢迎仪式是国宾访问的重要礼仪活动之一。对外国国家元首、政府首脑的正式访问，通常都要举行隆重的欢迎仪式。此项工作一般由国家的礼宾部门负责。欢迎仪式由东道国的国家元首或政府首脑主持。来访国驻当地的外交使节和官员也参加欢迎仪式。有许多国家是在来访国宾下飞机（火车）后，即在机场（或车站）举行仪式。也有的是在来访国宾抵达的当天或次日，在特定场所，如总统府、王宫、议会大厦、大会堂或国宾馆的广场举行仪式。我国政府礼宾改革后，欢迎仪式通常在人民大会堂东门外广场举行，如遇天气不好一般在人民大会堂东大厅举行。欢迎场所悬挂两国国旗（宾方挂在右面，主方挂在左面），在领导人行进的道路上铺红地毯。见图9－1。欢迎仪式程序如下：

（1）当来访的元首或政府首脑到达时，东道国的元首或政府首脑即与之握手，双方互致问候，并献花。

（2）当主人陪同来访国宾按“以右为尊”的礼仪在检阅台或其他指定位置站定后，乐队开始奏两国国歌，并开始鸣放礼炮，国家元首21响，政府首脑19响，歌起炮响，歌落炮停。

（3）仪仗队队长趋前报告，请求检阅。来访国宾按“以内为尊”的礼仪在主人陪同

欢迎仪式示意图

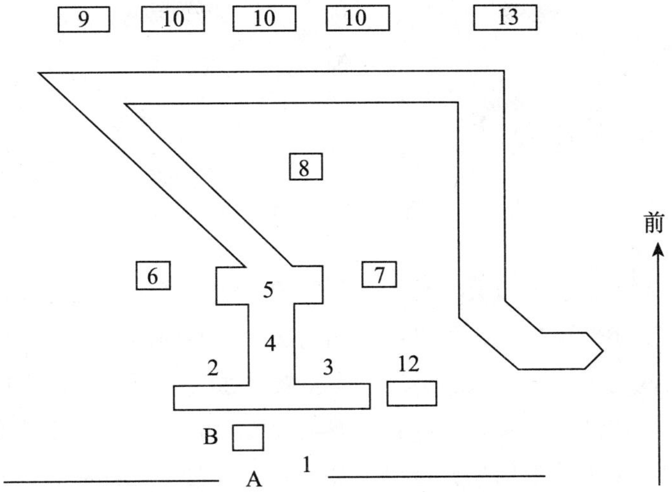

1. A.主宾下车处
   B.主人与主宾见面握手，儿童献花
2.与主方官员见面握手
3.与来访的主要官员见面握手
4.铺地毯
5.双方领导人在检阅台上
6.中国国旗
7.客方国旗
8.仪仗队长
9.军旗
10.仪仗队
11.军乐队
12.使馆人员
13.记者

图 9－1 欢迎外国首脑仪式场地结构示意图

下检阅陆、海、空三军仪仗队。

（4）检阅后，主人向来访国宾介绍前来欢迎的其他高级官员，有的国家还安排与各国驻当地的使节见面。来访国宾向主人介绍主要随行人员，并与欢迎群众见面。

（5）双方分别致欢迎辞和答谢辞，有的也发表书面讲话。

（6）安排好来访国宾的下榻处和迎送车辆。对于来访的外国国家元首、政府首脑，通常安排开道车和摩托车队护送，并在所乘坐的车辆的右前方插上该国国旗。随行人员的座次要按礼宾顺序来安排。对于大型代表团的随行人员也可安排乘大轿车。对有些重要的外国代表团，也可派开道车以示重视。

迎接民间团体时，不举行大型、隆重的仪式，但需根据来宾的身份，安排对口部门、对等身份的人员前往接待。对身份高的来宾，事先在机场（车站、码头）安排贵宾休息室，准备饮料，并在来宾到达之前，尽可能地将住房和乘车号码通知来宾。如果做不到，可提前印好住房、乘车表，或填好卡片，在来宾到达时，及时发到每个人手中，或通过对方的联络秘书转达，以便使来宾做到心中有数，主动配合。

迎接一般来宾时，主要是做好各项安排。如果来宾是熟人，则可不必介绍，只需上前握手，互致问候；如果来宾是首次前来，又不认识，接待人员应该主动上前自我介绍；如果是大批来宾，也可以事先准备特定标志的"接待牌"，使来宾看到后前来接洽。

第三节
涉外会见与会谈礼仪

在涉外交往活动中，会见与会谈是十分重要的交往方式。会见与会谈既有礼仪性，又有实质性，因此，适用范围广泛，可以在不同的层次、不同的人员中进行。

国家领导人之间的会见与会谈，无疑具有重要的意义。历史上，一些国家领导人之间的会见与会谈，常常涉及对当事国或世界有着重大影响的问题，相互达成妥协和谅解，成为具有重大意义的历史事件。例如，1972 年中国国家领导人毛泽东、周恩来与美国总统尼克松的会见与会谈，开创了中美关系的新纪元，成为改变世界外交格局的重大历史事件。

一、涉外会见礼仪

会见一般具有礼节性，在国际间正式访问、谈判、商务往来、旅游观光等活动中，通常安排会见，以加强了解，发展友谊，增进交流，促进合作。

会见，特指为了一定目的而进行的约会、见面。在国际交往中，会见通常也称为“接见”或“拜见”。凡身份高的人士会见身份低的人士或主人会见客人，称为“接见”或“召见”；凡身份低的人士会见身份高的人士或客人会见主人，称为“拜会”或“拜见”。拜见君主，又称“谒见”或“觐见”。我国一般不作上述区分，一般统称为“会见”。接见和拜会后的回访称为“回拜”。

（一）会见的性质与座位的安排

会见就其内容而言，有礼节性会见、政治性会见、事务性会见或兼而有之。其中，礼节性会见时间较短，话题较为广泛；政治性会见一般会涉及双边关系、国际局势等重大问题；事务性会见一般涉及外交、经贸、科技文化交流等。

在涉外交往活动中，双方都可以在认为合适的时候，根据礼节或对方的身份及活动的目的，提出会见对方的相关人员，一般是提出会见同级别的负责人或高级别的领导。比如，东道主可以主动提出某一级别的领导会见对方的某位人士；非东道主也可以提出拜会东道主的某位领导或某部门的负责人。会见方式各国有所差异，有分别会见，也有集体会见。礼节性会见通常双方都有陪同人员参加。

会见的地点一般安排在宽敞的会客厅、办公室、国宾馆，有时也安排在宾客下榻的酒店、宾馆的会客室。

会见的座位安排，一般按国际惯例“以右为尊”的原则，客人坐在主人右边，译员、记录人员坐在主人和主宾的后面。其他人员按礼宾顺序在主人和客人一侧分别就座；主方陪同会见的人员在主人一侧按礼宾顺序就座，客方陪同会见人员在客人一侧按礼宾顺序就座。如果座位不够可在后排加座。见图 9－2 和图 9－3。

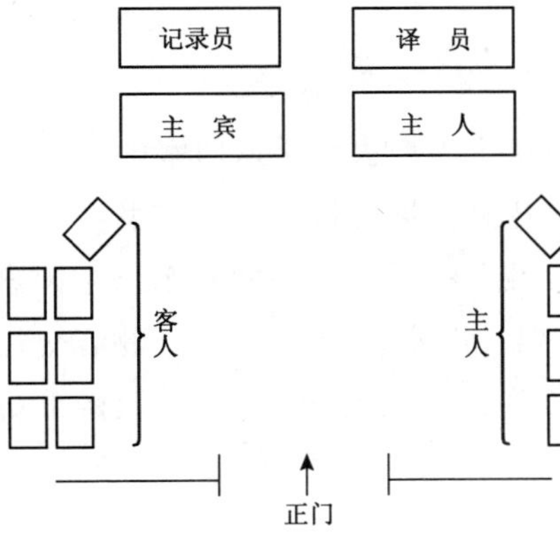

图 9－2 会见的座位布局

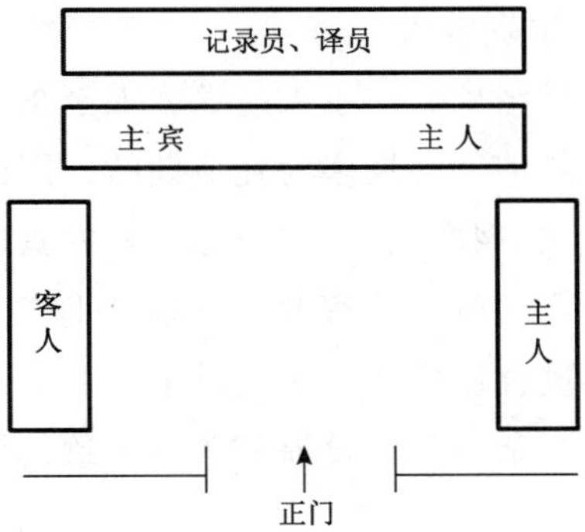

图 9－3 会见的座位布局

（二）会见的准备工作与要求

会见涉及礼宾礼仪，为此，要认真准备。尽管有的会见时间并不是很长，但影响可能很大，更要精心准备。

作为东道主，会见的准备工作及要求主要涉及如下几个方面：

1. 及时答复

当接见方接到会见方提出会见的要求后，应及时给予明确的答复。若同意，应将会见的时间、地点、主方出席人、陪同人员数量、具体的安排及有关注意事项等及时通知对方；如因故不能安排会见，应婉言解释。

2. 做好会场的准备

作为东道主的主管部门，应将会见的时间、地点和双方参加会见人员的名单及相应的要求，及时通知有关人员和有关单位，以便做好充分的准备。比如，会场的布置、扩音设备、横幅的悬挂、中外文座位卡及媒体的宣传等。

3. 做好合影准备

如有合影，应事先编好合影图，人数较多时应准备阶梯架子。合影图一般安排主人居中，按礼宾次序，主人右手为主宾；主客双方间隔排列；第一排人员既要考虑人员身份，也要考虑场地大小，要都能摄入镜头；一般来说，两端均由主方人员把边。主人与主宾的合影时间宜安排在宾主寒暄、握手之后。参与会见的全体成员合影宜安排在会见结束时。

4. 迎接客人

会见双方应遵守会见的时间，接见方应提前到达。当客人到达时，主人应在门口或大楼正门迎候，也可以在会客厅门口迎候。如果主人不到大楼门口迎候，则由工作人员在大楼门口迎接，并引导客人进入会客厅。宾主握手之后，按礼宾次序入座。

5. 保证会见的秩序

若是领导人之间的会见，除陪同人员和必要的译员、记录员外，其他工作人员在宾主落座后均应退出。如允许记者采访，只能在会见开始前进行，会见开始后应全部离开。会见过程中，其他人员不允许随便出入。

6. 送别客人

会见结束后，主人应送客人至车前或门口握别，目送客人离去后再返回室内。

一般涉外会见多为礼节性的，因此时间不宜过长，达到会见的目的即可结束。

现在一些具有重大国际影响的双边会见与会谈常常融合在一起，期间，东道主国家元首常在自己所在的官邸、庄园等地宴请来访国元首夫妇，以密切交往关系，融洽交往气氛，促进合作成功。对东道主举办的带有私人色彩的“庄园会见与会谈”，涉及的准备工作更为复杂一些，要提前考虑细致，周到安排。

二、会谈礼仪

会谈是国际交往活动中一种非常重要的磋商方式。它往往是因某些重大的问题而需要通过会谈加以解决。例如，2019 年 6 月 5 日，国家主席习近平在莫斯科克里姆林宫同俄罗斯总统普京会谈，两国元首决定将两国关系提升为“新时代中俄全面战略协作伙伴关系”。

（一）会谈的性质与座位的安排

会谈是指双方或多方就某些重大的政治、经济、文化、军事及其他共同关心的问题进行正式磋商或交换意见，也可指洽谈公务和具体的业务谈判。一般来说，会谈的内容较为具体，形式较为正规，政治性、专业性也较强。

会谈的程序与会见程序基本一致。不同之处在于会谈具有实质性，有明确的目的。会谈分为双边会谈和多边会谈两类。

1. 双边会谈的座位安排

双边会谈通常采用长方形会议桌。其座位排列的方法是：宾主相对而坐，以正门为准，主人占背门一侧，客人面向正门；主谈人居中，译员一般安排在主谈人右侧（或后面），其他人员按礼宾次序左右排列，记录员安排在后面，如果参加会谈的人数较少，也可以安排在会谈桌就座。见图 9－4。

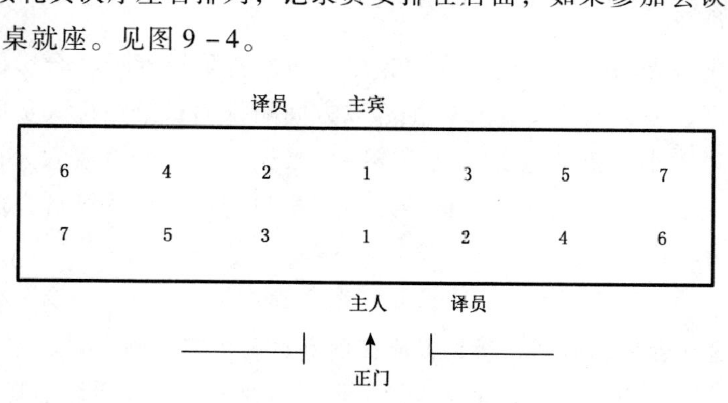

图 9－4　会谈的座位布局

如果会谈使用长桌，一端向正门，则以入门的方向为准，右为客方，左为主方。见图9－5。

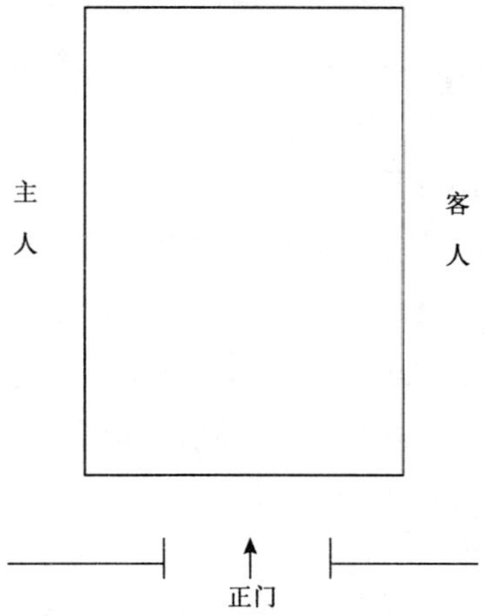

图9－5 会谈的座位布局

2. 多边会谈的座位安排

多边会谈，通常采用椭圆形或方形会议桌。当会谈方比较多时，其座位可摆成椭圆形，见图9－6；当是四方会谈时，也可采用方形，见图9－7。

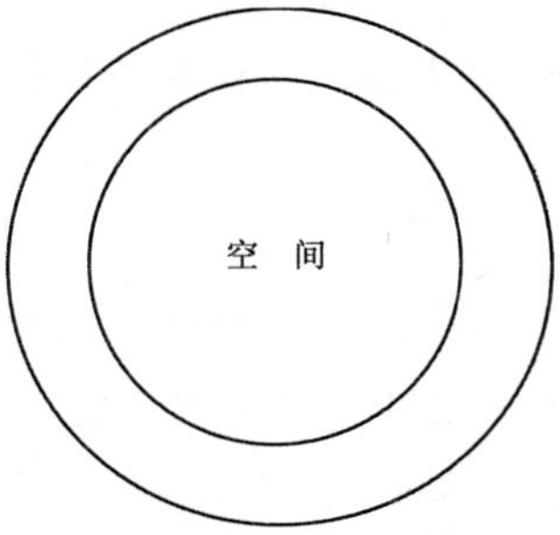

图9－6 会谈的座位布局

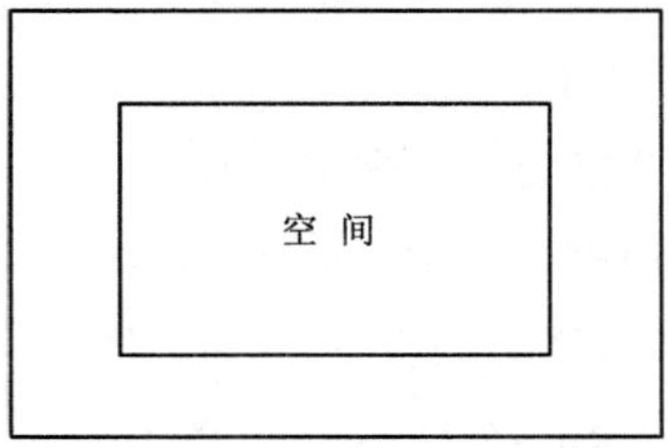

图9－7 会谈的座位布局

小范围的会谈，可以不用桌子，只摆沙发、茶几，双方座位按会见座次排序。一般情况下，客人应尊重主人的安排。

（二）会谈的准备工作与要求

由于会谈是双方或多方为了要解决某些共同关心的重要问题而举行的磋商，所以会谈的准备工作非常重要，必须认真对待，以保证会谈取得实质性成果。

1. 及时答复

涉外活动中，可以由一方为谋求解决某一问题提出会谈要求，当另一方同意后，应马上给予答复，对会谈的时间、地点、内容、参加的人员以及相关的要求等要及时通告对方。常因有不同意见而要反复协商，一旦确定下来，就要为会谈的顺利进行做好各方面的准备。

2. 根据会谈主题组成会谈班子成员，确定主谈人

主谈人的职位与对方主谈人职位应相同或相近。会谈班子成员还应包括既了解对方又熟悉业务的人员和翻译。参与会谈的人员必须严格遵守外事纪律，维护国家、人民和组织的利益，做好保密工作。会谈人员的人数大体与对方人数相等，但根据需要，也可略多于或少于对方人数。

3. 准备会谈资料，拟定会谈提纲

将会谈的主要内容写入提纲报请上级领导审批，待审批后才能正式与对方会谈。如果双方在会谈结束时需要签署《会谈纪要》或《协议书》、《议定书》等，也应事先草拟好文本，待批准后方可与对方交换意见。在实际会谈中，如对批准后的文本有重大原则上改动，需另行请示，得到上级同意后再签字。会谈时间的安排要计划好，并留有余地，要考虑到延长会谈时间是否影响客人的其他活动。会谈时，要事先画好座位图，准备好桌签卡、纸张、铅笔、铅笔刀等必备的用具。

4. 明确主谈人职责，协调参谈人的会谈关系

会谈由主谈人主持，其他人员未经主谈人许可，不得随便发表意见。如有不同看法，可写便笺传给主谈人，供主谈人参考。主谈人请大家做补充发言时，其他人可按主谈人的谈话口径做适当补充，但不能提出与主谈人意见不同的看法。当会谈班子成员内部意见不一致时，不能当场争论，应以主谈人的意见为准进行会谈；会谈结束后，内部再行讨论，得出正确意见，在第二次会谈时或利用其他方式将修改后的意见通报对方。如因意见分歧或产生新的问题不能继续进行会谈时，主谈人可以建议暂时休会；待双方各自酝酿后，再继续举行会谈。

5. 做好会谈的文书工作

会谈时，应指定人员做详细记录。会谈结束后，要根据会谈情况撰出会谈简报，报送有关领导和部门阅示、审批。同时，将会谈记录及有关材料收集、整理和归档。

2020 年，全球暴发 COVID－19（新冠肺炎）疫情后，为了做好相关的防控工作，国际上举行的双边或多边大型会谈均采取了线上“云会谈”、“视频会谈”等新方式。

第四节 签字仪式礼仪

在涉外活动中，通过双边或多边会谈、磋商、谈判，就政治、军事、经济、贸易、科技、文化、军事等领域内共同关心的问题达成协议，一般都要举行签字仪式。签字仪式礼仪是指在签字仪式过程中，签字各方应遵循的礼仪。

一、签字仪式准备工作

签字仪式的准备工作是指东道主为签字仪式所做的准备工作。一般应从四个方面进行准备。

1. 做好文本的准备

举行签字仪式前，签字双方都应做好对文本的定稿、翻译、校对、印刷和装订等准备工作；同时，还应准备好签字仪式上所需的文具、国旗等物品；安排好场地、桌椅、桌布（深色）等。双方商定好助签人员，并协商签字仪式的具体细节。

2. 商定出席仪式人员

按照惯例，出席签字仪式的人员，应是双方或多方参加谈判的全体人员。如果一方要求某些未参加谈判的人员出席签字仪式，应事先征求对方的意见，取得对方的同意。一般情况下，参加签字仪式的各方人数大体相等。应视文件的性质由谈判各方确定签字人，但双（多）方签字人的身份、地位应基本相当。

3. 做好会场的准备

签字场所应协商选择在客人所住宾馆的会议室、会客厅，或东道主的会客厅、洽谈室。场所的大小视参加仪式的人员规格、人数多少、谈判内容的重要程度等因素确定。需要对外发布新闻时，签字仪式可商定选在某个新闻发布中心，或某个重要场所，并由各方分别通知相关媒体单位。

4. 做好签字场所的准备

签字场所内一般设置一张长方桌作为签字桌；桌面覆盖深色桌布，桌后放座椅，供签字人入席就座。确定签字席位时，应遵循以右为上的原则，主方在左，客方在右。可根据签字方多少设签字席位，供各方同时签字；也可只设一个签字席位，由各签字方按照约定顺序分别入席签字。桌面摆放签字所用文本、文具、旗架，旗架上悬挂签字方的国旗。

签字场所的布置有多种形式，但最常用的有三种布置方案。见图 9－8、图 9－9、图 9－10。

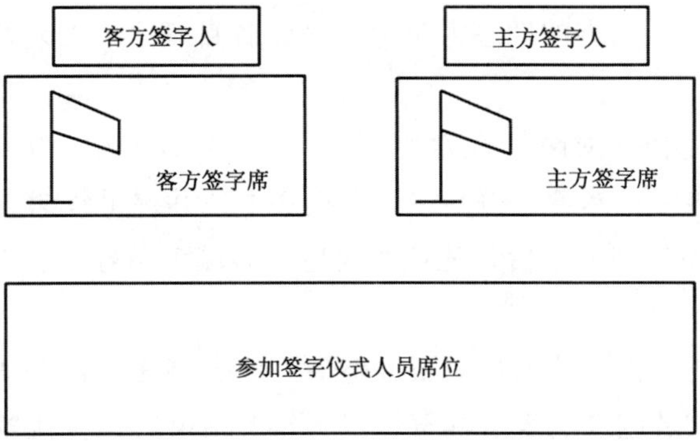

图 9－8　签字仪式场所布置

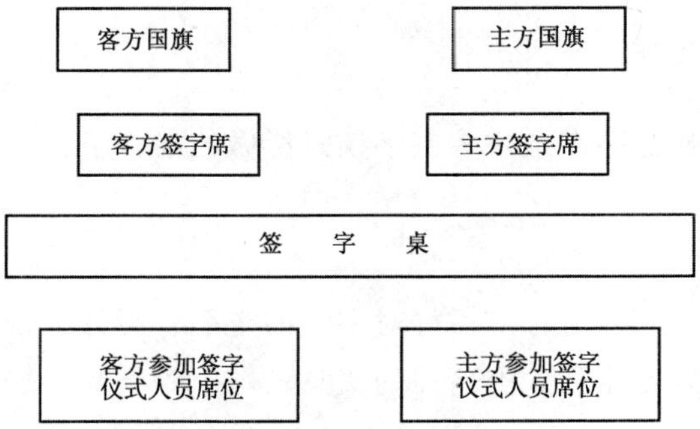

图 9 - 9 签字仪式场所布置

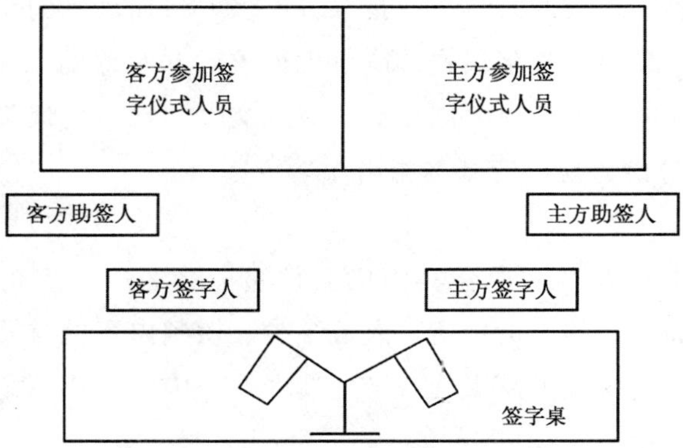

图 9 - 10 签字仪式场所布置

二、签字礼仪

签字仪式是正规、隆重的活动，签字各方应重视签字仪式礼仪。因此，签字仪式前，各方应协商签字程序，并严格按照约定程序进行。

（1）双方参加签字仪式的人员进入签字厅。签字人入座，其他人员分别于各自签字人一方之后按身份顺序就座或就位。

（2）签字人签字时，双方的助签人员分别站于各自签字人的外侧，协助签字人翻揭文本，指明签字处。

（3）各签字方首先在本国保存的文本上签字，再由助签人员互相交换文本，请签字人在对方保存的文本上签字；然后，由签字人交换文本，并握手致谢。

（4）在签字人互换签字文本后，礼仪小姐应及时端上备好的香槟酒，供出席签字仪式的全体人员举杯庆贺。

此外，所有参加签字仪式的人员应服饰整洁，仪表端庄，仪态庄重、友好、大方；签字文本交换时，全体人员应鼓掌表示祝贺；签字仪式结束后，应让各方最高领导者及宾客先行退场，然后东道主人员陆续退场。由于各国、各地区关于签字仪式的做法不尽相同，因此，签字仪式应因地制宜，签字仪式礼仪也应入乡随俗。

第五节 参观游览礼仪

在接待来宾过程中，如条件允许的情况下，应尽可能为来宾安排参观游览，并为其提供方便。

一、参观游览活动的安排

（一）选定参观游览项目

要根据宾客来访的目的、性质、兴趣以及我方的实际条件确定参观游览的项目。对于外国政府官员、大财团、大企业家一般安排参观反映我方经济发展情况的部门或单位、经济开发区以及重点招商项目。对于一般的企业家、商人和有关专业人员可安排参观与其有关的部门或单位，同时安排一些有地方特色的游览项目，如安排参观市容市貌、名胜古迹、自然风光，以促进双方了解和增进友谊。

（二）落实参观游览日程

当参观游览项目确定后，参观游览日程安排应与宾客协商，制定详细接待计划和日程，包括参观线路、途中休息和用餐、逗留和集合时间、座谈内容、交通工具等，并及时通知有关接待单位和人员，以便于各方密切配合。

（三）陪同参观游览

按国际惯例，外宾前往参观时，一般应安排相应身份的人员陪同。如有身份高的主人陪同，宜提前通知对方。接待单位要配备精干人员出面接待，并安排解说人员，切忌前呼后拥。有介绍产品的宣传资料，应事先准备并发给宾客。如果口头介绍，应简明扼要，突出重点，实事求是，准确可靠。参观现场的在岗人员不要围观客人。遇客人问话要有礼貌回答。对商业秘密和产品信息应注意保密，客人提出要求，应予以婉言拒绝，并请求宾客谅解。如有不能摄影处，应事先说明，并在现场要竖中英文“禁止摄影”标志牌。

二、参观游览注意事项

安排外宾参观游览，一般是外宾回国前的最后一项重要的活动，能否圆满完成关系到整个涉外活动的效果，因此应注意以下几个方面：

（1）接待参观游览过程中一般不搞隆重的迎送仪式和大型宴请活动。可根据实际情况举行一些礼节性的招待。

（2）参观游览过程要有张有弛，避免参观游览内容太多，造成宾主疲劳，同时行程也不要过于紧张。

(3) 整个参观游览过程中要确保外宾的健康和人身安全，同时要做好对涉密项目的保密工作。

(4) 参观游览不同于正式活动，对着装要求不严格，可根据季节、气候和参观游览的项目、内容选择舒适轻便的服装和鞋子，并应准备一些应急用品。

第六节 国旗礼仪

国旗是一个国家的标志和象征。悬挂国旗是涉外活动中的重要礼仪。悬挂国旗，一方面是为了表示对本国的热爱；另一方面也是对他国的尊重。但是，在一个主权国家领土上，不得随意悬挂他国国旗。为此，世界上许多国家对悬挂外国国旗都有专门的规定。在国际交往中，已经形成了为各国所公认并共同遵循的悬挂他国国旗的惯例。

一、国际准则

按照国际关系准则规定，在下列情况下要悬挂国旗：

(1) 一国元首、政府首脑在他国领土上访问时，在其住所及交通工具上悬挂国旗（有的是元首旗），这是一种外交特权。

(2) 东道国在接待来访国的元首、政府首脑时，在隆重的场合、贵宾下榻的宾馆、乘坐的汽车上悬挂对方（或双方）的国旗（或元首旗），这是一种礼遇。

(3) 一个国家的外交代表在接受国境内，有权在其办公处、官邸、交通工具上悬挂本国国旗，这是国际上公认的。

(4) 在国际会议上，除会场悬挂与会国国旗外，各国政府代表团团长也要按会议组织者的有关规定在一些场所或车辆上悬挂本国国旗。

(5) 在国际性的活动中，如国际博览会、世界体育比赛、地域性的政治经济峰会等，也要悬挂参加国家的国旗。

二、我国关于悬挂国旗的规定

《中华人民共和国国旗法》和 1991 年 4 月 15 日颁布的《中华人民共和国外交部关于涉外升挂和使用国旗的规定》均规定了关于涉外活动升挂和使用国旗的范围和办法。

国家元首、副元首，政府首脑、副首脑，议长、副议长，外交部长、国防部长、总司令或总参谋长、率领政府代表团的正部长、国家元首或政府首脑派遣的特使等外国贵宾，以本人所担任公职的身份单独或率领代表团来华进行正式访问时，应当升挂中国国旗和来访国国旗。

在贵宾的住地可升挂来访国国旗；在贵宾乘坐的交通工具上，悬挂中国国旗和来访国国旗。外国国家元首如有特制元首旗，可按对方意愿和习惯做法，在其乘坐的交通工具上和下榻的宾馆升挂元首旗。

接待外国国家元首、副元首和政府首脑、副首脑时，在重大礼仪活动场所，如欢迎仪式、欢迎宴会、正式会谈、签字仪式等，升挂中国国旗和来访国国旗。

下列重要国际活动场所升挂国旗：国际条约和重要协定的签字仪式；国际会议、文化体育活动、展览会、博览会等；外国政府经济援助项目，以及大型中外合资经营企业、中外合作经营企业、外商投资企业的奠基、开业、落成典礼，以及重大庆祝活动，可以同时升挂中国国旗和有关国国旗；民间团体在双边和多边交往中举行重大庆祝活动时，可以同时升挂中国国旗和有关国国旗。

各省、自治区、直辖市人民政府外事办公室，如与省、自治区、直辖市人民政府不在同一建筑物内办公，可以在工作日升挂国旗。

外国驻中国使馆、领事馆，其他外交代表机构，可以按照《中华人民共和国外交特权与豁免条例》和《中华人民共和国领事特权与豁免条例》的有关规定升挂派遣国国旗；其他外国常驻中国的机构、外商投资企业，凡平日在室外或公共场所升挂本国国旗者，必须同时升挂中国国旗。外国公民在中国境内平日不得在室外和公共场所升挂国籍国国旗；遇其国籍国国庆日，可以在室外或公共场所悬挂其国籍国国旗，但必须同时悬挂中国国旗。

中国派驻外国的外交代表机关和领事机关，按照《维也纳外交关系公约》和《维也纳领事关系公约》的有关规定可以在馆舍和馆长官邸升挂中国国旗。在馆舍以外开设的办公处不升挂中国国旗。外交代表机关的馆长乘用的交通工具可以悬挂中国国旗。中国派驻外国的外交代表机关和领事机关的馆长举行国庆招待会、建交庆祝活动以及为中国领导人访问举行重大活动时，可以在活动场所悬挂中国国旗和驻在国国旗。中国常驻各国际组织的代表团或代表处可按照以上办法升挂中国国旗。

三、升降国旗和悬挂国旗的要求

1. 升降、悬挂国旗的要求

涉外活动中，国旗的升挂往往与国家主权和民族尊严联系在一起。因此，必须依法或惯例升降、悬挂国旗。

（1）在建筑物上或在室外悬挂国旗，一般应日出升旗，日落降旗。升旗时国旗一定要升至旗杆顶端。升旗时，要服装整齐，立正脱帽行注目礼。

（2）如果需要悬旗致哀，通常的做法是降半旗。通常先将旗升至杆顶，然后再下降至离杆顶相当于杆长 1/3 的地方。也有的国家不降半旗，而是在国旗上方挂黑纱致哀。

（3）悬挂双方的国旗，按国际惯例，以右为上，左为下。两国国旗并挂，以国旗本身正面方向为准，右挂客方国旗，左挂本国国旗。汽车上挂旗，则以汽车行进方向为准，驾驶员左手为主方，右手为客方。这里所指的主方、客方，不以活动举行所在国为依据，而以举办活动的主人为准。例如，外国代表团来访，东道国举行的欢迎宴会，东道国为主人；答谢宴会，来访者是主人。

悬挂国旗常用的几种方法见图 9－11 至图 9－15。

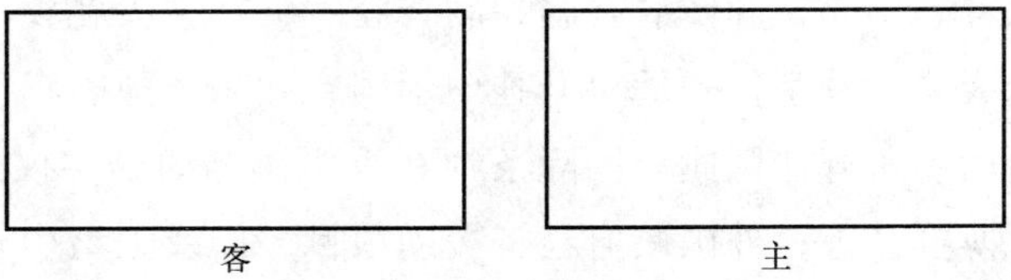

图 9－11　两面国旗并挂

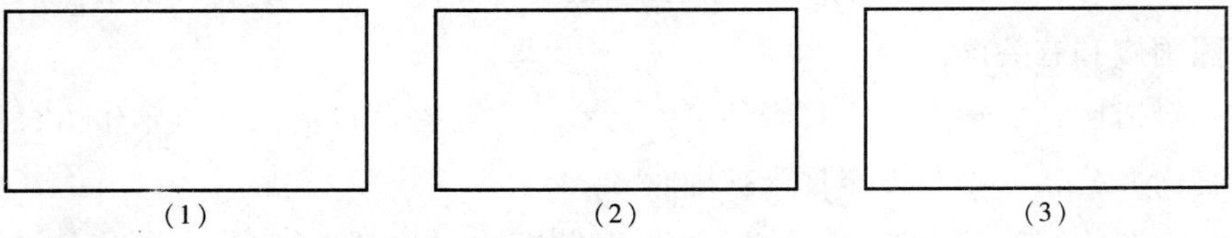

图 9－12　三面国旗并列悬挂

注：多面国旗并挂，主方在最后。若是国际活动，应按礼宾次序排序。

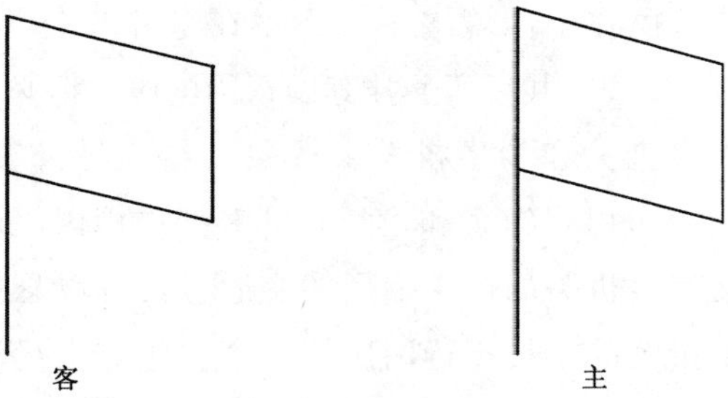

图 9－13　并列悬挂

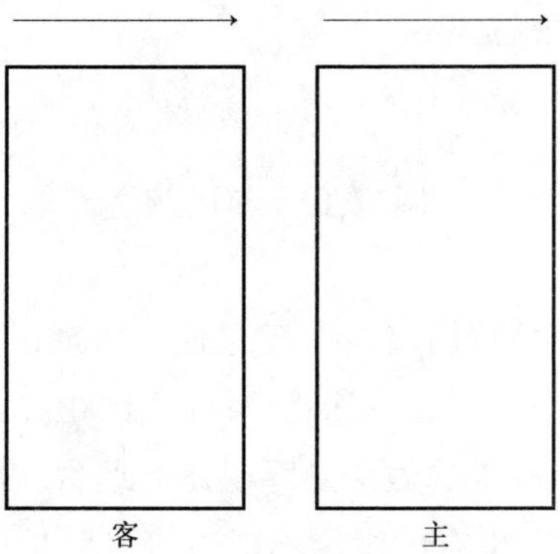

图 9－14　竖挂（双方均为正面）

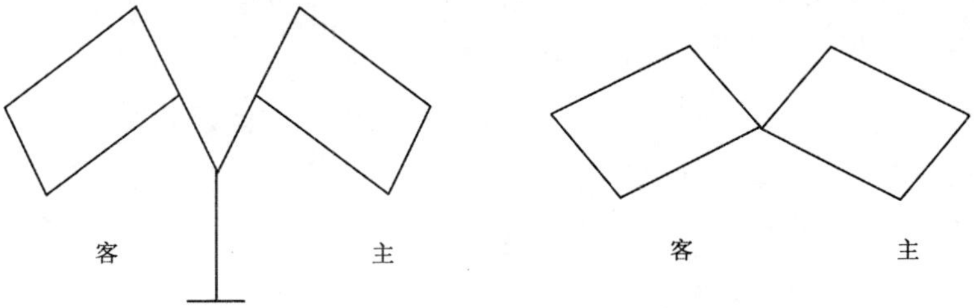

图 9－15 交叉悬挂

国旗必须正挂。但有些国家的国旗由于文字和图案的原因，既不能竖挂也不能反挂。一般国家都有明确的规定，竖挂需另制旗，将文字和图案转正。因此，正式场合悬挂国旗应以正面（即以旗套在旗的右边为准）面向观众。如果需在墙壁上挂旗，则应避免交叉挂法和竖挂。有必要竖挂或者使用国旗反面时，必须按照有关国家的规定办理。

由于各国在其宪法中对国旗的图案、式样、颜色、比例都做了明确的规定。不同国家的国旗比例、尺寸均有所不同。因此，当并排悬挂不同比例的国旗时，应将其中一面放大或缩小，以使两面国旗的面积大致相同。

2. 中国国旗与外国国旗并挂时的规定

根据《中华人民共和国外交部关于涉外升挂和使用国旗的规定》，在中国境内举办活动时，升挂国旗应遵循以下规定：

（1）在举办双边活动需要悬挂中国和外国国旗时，凡中方主办的活动，外国国旗置于上首；对方举办的活动，则中国国旗置于上首。

（2）凡同时悬挂多国国旗时，必须同时悬挂中国国旗。在室外或公共场所，只能升挂与中国建立外交关系的国家的国旗。中国国旗与多国国旗并列升挂时，中国国旗应该置于荣誉地位。

（3）并排升挂的具体办法：一列并排时，以旗面面向观众为准，中国国旗在最右方；单行排列时，中国国旗在最前面；弧形或从中间往两旁排列时，中国国旗在中心位置；圆形排列时，中国国旗在中心位置。

（4）多国国旗并列升挂，旗杆高度应该一致。升挂时必须先升中国国旗；降落时最后降中国国旗。

（5）外国驻华机构、外商投资企业、外国公民，在升挂国旗时，必须将中国国旗置于上首或中心位置。

3. 悬挂国旗时的注意事项

国旗应当在早晨随着太阳一起升起，傍晚随着太阳同时降下。降国旗时，不得使国旗落地。举行升旗仪式时，国旗升起的过程中，参加者应当面向国旗肃立致敬，可以奏国歌或者唱国歌。遇有需要夜间在室外悬挂国旗时，国旗必须置于灯光照射之下。

不得升挂破损、污损、褪色或者不合规格的国旗。同一旗杆上不能升挂两个国家的国旗。国旗及其图案不得用作商标和广告，不得用于私人丧事活动。在公共场合不得以任何方式焚烧、毁损、涂划、玷污、践踏、侮辱国旗。

思考与练习

一、思考题

1. 涉外礼仪应遵循哪些基本原则？什么是“女士优先”、“入乡随俗”、“以右为尊”、“热情有度”原则？

2. 什么是“涉外交往八不问”？

3. 怎样安排涉外会见的座位？并以一图示说明。

4. 涉外会见前应做好哪些具体的准备工作？

5. 怎样安排涉外会谈的座位？并以一图示说明。

6. 涉外会谈前应做好哪些具体的准备工作？

7. 如何组织安排好客人的参观游览活动？

8. 国际准则关于悬挂国旗有哪些具体要求？

9. 我国政府关于悬挂国旗的规定有哪些？

10. 升挂国旗时应注意哪些礼仪？

二、案例分析题

1. 20世纪90年代初期，某外国代表团到江南一座风景秀美的小城参观访问，为了表达我方的敬意与友好，我方准备了丰盛的晚宴。晚宴上宾主谈笑风生，当客人称赞中国的美味佳肴时，我方陪同人员却说：“我们只简单地准备了几个菜，不成敬意”。当翻译译完这句话后，客人们面面相觑，不明其意，大惑不解。第二天，安排代表团游览当地的风景区，宾客们的兴致颇浓，他们拒绝乘坐我方特意预备的专车，坚持徒步而行。尤其是一位担任副团长的女士，尽管白发苍苍，依然健步如飞，背不驼，气不喘，让人非常羡慕。当时在场陪同的我方一位副市长，见到这番情景，便由衷地对那位女士说：“夫人，您的身体真好，真是老当益壮啊！您老人家今年高寿？”在这位副市长讲话之初，那位女士还是笑容可掬地聆听着，可是在译员翻译完毕后，对方勃然变色，拂袖而去。

根据此案例内容回答下列问题：

(1) 宾客们为什么对主人的盛情款待却“不明其意，大惑不解”？请运用本章相关的礼仪知识加以分析，并指出按正确的礼仪要求，应怎样对菜肴加以介绍。

(2) 那位女士为什么“勃然变色，拂袖而去”，问题出在哪里？运用礼仪知识加以说明。在涉外交往中，与女士交往时应注意哪些礼仪？

(3) 我们还应掌握哪些基本的涉外礼仪？

2. 泰国某政府机构为泰国一项庞大的建筑工程向美国工程公司招标。经过筛选，最后剩下4家候选公司。泰国某政府机构派遣代表团去美国亲自到各家公司商谈。代表团到达芝加哥时，作为首站的那家工程公司由于忙乱中出了差错，又没有仔细复核飞机到达时间，未去机场迎接泰国代表。但是泰国代表团尽管初来乍到，不熟悉芝加哥，还是自己找到了芝加哥商业中心的一家旅馆。他们打电话给那位局促不安的美国经理说明了情况，在听了他的道歉之后，泰国人同意第二天上午11时在经理办公室会面。第二天，美国经理按时到办公室等候，可是泰国客人却一直没来，直到下午3点钟才接到客人的电话，客人说：“我们一直在旅馆等候，始终没有人来接我们。我们对这样的接待实在无法接受。我们已定了下午的机票飞赴下一个目的地，再见了。”

请回答：

(1) 本来可能达成的合同为什么飞走了？

(2) 迎送接待工作中应注意哪些礼仪？

三、实训内容与要求

1. 涉外会见的准备及座位的安排。

2. 涉外会谈的准备及座位的安排。

3. 签字仪式的准备。

4. 模拟一个小型国际会议，综合掌握会见、会谈、签字礼仪。

第十章

应聘与工作礼仪

——让你的事业走向成功

内容提要

本章主要介绍求职的过程与要求、求职申请书与个人简历以及办公室工作礼仪等内容。

重点和难点

本章的重点和难点为求职申请书与个人简历的正确书写，求职面试礼仪。

第一节 求职应聘的准备

随着我国社会主义市场经济体制的建立与完善，我国的人事制度、劳动用工制度以及高校毕业生就业制度也在发生相应的变革。我国每年都有数百万应届毕业生涌入就业市场。对许多人来讲，应聘只是走向事业成功的第一步，漫长的事业里程还有待努力奋斗。然而，无论是应聘，还是工作，礼仪不仅给你带来信心，也给你营造出和谐的人文环境；礼仪使你在挑战面前能得到更多机遇。

求职应聘的基本礼仪能反映一个人的修养程度。良好的礼仪素养，不仅会给招聘单位留下深刻的第一印象，而且可以使求职应聘活动进展顺利，为成功应聘打了良好的开端。可以说，成功的应聘需要礼仪贯穿求职应聘的全过程。

一、应聘前的准备

应聘，作为一个完整过程，包括应聘前的准备、应聘和应聘后的工作三个大的过程。

应聘，对于应聘者个人而言，是一件十分重要而又复杂的事情。要使应聘取得成功，必须精心做好求职应聘前的准备工作。一般而言，应聘前的准备工作主要包括六个方面。

（一）客观、正确地认识自己

在应聘前，首先要对自己有一个正确的客观评价，这是取得成功的基础。英国戏剧家、诗人莎士比亚说过："在所有的知识中，寻找最多的是了解自己"。希腊举世闻名的阿波罗神庙里一块古老的碑铭上面刻着一句箴言——"你要认识你自己"。中国古代的哲学家们也一再指出，认识自己才能认识世界。

人人都有憧憬和理想。要使自己的理想变为现实，最关键的是要充分"认识自我"，包括个人的智力、专业、技能、知识结构、兴趣、特长以及人格特征。通过对自己的准确认识，清楚自己的长处和优势，知道自己的弱项和不足，从而才能有针对性地去应聘，才有可能取得应聘的成功。因此，在选择应聘岗位时，人人都要对自己提出这样的问题，"我想做什么?"，"我能做什么?"，"我适合做什么?"

（二）确定自己的就业方向

寻找工作是一件辛苦的事情，要找到一份适合自己的工作也许更难。因为，职业选择可以说关系到一个人自身价值的实现和人生的幸福。从事自己所能胜任、所喜爱的职业，既是一种享受，也是一种责任。因此，寻求一份适合自己的工作，除了认识自己外，还应认识社会对职业要求的总体趋势和大的就业环境，这样才能确定自己基本的求职方向。应该说，这个方向只是一个大概的方向。比如，是适合从事教育工作，还是适合从事经商工作；是适合做管理工作，还是适合从事机关事务工作，等等。这也是求职的一个基础，但不是绝对的条件。

（三）搜集信息，筛选应聘职位

现在是信息高速发展的时代。要找到一个适合自己实力，又最接近自己择业目标的单位，就必须获取大量的市场信息。常言道：条条大路通罗马。一个目标可以通过不同的途径去实现。应聘工作岗位也是如此，求职途径越多，成功率就越高。在我国现阶段，搜集人才需求信息一般可以通过官方、校方等机构组织的人才供需见面会、人才交流会，通过广播、电视、报刊等传媒广告途径，通过互联网方式，通过人才市场、劳动力市场、职业介绍所等中介机构，捕捉就业信息。还可以利用亲朋好友、老师、同学、老乡等人际关系获得各种信息。

在获得了大量的就业招聘信息之后，需要对其进行整理分析，从中筛选出既适合自身条件，又较为理想的工作单位，作为备选对象。如果有自己最喜欢的工作岗位正在招聘，必须马上进入实质性的应聘程序；如果没有最理想的岗位，要从中筛选出较为理想的备选岗位3～5个，也可以进入实质性的应聘程序。筛选理想工作岗位是一个连续的过程，既不能操之过急，又不能漫不经心。因为目前我国就业市场的压力非常大。

（四）了解招聘单位和岗位的情况

“知己知彼，百战不殆”。为了使自己的才华能够在以后的工作中得到充分的发挥，就需要对自己确定的备选单位及应聘的岗位尽可能地进行较详实的了解，详尽掌握有关情况。这些情况大体应包括两个方面：一是单位情况。单位性质、所属行业，经济效益、生产规模、地点环境、企业声誉、发展前景、单位近期主要产品或经营项目，单位领导人的情况、用人准则及对人才的重视程度、工资制度，等等。二是工作岗位情况。应聘岗位的性质、工作任务、应聘录用人员的条件、工作条件、工资待遇，以及招聘人数等情况。这样，应聘者可以进行全面、多方位的分析比较，综合权衡利弊，决定取舍。需要注意的是，在进行取舍的时候，不要过于理想化。在目前我国就业压力非常大的情况下，应该确立“先就业，再择业，再创业”的观念。

（五）撰写求职应聘书

在确定了应聘单位和岗位后，就要根据要求撰写一份富有创意的应聘书。一份好的应聘书是赢得应聘成功的重要一步，因此，应予以特别重视，精心撰写。

（六）做好应聘的准备

在进行了上述的准备工作后，就要进入应聘的实际阶段。在正式应聘前，还要做好一些辅助性准备。这些辅助性准备主要包括心理准备、仪表准备、资料准备和相关用品准备等。

1. 心理准备

心理准备主要包括三个方面：一是要相信自己的实力，对自己充满信心，积极力争，不轻言放弃；二是要正确评价自己，克服紧张心理，坦然面对可能的失败，要有耐心和韧劲；三是勇敢地推销自己，培养自己良好而健康的竞争心态。

2. 仪表准备

仪表准备包括洁净面容、修剪指甲、洗理头发、美观大方。女士可淡妆，男士以自然妆为好。依据招聘单位性质和特点，选择适当的服装、鞋帽及必要的妆饰，做到服饰得体。应聘前睡眠充足，保证应聘过程精神饱满。

3. 资料准备

资料准备包括打印好应聘材料，带全相关证件及其复印件，以及其他对应聘有用的资料。

4. 相关用品准备

相关用品准备主要包括：得体的手包（男士）或小包（女士），它即可以起到装饰的作用，又有实际的应用。同时不要忘带笔、本等必备的物品。要记好招聘单位的地址，明确行车路线图，准确地核实面试应聘的地点、时间等。

二、求职申请书

求职申请书是求职过程中求职者最主要、最常用的文书。求职申请书承载着应聘者对招聘岗位的向往，传达着求职者的信息，体现着求职者的综合素质。谦恭有礼、富有文彩的求职申请书是通向求职成功的第一步。

（一）求职申请书的基本要件

求职申请书，又称自荐信、应聘书。顾名思义，它是求职者向用人单位进行自我推荐的一种专用书信。求职申请书与简历不同，通常简历是叙述求职者的客观情况，而求职申请书是反映求职者的主观愿望和求职意向。求职申请书的基本要件或基本格式有不同的表述形式，总体而言，它有开头、正文、结尾和落款；从形式上看，有封面、个人简历、专业及特长、求职意向、证件（书）等复印件、联系方式等。求职申请书的核心是正文中对自己的专业知识、社会实践能力、技能和特长、性格和爱好等方面的真实阐述。求职申请书的主要任务和目的，一是真实地表达自己的求职意愿和个人真实情况；二是引起应聘单位对自己产生兴趣和注意。

（二）求职申请书的具体要求

俗话说，文如其人。求职申请书是一份用来传递个人信息的文书，它必须真实、完整、准确地反映应聘者的基本情况，是应聘成功的“敲门砖”。因此，每一位应聘者都应了解求职申请书的具体要求。

1. 设计美观，富有创意

要吸引招聘者的视线，并留下良好的第一印象，首先，求职申请书的设计要新颖别致，富有创意，不论是纸质版，还是电子版，都要简洁、大方、美观；其次，要在醒目位置准确无误地注明应聘岗位和自己的姓名和联系方式。

2. 格式正确，布局合理

求职申请书一般包括称谓、序言、主体、结尾、附件、署名几部分。求职申请书打印时应选用白色、质地优良的纸张。如若要手写，应以黑色或蓝色钢笔或毛笔书写，字体大小合理，行间距适度，布局轻松、自然、和谐、优美，给人以舒适的感觉，并且格式正确。切忌涂改，满篇墨迹，给人留下工作不严谨的印象。若为电子版，也要符合上述基本要求。

3. 用词规范，语言朴实

求职申请书主要靠文字来表达内容，文字书写不仅要让别人看明白，而且要看着舒服、心情愉快。这直接体现出应聘者的礼仪修养和尊重他人的美德。因而，求职申请书应字迹工整、清晰，用字规范，确保文字、标点无错误。同时语言要朴实无华、简练。如若手写，要确保字迹工整、清晰。

4. 长短适宜，表述深刻

求职申请书应篇幅适宜、条理清晰、语句精练、表达恰当，一般以一页纸为好。内容要具体、真实、准确、具有说服力，重点突出，针对性强。重点突出能引起招聘者兴趣，有助于应聘成功。例如，想做一名新闻记者，求职申请书就应着重强调自己具有良好的语言表达能力和写作能力，有敏锐的洞察力及快速的反应能力，有充沛的精力和健康的体魄。

5. 说明能力，真诚取信

求职申请书是一份自我推销的广告，它告诉招聘单位你要应聘的岗位，以及你应聘此岗位的愿望、原因及自己所具备的应聘条件。所以，求职申请书一定要实事求是地说明自身的情况，重点突出自己的强项和优势，对自己的不足可捎带而过。切忌无中生有，自吹自擂；也不能畏手畏脚，摇尾乞职。为此，一定要用词准确、得当、不卑不亢，使招聘者感到你不仅富有朝气，而且稳健灵活，踏实肯干。有时，适当坦陈自己某方面的不足，反而更能赢得好感。总之，求职申请书涉及自我评价要突出八个字：诚恳、谦虚、自信、礼貌。

6. 只问职位，不问福利

在前期的准备工作中已对所要应聘的单位有了详细的了解，因此在求职申请书中不应涉及工资、待遇、福利等私人利益问题，这些问题可以留到面试时再磋商。求职申请书只需要你表达出对招聘岗位的强烈渴求和热切希望。

7. 开头有礼，引起注目

求职申请书必须一开始就抓住招聘单位的注意力。开头称谓要恰当，既要表现出尊敬之情，又要体现出自身的礼仪修养。在称谓之后一般不用问候语，而是直接进入精心设计的开篇。无论在内容上，还是在格式上，既要遵循一定的格式要求，又要有所创新。例如，“贵公司如果需要一位有良好的素描功底和色彩调配能力、又能熟练设计企业画册和网络广告的美工，请通知本人”。再如，“经了解，得知贵公司拓展市场，急需一名客户服务部助理，要求具有外企工作经验，熟悉电脑操作，具有较强沟通能力，英语通过六级考试。请看本人随寄的简历，我所接受的良好教育及丰富的工作经验，均满足这项工作的需要（详见我的简历）”。

8. 结尾有礼，署名正确

结尾主要是强调自己的愿望和要求，并对招聘单位表示诚挚的谢意和祝福，表达给予面谈的机会，留下联系方式或回函地址。例如，“静候您的佳音”，“盼望您给予肯定的答复”等。语气要自然，不要强人所难。最后，署名要清晰、准确，注明年月日。

9. 附件齐备，认真核对

应聘面试前准备的证明材料要附在求职申请书的后面，原则是根据职位的需要，有重点、有选择地提供相关的材料，同时要有必要的公章和签名，以增强材料的可信度。

（三）求职申请书范例

撰写求职申请书既有章法，又无章法。有章法是指求职申请书为了让招聘人员快速、全面、系统、有重点地了解你，而必须遵守撰写的原则；无章法是指为了体现你与众不同的特点，而进行的自主创新。下面给出的范例，仅供参考。

尊敬××××公司人力资源主管××××：

您好！

我叫×××，现年××岁，来自×××省，是××××大学××××系××××专业××××届毕业生。

我从我校×××老师那里了解到贵公司在招聘计算机网络维护人员。

我将于今年7月份正式毕业。自进入大学以来，我认真学习专业知识，熟练掌握专业技能技巧，取得了良好的成绩。在学好专业知识的基础上，我还自学了计算机软硬件以及网络方面的一些知识。主要包括：办公自动化（Word、Excel、Access、Powerpoint），网络管理（Windows NT 网、Windows7 无盘工作的安装、配置和管理），网页制作（Dreamweaver），图形处理（Photoshop、Firework），编程（二级 Foxbase/Foxpro）。由于学业成绩突出，获得了全省计算机应用大赛二等奖，获××××奖学金。

我相信我能胜任这份工作，也能干好这份工作，也愿意为公司的发展做出自己的贡献。

期待您的回复。

祝好！

（个人简历附后）

求职人：×××

××××年××月××日

三、个人简历

个人简历，又称履历表，是书面的自我介绍。简历是求职申请书的重要组成部分，是说明一个人身份、学业和经历等的书面材料，是求职者为自己撰写的“产品说明书”。简历一般包括个人的基本情况（姓名、性别、出生年月、民族、政治面貌等）、学习情况（就学院校、专业、学制、学位等）、奖惩情况（各种奖励、所受处分等）、特长及爱好、主要实践经历以及相关资料。简历由于内容的特殊性，一般应单独撰写，独立成篇。因而，简历成为一种文书体裁。

一份优秀的个人简历可以成为推销自己的宣言，引起招聘者的青睐，给招聘者留下良好的印象。

（一）简历的要求

在成堆的求职简历中，要想引起招聘者的关注，获得别人难以得到的机会，必须认真撰写求职简历。一份好的个人简历，要遵循以下基本要求：

1. 内容真实，不得虚构

真实是撰写简历的基本原则。为此，简历中凡涉及个人的一切情况，都必须实事求是，真实可靠，不得有任何的虚假或虚构。这是做人的基本原则，也是撰写简历的基本原则。记住：这是你迈向社会的第一步，如果你的简历造假，将一生失信于社会，你的人生将是灾难性的。

2. 外观简洁，字迹清秀

纸制简历最好选用纯白、米色、浅灰、灰白或奶油色的纸张，格式设计简洁、美观，字迹清秀。如果你要应聘广告设计岗位，别具一格的简历会成为你成功的一个重要筹码。如果是网上投递的简历，设计也一定要注意这些基本要求，切不可花里胡哨，色彩纷呈。

3. 简洁准确，文辞精练

个人简历，关键是个“简”字。一般来说，一份简历最好只用一页纸。简洁、明确、重点突出，是个人简历的又一基本要求。一份优秀的简历能简洁地勾画出应聘者的基本面貌和个性，要用简短而富有感召力的鲜活的语言表达出你的应聘目标、自己的特长、业绩或工作经历等。因此，撰写简历，要文辞简洁、精练、朴实、真诚，要言之有物、言之有理。

4. 认真仔细，没有差错

个人简历的所有项目都应认真仔细填写，要做到无错字、别字，语句通顺简洁。此外，在简历的右上角贴一张面带微笑、端庄大方的彩色或黑白的证件照片；姓名要与其他证件（如身份证、毕业证、推荐书等）相一致；要写清楚联系方式；学历、婚姻、健康、身高、家庭状况等应如实填写。这每一项看似简单，实则能从中看出求职者的责任心。

5. 把握重点，展现专长

个人简历要把握重点，展现专长。个人简历主要包括四部分内容。一是个人基本信息，要准确无误；二是个人教育情况和成绩，如核心专业课程等；三是主要实习实训经历；四是获得的主要奖励和有关佐证材料。用人单位一般很看重求职者的成绩和奖励，如果你有优异的成绩和各种奖励证书、资格证书等，以及担任过学生会干部、是优秀党员等会受到用人单位的青睐。因为这体现了求职者的综合素质和某项专业技能。

对大学生而言，最缺乏的是工作经历和社会经验，如果把业余时间打工、兼职或假期就业实习的经历写出来，这也是一笔小小的财富，也是胜出的砝码。所以，大学生要重视毕业前的实习，获得经验，对毕业后择业将有很大的帮助。

6. 材料齐备，详实可信

毕业文凭、奖励证书、资格证书是求职者应聘岗位的主要依据。如果有专著、重要的学术论文、获奖科研成果、研发新产品、专利证书、创新设计的图纸和图表、主要社会活动的兼职聘任书或聘请书、社会名人或导师等人的推荐书等重要资料，必须列出资料的目录，并将复印件准备齐全，必要时可以出示原件。

7. 英文简历，注重格式

随着我国经济的快速发展和国际交往的日益增多，许多单位招聘要求提供英文个人简历。英文简历比较讲究格式结构，它一般包括页眉部分、教育背景、工作经历和个人资料等四部分。因此，设计、制作精美的英文个人简历，需要注意以下几点：一是名字要用大写字母，名在前姓在后；二是地址要符合国际惯例，在省份后面必须加上国名，地名右对齐，首位字母全部大写；三是电话号码书写要规范，八位号码之间加“-”，手机适用“3-4-4”原则，如“6827-7856”、135-4567-6789”；四是年月日的时间要用国际规范方式；五是各种资格证书要写明认证国别；六是最好不写求职目标；七是重点内容采用加粗、斜体等字体变化；八是专有名词要使用标准的缩写词。

总之，个人简历简洁而不简单。从形式上看，个人简历大体有两种格式：一是表格式，以中文简历居多；二是非表格常规式的，以英文简历居多。制作个人简历要有备无患。没有获得理想工作岗位之前，要始终在电脑上保存自己最新的简历，以备命运之神突然降临的时候，可以马上派上用场。

（二）个人简历范例

个人简历的格式不尽相同。既要体现简历的规范，又有发挥的余地。下面给出的范例（表11-1），是应聘教师岗位的，仅供参考。

表 11-1

姓　名	×××	出生年月	1980年7月6日	照　片
性　别	男	政治面貌	团员	
民　族	汉	籍　贯	××××××××	
学　历	本科	学　位	理学学士	
专　业	物理学	毕业院校	×××××××××	
CET	CET-4	毕业时间	××××××	
个人说明	性格外向，活泼开朗，善于交往，诚于合作，勤恳务实，脚踏实地，严于律己，宽以待人。			
兴趣爱好	计算机应用，音乐，体育，文学艺术欣赏，心理学研究。			
基本技能	英语通过国家六级，具有较强的听、说、读、写能力；能熟练使用 Win98 和 Win2000 操作系统和办公系统的中文 Office、金山办公系统、Authorwave 软件；通过 internet 查找信息和交流信息；掌握一些数据库知识和编译基本程序；自学了 HTML 及 CSS 语言，并能运用制作网页。			
教学能力	对中学物理知识和物理教学进行了比较深入的学习，并参加了一定的教学实践，对中学物理教法在实践中得到了较好的应用，积累了一定的教学经验，并受到了老师的好评。			
教学主张	启发式教学，以学生为中心，因材施教。			

续表

所修课程	专业课： 高等数学、力学、热学、电磁学、原子物理、光学、数学物理方法、理论力学、量子力学、热力学、统计物理、电工学、电子线路（模拟，数字）、中学物理教学教法。
	实验课： 力学实验、热学实验、电磁学实验、光学实验、电工学实验、模拟电路实验、数字电路实验、原子物理实验、教育技术实验、教法实验研究。
	公共课： 大学英语、马克思主义哲学原理、毛泽东思想概论、邓小平理论、心理学、教育学、教育技术、汉字字型、思想道德修养、法律基础。
	选修课： 计算机 Foxbase + 语言、Authorwave 课件制作、网页制作、电视机维修原理、中学教学教务管理、公共关系学、青年交往心理学、广告创意、中华文明概览、20 世纪中国文学赏析、世界热点、社交礼仪、音乐基础、美术基础、花卉欣赏。
联系方式	手机：×××××××××　微信：××××××××××　QQ：××××××××× E-mail：×××××××××××

第二节 求职面试礼仪

求职面试是指招聘单位派人对应聘者或自荐者进行有目的的面谈、考核，是招聘者对求职者的一种考察方法，也称之为面谈。面试时，招聘者通过观察及与对方交谈，得到求职者的有关资料，进而给求职者一个较为客观的评价。同时，为招聘单位做出一个较为准确的判断。其是整个求职应聘最重要的实质性的环节，也是社会各类招聘必不可少的环节。

曾有一位伟人说过“礼节及礼貌是一封通向四方的推荐信”。在招聘、受聘过程中，求职面试是其中最富有技巧的重要环节。求职者在求职面试时注重礼仪，不仅能够反映出求职者的形象、个性等基本素质，而且能体现出求职者的语言表达、随机应变等综合素质。因此，求职者注重面试礼仪，能够更好地帮助其抓住每一次机会，在有限的面试时间里恰当而充分地展示自己，给招聘者留下良好的印象，为求职成功增加砝码。

一、面试前的准备

求职面试是招聘与应聘双方的第一次接触，也可能是最后一次接触。招聘单位总是预想，通过面试环节初步确定素质较高的备选对象。因此，应聘者做好充分的面试准备，恰当而全面地展示自己的才华，既是对自己负责，也是对招聘单位的尊重。

（一）心理准备

招聘单位对应聘者进行面试，不仅可以进一步了解、核实应聘者的有关情况，而且也可通过直接交往考察、了解应聘者是否具有良好的心理素质，以胜任招聘岗位的工作。因此，应聘者要想获得面试成功，必须做好心理准备。

1. 增强自信心，克服紧张心理

任何一位应聘者面对自己非常向往的工作岗位时都会有一种兴奋、紧张的心理反应。这种紧张心理有利于应聘者积极做好应聘准备，但又容易使应聘者手忙脚乱，不知所措。产生紧张心理的根本原因是缺乏自信心，因此，克服过分紧张心理的最好良策就是做好充分准备，增强自信心。自信心的确立离不开对自己能力的评价，为此要充分看到自己的优势，并树立信心敢于将自己的优势展示现给招聘者。同时要不断地鼓励自己："我希望获得这个职位，我能够获得这个职位"，"我最适合这个职位，我在这个职位上能干出最好的成绩"等，用这些充满必胜信念的语言暗示自己，坚定自己的自信心。

2. 树立平常心，保持冷静心态

面试不仅是竞争，也是招聘者和应聘者双方的相互选择，因此，面试有成功和失败两种结果。一次面试失败，不要气馁，因为每一次的失败都是对面试者的意志磨炼，能从中得到宝贵的经验教训，能为以后的面试成功提供帮助。以这种平常心态看待面试，过分紧张的心理就会得到缓解，甚至被克服。

此外，应聘者还要培养健康的就业心态。盲目追求大城市、大公司、大机关、热门岗位，到头来只能是"竹篮打水一场空"，不但浪费了时间、精力、财力，还可能错过了很多适合自己的好机会。应聘者要从自己的实际情况出发，处理好理想、爱好与现实的关系。等待一步到位，不如先就业锻炼，以后遇到理想岗位再择业。但是，"先就业，再择业"，不等于"打一枪换一个地方"，频繁跳槽也许会成为招聘单位认为你对工作缺乏责任心的"不良记录"。

（二）知己知彼

人贵有自知之明，面试前要充分了解自己的所长，更要知道自己的所短。仔细分析自己的个性特征和爱好，以便在面试时充分发挥自己的优势，展示自己的才能，避免自己的弱势，做到扬长避短。同时，也要仔细研究、了解招聘单位和招聘岗位。某著名企业人力资源部主管曾说过："谋职者要想让我满意，必须首先了解我们的公司，了解我们需要什么样的职员，然后，我才会对他做出进一步的考察。"所以，面试前要全面了解招聘单位所在的行业性质、行业地位、近期和长期发展规划、公司经营范围、运营状况、公众形象、服务项目、以及应聘岗位职业能力要求等相关信息；这些信息可以通过互联网查阅。通过了解招聘单位，初步达到知己知彼，为你在面试中扬长避短创造有利条件。

（三）服饰准备

求职面试时，给人的第一印象往往是你的仪表服饰。初次见面一定要力争给人以整洁、美观、大方、明快的感觉。优雅庄重的外表能给招聘者留下良好的印象。因此，面试者应注意服装、仪表、风度和举止。心理学研究表明：仪态优雅会使人乐于接受你所表达的信息，而且更为重要的是有助于你增强自信心。正如一位人力资源部经理所说："你不可能仅仅因为打了一根领带而获取某个职位，但你肯定会因打错了领带而失去一个职位。"由此可见，面试之前花些时间在衣着妆饰上是很必要的。具体地说，服饰准备要注意以下几点：

1. 要留心招聘单位对服饰有什么特殊的要求

一般来讲，面试是一种正式的场合，穿着应以庄重为首要要求。同时，要做到服饰符合时间、地点、环境、身份、性别、年龄的规范性要求。

比如，男士参加面试，春季、秋季和冬季，最好穿着正式的西装，夏季要穿长袖衬衫、系领带。冬天，人们常常把西装和羊毛衫（背心）配穿。这时要注意颜色的搭配，西装的颜色是主体色，毛衫是衬托。如蓝色西装配浅蓝色毛衫，会给人庄重大方的感觉，黑色西装配白色毛衫，容易引人注目。无论何时，西装的色调要以给人稳重感觉的深色为主，配上白色或浅色的长袖衬衫，深色袜子，黑色皮鞋。

女士求职面试，除了靠自身的实力外，还应充分展现自己。对于刚毕业的女大学生而言，应避免穿学生装面试。因此，在着装上应遵循朴素、典雅、简洁、大方、合体的原则。女士面试时，职业套装是最简单的选择，也是最佳的选择，服装的色彩要表现出青春、典雅的格调。用颜色表现你的品位和气质。配以白色或浅色的衬衫、透明近似肤色的连裤丝袜、低跟浅口的高跟或半高跟皮鞋，给人以稳重、典雅、端庄秀美的职业女性形象。

2. 必须注意自己的发型发饰

发型发饰美是仪表美的重要组成部分，因此，求职者必须注意自己的发型发饰。发型不仅要符合美观、大方、整洁和方便生活及工作的总体原则，而且要与自己的发质、脸型、体型、年龄、气质、四季服装以及环境等因素很好地结合起来，给人以整体美的形象。发型的设计可以使人活泼年轻，也可以让人变得端庄文雅，起到修饰脸型、协调体型的作用。面试前，要清洗头发，使其保持干净、清爽、卫生、整齐。女士在佩戴发饰时，注意不要夸张，要以简单、点缀为佳。

3. 化妆

面部化妆要清新、素雅，色彩和线条的运用要做到"宁淡勿浓"，恰到好处，"妆成有却无"是化妆的最高境界。

对于求职面试的女性来说，化淡妆比较适宜，这样能显得端庄、秀丽，给人以自然、含蓄、舒适、得体的感觉。这样既显示了自尊自爱，又表示了对招聘者的尊重，能给招聘者留下良好的印象。同时化妆应考虑不同的季节和时间，根据自身的性格气质、职业特点、年龄、场合而采用不同风格的妆面画法。

男士参加面试，也要从实际出发，加以必要的修饰，要张显出青春、朝气、干练的形象。

（四）注意事项

面试前一两天，最好到招聘单位去一趟或打个电话，再次确定面试的时间、地点以及注意事项等，为参加面试做最后的准备。一是整理好所需的各种证件和资料，包括个人履历表、毕业证、身份证、推荐信、发表的论著（包括复印件），以及其他能证明你能力和业绩的资料。二是检查记事簿、钢笔或圆珠笔，以备面试时填表、记事之用。三是面试前要保证充足的睡眠，如果由于高度紧张，睡不着觉，可适当地做些运动，或洗个热水澡、喝杯牛奶，若这些方法都不行，可以在面试前喝一杯咖啡或浓茶，以便在面试时保持旺盛的精力和良好的精神状态。

二、面试礼仪

求职者在面试过程中表现出的礼仪水平，不仅能反映出求职者的人品和修养，而且直接影响招聘者的最终决定。因此求职者应注意六个方面的基本礼仪。

（一）准时守信

遵约守时是最基本的礼仪，是一种美德，也是一个人良好素质修养的表现。所以面试时一定要按通知的时间提前一刻钟到达面试地点，这样可以使你有充裕的时间熟悉面试环境，稳定情绪，检查仪表，调整心态，做一些简单的准备。例如，再想一想怎样进行简要而精彩的自我介绍等，以免仓促上阵，破坏第一印象。

（二）尊重接待人员

对待接待人员要以礼相待，恰当地表示礼貌，“多谢”、“您请”之类的礼貌用语要时刻挂在嘴边。候试期间，应端坐在指定的位置，不要随意走动，东张西望。等候时间越久，越应沉稳，不要露出焦急不耐烦的神态，也许此时正是面试的一部分，招聘者在不动声色地观察你的行为举止，因此，千万不要掉以轻心，无所顾忌。对接待人员的询问，要礼貌回答。但不要贸然与之闲谈，以免影响他人的工作，让人认为你缺乏基本的修养。

（三）见面礼仪

当轮到你正式面试时，无论面试房间的门是开着或关着，进门前都应先礼貌地轻叩房门两下，待得到招聘者允许后方可入内。入室后，面对招聘者（勿转身关门）将门轻轻关到原位，面对考官要有礼貌地同其打招呼，可以称呼对方的职衔；如果考官主动伸出手来，就要遵循握手的基本礼仪，报以坚定而温和的握手。待考官请你就座时，先道谢，然后再按指定位置落座。坐姿要端正，双膝并拢，手放于膝上，眼睛正视考官，表情自然、亲切、平和。

（四）谈吐文雅

面试的时间非常短暂，要使素不相识的主考官在很短的时间里认识你和欣赏你，就要靠你的语言表达能力。对考官所提出问题的回答，要言简意赅，举例精要，措辞精练。语言要通俗易懂，朴实形象；语气要抑扬顿挫，声调要文雅柔和，语速要节奏适中。同时，用词要讲礼貌，注意敬语和谦语的运用，要让对方感到你具有良好的修养。

（五）恰当提问

面试时，应聘者应把自己的真诚、热情和自信全部写在“脸上”，在考官提问或介绍情况时，要目光对视对方，通过目光与考官进行交流，赞许认同时要点头，并应答“是的”、“好的”等。这既可以提高对方的谈话兴趣，又有利于面试气氛的和谐、融洽。面试中不仅要敢于提问，而且要善于提问。调查显示，90%的用人单位在面试时，希望面试者提问。因为从提问中可以看出面试者的知识水平、思维方式、价值观念等。提问应遵循两条原则，一是提问要展示你的专业及思考深度；二是要弄清对该工作的疑点，有助于自己做出相关的决定。例如，“我申请的这个职位在公司中处于怎样一种位置?”、“依您所见，这份工作最大的挑战是什么?”恰当的提问不仅不会引起考官的反感，反而会加深考官对你的印象。

（六）适时告辞

当考官说：“感谢你来面试”、“谢谢你对我们工作的支持”等诸如此类的话时，这就意味着面试的结束。你应面带微笑，从容不迫地站起来，向考官鞠躬或点头表示谢意。即使得知自己已经失败，更应保持风度，感谢考官花时间与你面谈，做到善始善终。一名空中乘务专业的应届毕业女生在面试结束后被明确告知因英语表达有明显的地方口音而被淘汰后，她在告辞时十分礼貌冷静地说：“非常感谢贵公司给我这次机会，它使我受益匪浅，知道了自己的不足。我会继续努力提高我的英语口语水平。如果有机会，我还想加入贵公司，做出自己的贡献。”这种坦荡的胸怀，显示了这名女同学良好的综合修养。当她要走出面试大厅时，工作人员高兴地通知她，可以参加复审了。

三、面试后礼仪

许多应聘者非常注重面试时的礼仪，而忽略了面试后的礼仪。为了加深招聘者对你的印象，增加求职成功的可能性，面试结束后，应聘者最好在 2～3 天内向招聘单位发一封致谢函。致谢函要简洁，内容应提及你的姓名、简单情况及面试时间，并对招聘者表示感谢。同时要重申自己对该公司、该职位的兴趣和能够胜任该工作的能力。如在 2 周内仍未接到任何回音，可给招聘单位打电话，询问录用与否，再一次表明你的态度。

面试后回致谢函或电话，不仅是礼貌之举，也会使对方在确定录用者时对你有良好的印象。据调查，只有 1/10 的面试者回致谢函。

面试完成后，你会面临两种结果：成功或失败。如果你没有成功，不要气馁，收拾好心情，总结经验教训，找出失败的原因。如果你通过努力获得了成功，也要平静心情，准备走进你人生的第一份职业，开启你的职业生涯。

总之，礼仪在面试中不是可有可无的，而是必须遵守的。缺失礼仪会让你尝到苦头。

第三节 办公室礼仪

当你开启职业生涯时，就要面对全新的工作环境，你的第一个工作环境可能就是办公室，了解和遵守相关的工作礼仪，有助于你尽快融入工作环境。

办公室是机关、团体、企业、事业单位处理内部事务和外部事务的综合部门，不仅承担着某些方面的具体业务，而且起着承上启下、协调左右、联系内外的作用，也是一个单位形象的体现。建设一个文明健康、温馨优雅的办公室环境，不仅关系到办公室本身及个人的形象，而且直接影响着本单位的声誉。因此，凡是成功的社会组织都非常重视办公室礼仪建设。

一、办公室环境礼仪

办公环境的布置是一种无声的语言，向来访者传递着信息，体现着单位的风格和精神面貌。随着现代化进程的加快，人们的办公“硬件”水平逐渐提高，因而对办公环境的要求也越来越高。整洁、宽敞、明亮、舒适的办公环境，不仅影响工作人员的心理情绪、言谈举止、待人接物的礼仪，而且对于提高员工的工作效率起着积极的作用。办公室环境礼仪需要注意两个方面。

（一）物理环境的基本要求

首先，要做到办公室整体效果的和谐美观，尽可能地使办公室的空间显得宽敞，桌椅及其他办公设备摆放要井然有序、干净整齐。采光要合理，无论是自然采光还是人工采光，都应做到光源充足、光线柔和、光色和谐；如果光线不足，可以用人工采光来调节，所选择的灯具造型及光色要与整个办公环境相协调。办公室的通风要好，给人以清爽的感觉。其次，应适当布置一点绿色植物，让人工作之余抬眼望去顿觉心旷神怡，又可让来客一走进办公室就感到一股春意和朝气。办公室墙面要保持洁净，不要乱贴乱挂。员工的衣帽不要乱放乱挂，应统一挂在更衣室内。常用工具要放于隐蔽处。办公室从视觉上应给人以宽敞、清爽之感。

（二）办公桌环境的基本要求

办公桌是个人办公的具体场所。办公桌使用的基本原则是便于开展公务，但要兼顾整个办公室的协调，又要体现个人的特点。桌面的布置要各就其位，远台正中摆放台历或水杯、电话等；远台右侧摆放文件筐（盒）、等待处理的文件资料；近台正中摆放需要马上处理的业务文件，近台右侧摆放急需查阅的资料；办公桌左侧摆放计算机显示器，近台正中下方为抽拉式键盘和鼠标。图 10－1 所示为办公桌上物品摆放样图（仅供参考）。

计算机显示器	台历、水杯、电话等	文件筐、待处理文件
	正在处理的文件 键盘、鼠标	急需查阅的资料

图 10－1　个人办公桌面布局

在休息前应做好下一项工作的准备；离开座位时，应将文件覆盖起来；用餐前应将正在处理的文件暂时移开。下班后，桌面上只摆放计算机显示器，而文件、资料应该收放在抽屉或文件柜中。从办公桌上的物品摆放形态可以看出一个人的工作作风，办公桌整理井然有序的人，工作起来肯定也是干净、爽快、高效。

二、办公室公务礼仪

办公室是工作的场所，良好的礼仪规范，可以为工作人员营造一个温馨、和谐、安静的工作氛围，也便于工作人员准确、及时、快捷、高效地开展工作和处理纷繁复杂的事务。归纳起来，办公室公务礼仪主要包括处理公务礼仪、人际关系礼仪、使用办公设备礼仪。

（一）处理公务礼仪

无论是业务办公室，还是综合办公室，每天都需要处理大量繁琐的公务，容易急躁，引发冲突。因此，遵守礼仪尤为重要。每天都要保持乐观心态，及时处理公务；工作时要精力集中，耐心细致，保质保量地完成每一项工作；热情接待每一位来访者；主动与同事打招呼；愉快地接受领导交给的每一项任务，做好记录，认真办理，及时汇报；遇事要请示，处理要果断，事后要汇报；不该知道的事不要过问，不该传播的事情要严守机密；做好本职工作，不随便过问或插手别人的事情；遇事找直接领导，不要越级去找领导；工作期间有事离开办公室，要向领导请假，或与同室人员打招呼；在办公室不办私事，不干私活；不要窜岗；不要私自动用他人物品；不在背后议论他人；不要在办公室会客、聊天；最后一个离开办公室时，要切断电源，关好窗、锁好门。

（二）人际关系礼仪

办公室不仅需要优美的环境，更需要和谐的人文氛围。借助人际关系礼仪，能够给办公室营造一种轻松、融洽、和谐的气氛。

1. 内部关系礼仪

单位内部人员每天都见面，相互协调处理公务，因此，良好的内部人际关系有助于减少内耗，提高工作效率。内部关系礼仪是指与领导、与同事、与下级、与友邻科室人员相处的办公室礼仪。处理好内部关系主要是：秉公办事，坚持原则；认真负责，讲究效率；

公道正派，不徇私情；把对上、对下负责统一起来。

（1）处理好与领导的关系。具体包括：服从命令、听从指挥；愉快地接受领导布置的任务，详细记录、认真办理、及时汇报；维护领导的威信，主动配合领导工作；不顶撞领导，不在背后议论领导的是非；处理好自己与直接领导和间接领导之间的关系，不要在几个领导之间形成亲疏关系；领导进入办公室要起立迎接，微笑着问好，主动接受领导检查或布置任务；进入领导办公室要敲门，得到许可才能进入，开、关门要轻，不能发出响声，离开领导办公室要随手将门关好；遇事要及时向领导汇报、请示，依令妥善处理，不可自作主张或“假传圣旨”；不要多头请示，处理正常公务不得擅自越位，以免造成不必要的麻烦和纠纷，即使遇到紧急事务越级上报或越级指示，也要在事后及时向直接领导说明情况。

（2）处理好与同事的关系。具体包括：相互尊重，友善待人，不对同事盛气凌人、指手画脚；相互支持，相互体谅，相互提供方便，相互关心；尊重同事，不干涉个人私事；真诚、平等相待，一视同仁，不拉帮结伙，不伤害、打击他人；有事需要同事帮忙要礼貌为先，事后一定说声“谢谢”；上班进门要相互问好，下班离开要互道“再见”或“明天见”；分清办公室公共区域和个人空间，不占用公共区域以免给同事造成麻烦；保持工位整洁、美观大方，避免陈列过多的私人物品；办公室内谈话要控制音量，尽量不影响他人办公；不在办公室抽烟，吃零食，刮胡子，梳妆打扮；不在办公室进行娱乐活动；服饰要符合办公礼仪要求，不穿背心、短裤、拖鞋进办公室；尽量避免在办公室就餐，迫不得已在办公室用餐要快速进行，吃完要立即清除桌面剩余食物，打开窗户通风；与异性同事相处要讲究分寸，避免造成误解和麻烦等。

（3）处理好与友邻科室的关系。具体包括：友邻科室人员来到办公室要热情招待；与友邻科室协办的公务，要依据相关规定积极办理，一时办不了的公务，也要尽快办理，及时给予答复；进入友邻科室要敲门，得到许可方可入内，开门要轻，进门要问好，离开要随手带门；到其他科室要以处理公务为主，不在其他科室闲谈；在上级领导协调下与友邻科室共同处理公务，一定要摆正自己的地位，不可对其他科室的人员指手画脚，发号施令；不干涉其他科室的公务，不指责其他科室的行为；有事需要与其他科室协调，最好由本科室的负责人出面联系，或由上级领导组织协调；与其他科室协办公务，要有耐心，不能强人所难；在与其他科室共同处理公务时，所得利益和好处不能独占，要依据付出和贡献的大小分配利益，或由上级领导指定分配比例等。

（4）处理好与下级的关系。具体包括：尊重下级，体谅下级，照顾下级；下级进入办公室要让座，并细心听取下级的意见、建议，经常对下级的努力给予鼓励；下级请示的问题要及时给予答复；要认真研究下级反映的情况，合理的要给予肯定，不合理的要讲明道理。要坚决消除“门难进，脸难看，事难办”等问题。

布置任务要严肃，检查工作要认真，总结工作要实际；成绩面前要尽量照顾下级，责任面前要勇于承担；要有意识地与下级进行交流和沟通，并诚恳地接受下级的批评；与下级相处要和蔼，避免盛气凌人；讲评工作要对事，批评下级要服人；要注重培养下级，开发下级的潜力等。

2. 外部关系礼仪

办公室工作人员每天都有可能接待外来人员，注重接待礼仪，不仅体现了个人的综合素质，而且关系到单位的形象。外部关系礼仪是指接待来访者应注意的礼仪。

（1）热情接待。在办公室接待来访者要热情、大方，听到敲门声，要马上请人进来；不管来访者是何人，都要起身迎接，热情问候，让座、敬茶；要始终保持笑脸接待来访者，有问必答；客人告辞时，要起身相送，握手道别；送出门口，互道再见。

（2）诚恳帮助。要弄清来访者身份和目的，耐心询问来访者意图；要认真倾听来访者的叙述，必要时，做好记录；对来访者要求办理的事情，必须根据相关政策、规定，诚恳地进行解释、解决、答复；可以马上办理的，尽快办理、解决；不能马上办理的，要说明理由或上报请示，并确定答复日期；解释问题要耐心，切忌冷漠、简单、急躁、推诿；绝不允许愚弄、欺骗来访者。

（3）不厌其烦。在办公室日复一日地处理繁琐的事务工作，难免让人心烦。有些来访者可能三番五次地造访你的办公室，或者要求解决一些不合理的事情，或者对组织解决问题的程序失去耐心；有时甚至在办公室无故受到来访者的刁难。在这些情况下，要特别注意控制自己的情绪，保持接待热情，既可缓解紧张的气氛，又可避免事态恶化。耐心处理好每一件办公室事务是对所有办公室人员的基本要求。

总之，办公室公务礼仪是办公室礼仪的核心，体现着组织的形象，承载着组织的声誉，影响着工作效率。

（三）使用办公设备礼仪

随着经济发展，办公室的办公条件逐步得到改善，办公室逐步增加了传真电话、可视电话、多媒体、计算机、打印机、复印机等办公设备，提高了办公室信息化水平，也显著提高了工作效率。办公设备礼仪是指使用办公设备的礼仪。不注重办公设备的使用礼仪，可能会造成一些麻烦和误解，甚至降低整体工作效率。

1. 基本原则

使用办公设备的基本原则是指全体办公室人员使用、维护、保护所有办公设备的基本要求。

（1）办公设备的对象。个人办公使用的计算机、便携机（笔记本电脑）、移动硬盘（含闪盘）、电话等硬件设备及其相关软件；组织提供的、由个人保管的书籍、资料等信息载体；共同使用的传真机、打印机、复印机、文件粉碎机等硬件及其相关软件。

（2）权属与义务。组织配备的办公设备及其软件、信息载体所有权归单位；办公室人员对配给个人使用的设备有专用权和保护的义务，个人必须设置开启或使用的密码；办公室所有人员有使用办公设备的权力和维护、保护的义务；办公设备一般不允许个人长期占用，且不允许带出办公室，如有特殊情况，必须经上级领导同意，才能将办公设备带出办公室，并且要及时归还；损坏、丢失、被盗办公设备由当事人负责（或由当事人负主要责任，具有专用权的负管理责任）。

2. 使用办公设备的一般要求

一是按操作程序使用，不能野蛮使用；二是不能占为私有，或设密限制他人使用；三是使用后要及时关闭；四是遵守注意事项，不能将水杯等放于复印机等设备之上，以免造成设备损坏；五是借用物品要及时归还。

3. 具体使用办公设备的要求

具体的办公设备具有特定的功用，因此，使用时就有特殊的礼仪要求。

电话是现代社会不可或缺的通信工具，也是办公室工作人员处理日常事务、联系业务、咨询答疑、交往会友、汇报反映情况等最常用的办公设备。在办公室接听电话时，你代表的是单位而不是个人。虽然电话只闻其声，不见其人，但是“言为心声”，对方能够通过你的语气、节奏、声调判断你的态度、诚意、素质。所以，电话礼仪对办公室工作人员有着重要的作用。首先，听到电话铃声，应停止手头工作接听电话，“铃响不过三”是接电话的规矩。并且要微笑接听，让对方感到你的微笑、亲切。其次，开头要使用礼貌用语，即开头语三段式：打招呼—自报家门—自报姓名身份。例如“您好，这里是西安房地产开发责任有限公司，我是办公室秘书王新。”同时，每一个重要的电话都要做详细的电话记录，包括时间、对方单位、电话号码、姓名和通话内容等，为后续处理事务提供便利条件。

计算机是现代办公的常用设备，也是处理日常公务的主要设备。办公室一般要求个人使用的计算机必须用于处理公务，不允许在计算机上玩游戏或干私活；公用的计算机只能用于查找资料、联系业务、发送电子公函等，禁止在网上聊天、下载与公务无关的图片等；无论是个人计算机，还是公用的网络计算机，都要安装杀毒软件和防火墙，并定期升级和定期查杀病毒；用计算机起草的文件要留存打印文稿和电子文档，同时注意保密；定期清除计算机中的垃圾文件，提高计算机的工作速度。

传真机是办公室接收、传送公文资料的主要设备。传真机主要用于传接公务函件，一般不允许传接私人文件；使用传真机接收和传送函件时，一般遵循先后原则；遇到传真纸用完时，应及时更换新传真纸；如传真机出现故障，应及时查找原因，先处理好再离开，如不懂修理，应立即请别人帮忙，不要把问题留给他人；传真机使用完毕后，要将原件带走，否则丢失原稿，会带来麻烦。

复印机（打印机）是办公室使用频率较高的办公设备，同样需要注意使用礼仪。一是使用的先后顺序，一般遵循先来后到的原则，有时通过协商，可以先让印数较少的使用；二是办公室公用的复印机（打印机）一般不要复印（打印）私人的资料；三是复印机（打印机）需要更换碳粉或卡纸时，要及时处理，不会修理要马上请别人帮忙，不要悄悄走开，把问题留给他人；四是复印、打印时要注意节约用纸，并及时清理废纸。纸张用完，要及时添加；五是使用完毕后，要将原件带走，否则丢失原稿，会带来不便；六是使用完后，要将复印机（打印机）设定在节能待机状态。

三、办公室个人礼仪

办公室是工作人员的主要工作场所，是接待来访者的场所，也是一个单位的窗口。从这个意义上说，办公室工作人员的服饰、言行不仅体现着个人的尊严和修养，也代表着单位的形象。因此，对办公室工作人员的个人礼仪要求就显得格外重要。除了在公务礼仪中提到的个人礼仪外，办公室个人礼仪还包括许多内容。

（一）修饰得体

办公室工作人员对内、对外接触较多，因此，在进入办公室之前，要对自己的仪表进行修饰。

在着装上，如果单位有统一制服的，工作时应当按照规定，正确穿着制服。若没有统一服装，男士以西服为首选；女士以得体、大方的职业装为佳。无论哪种款式的服装，都应整洁、庄重、美观、合体，给人以干净、利落的感觉。切忌穿背心、拖鞋、凉鞋、旅游鞋或露脚趾（跟）的鞋进入办公室；也不要在皮鞋鞋跟上钉铁钉，以免走动时发出扰人的声响。女性更不应穿超短裙或过分“露、透、瘦”的服装；进入办公室应把帽子、大衣、手套脱掉。总之，素雅、得体的着装不仅可以建立良好的个人形象，而且可以使你倍受周围人的尊重。

在修饰上，头发要经常清洗、修剪、梳理，保持卫生、美观；男士要刮干净胡须，修好边幅，这样可以衬托出良好的精神状态和工作责任感；女士可以化淡妆，首饰要起到画龙点睛的作用，显示出典雅、清新、愉快、自信的神态。切忌上班前吃大蒜、生葱，严禁工作期间喝酒、酗酒，同时注意口腔卫生，以免面对面谈话让人尴尬。

作为高层管理者，着装更应注意细节。男士在没有外人在场的时候，可将西服脱下，上身穿长袖衬衫办公；脱下的西服应整齐地挂在衣帽架上，或平整地搭在自己的座椅背上；不要只穿衬衫外出处理公务；穿吊带裤时，最好不要在办公室脱掉外衣。

（二）举止优雅

办公室工作人员的行为举止要文明、优雅、自然、大方，符合约定俗成的行为规范。优雅是要求举止规范、美观、得体，以体现自己不卑不亢；敬人是要求举止礼敬他人，以体现对他人的尊重、友好与善意。

1. 举止礼仪应有坐、立、行三种基本姿态规范

（1）坐姿。坐姿包括书写姿势，是办公中使用最多的姿势。坐姿要端正、优美、自然、放松，遵循轻坐、轻起的原则。女性落座，更应稳、轻，若是裙装，应用手先拢一下。忌两腿叉开、前仰后合、半躺半坐、双腿伸出的坐姿；不能趴在桌子上，给人感觉懒洋洋的；更不能将脚放于桌上或不停的抖动，让人觉得不稳重。

（2）站姿。办公室的站姿要自然，符合正确站姿的基本要求。站立时要头正、身直、收腹、挺胸；双手自然下垂或体前相搭；双脚并拢或稍息。站累了可以调节姿态，但不能

把身体依靠在物体上，更不得东倒西歪。

（3）行姿。办公室里行走的基本要求是：行走时要轻捷、稳重、从容、坚定，步伐速度适中，给人以积极、自信的印象。切不可大步流星、慌里慌张地奔走，或鞋底蹭着地面走；也不要东张西望或左顾右盼地走；更不要低着头走。切记：拐弯时应放慢脚步，以免与人、车相撞。

2. 见面致礼时，要及时、主动、热情

办公室内同事第一次相见，应主动打招呼。当需要握手时要符合礼仪规范，微笑着目视对方，注意先后顺序，不要左顾右盼，不宜太用力和时间过长；如果你的手脏或者很凉或者有水、汗，不宜与人握手，但要主动向对方说明不握手的原因。女士应主动伸手与对方握手，以表示对他人的尊重。办公室内切记不要戴手套与人握手。

此外，为了他人健康，办公室禁止吸烟。

（三）言行礼貌

与人交谈时，态度要诚恳、谦逊、和蔼、热情；用词要规范，语言要文明，说话要有分寸；吐字要清晰，音量要适中，音调要柔美，语速要适度；正确使用谦语、敬语，准确使用各种礼貌称谓。同事之间如果非常熟悉或得到对方的允许，可直呼其名；但在工作期间不准称同事的乳名或绰号，也不许称兄道弟，这样既不尊重，也不庄重；对待上司或长者应用尊称或职务称呼。接受领导布置的任务，要礼貌地回答"是，处长"、"好，我马上去办"等。

总之，办公室是文雅之地，来不得半点粗鲁行为。遵守办公室礼仪，可以使你和同事感到轻松愉快。失去办公室礼仪，走进办公室会给人沉闷、压抑的感觉，不仅影响工作，而且影响健康。

思考与练习

一、思考题

1. 你有过求职应聘的经历吗？求职应聘包括几个过程？
2. 对照你准备的求职应聘资料，看看是否符合求职应聘的基本要求？
3. 如果你参加求职面试，应怎样为自己设计形象？
4. 在工作期间，正确处理和上级的关系应注意哪些问题？
5. 在工作期间，正确处理和下级的关系应注意哪些问题？
6. 在工作期间，处理好对外关系要注意哪些问题？
7. 如何规范礼貌地使用办公设备？
8. 在办公室个人应遵循哪些基本礼仪？

二、案例分析题

张先生应聘顺德市北窖镇一家大型外企的部门主管。面试那天风很大，还下着毛毛细雨，当他头发凌乱地出现在面试现场时，负责面试的公司总经理（中国香港人）对他的第一印象大打折扣，并直率地指出：一个部门的主管，其仪表是很重要的，既要突出个人身份，又能体现公司形象。因此，总经理给了他一个不合格。张先生解释一番，总经理才勉强同意他次日再来。第二天约定时间到了，不巧的是张先生因塞车迟到，此次，总经理再次接受了他的解释，又给了他一个机会。再次面试时，他的头发整齐，着装得体、潇洒、稳重。更重要的是他表现出了个人的最佳状态，回答问题充满自信，而且集中表现了自己对这个职位的可胜任能力和执着追求。总经理可能是有意考验张先生，说自己马上要去开一个重要的会议，要求他第三天再来详谈，他愉快地接受了。第三天张先生如约而至，总经理的秘书却告诉他，总经理正在会见一位重要的客人，请张先生到会议室等候，并引导张先生进入会议室。张先生向秘书道谢后，轻轻地拉出椅子，端坐在椅子上，并把自己所带的资料放在会议桌上，时间一分分的过去，张先生耐心地等待着，三十分钟后，秘书进来通知他，请他明天来公司上班。

根据以上张先生面试的经历，回答下列问题：

(1) 总经理为什么第一次给张先生一个不合格？面试之前应做哪些准备？

(2) 总经理为什么又给了张先生第二次机会？

(3) 张先生为什么最终得到了这个职位？

三、实训内容与要求

1. 根据个人的实际情况和就业方向，撰写一份求职申请书和个人简历；同时按英文的格式要求译成英文。

2. 在班级组织模拟招聘会，每位同学根据自己的求职申请书和个人简历模拟进行应聘。然后大家进行评议，最后老师进行综合讲评。

附录一

花　　语

人们往往把鲜花作为美好、吉祥、友谊、幸福的象征，尤其是在庆贺结婚、寿辰、探亲访友、慰问，以及国际交往的宴会、演出时，常常用鲜花作为一种友好礼节的馈赠。但由于各个地区风俗习惯的不同，花的含义也有不同。为此，作为交往的礼节，必须注意场合和花的含义，即花的语言。

花　名	花　语
刺玫瑰	优美
白头翁	抛弃
杏花	疑惑
翠菊	追念
杜鹃花	节制
凤仙花（红色）	别惹我
凤仙花（黄色）	不耐烦
山毛榉	繁荣
秋海棠	缺陷、残废
金凤花	忘恩；幼稚
卷心菜	利益
仙人掌	热心
红茶花	质朴的；美德
白茶花	真美
石竹花（深红）	啊！真伤心
石竹花（黄）	轻蔑
石竹花（条纹）	拒绝

续表

花名	花语
印度石竹	厌恶
报春花	始终相爱
月季花	美常新
菊花（红色）	我爱
菊花（白色）	真实
菊花（黄色）	微爱
绣球花	常喜
四叶苜蓿	属我
苜蓿（红色）	勤勉
苜蓿（白色）	念我
鸡冠花	爱情
立金花	沉思
美国金花	天赐的美
番红花	勿滥用
春番红花	青春的喜悦
番红花（橘黄色）	欢乐、愉快
黄水仙	尊敬
大丽花	不稳定
雏菊	天真烂漫
雏菊（栽培）	与君同愿
雏菊（野生）	我将考虑他
亚麻	我领情了
胭脂花	真爱
指顶花	不诚实
万寿菊	嫉妒
万寿菊（栽培）	不安
法国柳	仁勇
红龙舌兰	趣味
天竺葵（马蹄形叶）	愚昧
天竺葵（黑色）	悲哀
天竺葵（藤）	新婚之爱
天竺葵（橡形叶）	真诚友爱

续表

花 名	花 语
天竺葵（黄色）	奇遇
天竺葵（深红色）	安慰
天竺葵（银色）	回想
蔷薇香天竺葵	偏爱
紫罗兰	爱情
秋麒麟草	警戒
鹅莓	欲想
野生葡萄	宽厚博爱
榛子	和解
冬青	先见
蜀葵	奢望
忍冬花	慷慨、忠于爱情
风信子	运动、游戏
风信子（紫红色）	悲伤
风信子（白色）	纯美
蝴蝶花	通讯
凤仙花（美国）	反复无常的美人
飞燕草	轻率
飞燕草（粉色）	易变
飞燕草（紫色）	高傲
月桂（桂冠）	光荣
柠檬花	挚爱
丁香花	谦逊
丁香花（紫色）	初恋
丁香花（白色）	幼稚
百合花（白色）	纯洁可爱
野百合花	永远幸福
荷莲	雄辩
荷花	疏爱
金盏草花	悲哀
薄荷	美德
槲寄生	我战胜困难

续表

花名	花语
牵牛花	爱情
桑树花（黑色）	生死与共
桑树花（白色）	智慧
橡树叶	勇气
橡树	殷勤
橡树（白色）	独立
橄榄树	和平
橙花	贞洁的美
棕榈	胜利
三色紫罗兰	思想
香豌豆	离别
梨花	爱情
芍药花	耻辱
松	哀怜
单瓣石竹	纯爱
白石竹	才能
黑杨树	勇气
白杨树	时间
红罂粟	安慰
白罂粟	睡眠
玫瑰花	爱情
松雪草	希望
紫藤	欢迎
草莓花	先见
麝香抚子	勇气、侠气
蓟	严肃
红郁金香	宣爱
黄郁金香	无望的恋爱
紫郁金香	诚实
香紫罗兰	谦逊
睡莲	心中纯洁
垂柳	悲哀

附录二

主要国家（地区）对数字的忌讳

忌讳的数字	国　家　或　地　区
13 和星期五	阿根廷 爱尔兰 奥地利 中国澳门 比利时 波兰 德国 芬兰 法国 古巴 哥伦比亚 荷兰
13	阿尔巴尼亚 叙利亚 埃及 阿富汗 阿塞拜疆 埃塞俄比亚 澳大利亚 巴西 巴基斯坦 英国 白俄罗斯 俄罗斯 菲律宾 斐济 格鲁吉亚 巴布亚新几内亚 加纳
星期五	亚美尼亚 意大利 智利
4	朝鲜 英国 日本 中国台湾 中国香港
3	美国 印度
7	新加坡 印度
39	阿富汗
420	巴基斯坦
17、71	加纳
14	中国

附录三

主要国家喜欢与禁忌的颜色

喜忌 国家地区	喜　　欢	禁　　忌
日本	白色、黄色	绿色、紫色
新加坡	红色、白色	黑色、紫色
马来西亚	红色、绿色	黄色
朝鲜	白色	
巴基斯坦	绿色、金色、银色	黄色限僧侣使用，黑色
泰国	红色、黄色、兰色	褐色
阿富汗	黑色、红色、绿色	灰色、黄色
菲律宾	白色	红色、茶色
印度		白色，忌送百合花
越南	红色	白色
以色列	兰色、白色	红色、黑色
土耳其	绿色、白色、绯红色	黄色、紫色
沙特阿拉伯	绿色、兰色	
加拿大	红色、白色	白色的百合花
墨西哥	白色	紫色
美国	白色、兰色、黄色	黑色
比利时	灰色、粉色	

附录四

主要国家的国花、国树、国鸟、国兽

国　名	国花、国树	国鸟、国兽
利比亚	石榴花	
丹麦	冬青	云雀
坦桑尼亚	丁香花（偏爱）	偏爱红色的蛇
泰国	荷花、睡莲、桂木	大象
塔吉克斯坦		崇拜鹰
乌干达		皇冠鹤
乌兹别克斯坦		狼
委内瑞拉	五月兰	拟椋鸟
西班牙	石榴花	
匈牙利	郁金香	
希腊	橄榄树	
突尼斯		
印度	荷花、罂粟、玫瑰	孔雀、牛
印度尼西亚	茉莉花（偏爱）	蛇
伊拉克	玫瑰	雄鹰（偏爱）
伊朗	玫瑰	狮子
越南	桃花	狗（偏爱）
中国	牡丹	熊猫
智利	野百合花、可比爱花	山鹰
赞比亚		雄鹰
新西兰	银蕨、四翅槐	几维鸟
巴布亚新几内亚		极乐鸟
巴西	兰花	偏爱蝴蝶

续表

国　名	国花、国树	国鸟、国兽
巴基斯坦	素馨花	
比利时	虞美人	红隼、鸽子、猫
保加利亚	玫瑰花	
秘鲁	向日葵、金鸡纳树	猫头鹰
朝鲜	木槿花、金达莱	
巴林		猫头鹰
墨西哥	仙人掌、大丽菊	雄鹰（长脚鹰）
挪威	欧石楠	河乌
葡萄牙	石竹花	
日本	樱花	鹤、乌龟（偏爱）
瑞士	火绒草	
土耳其	郁金香	
荷兰	郁金香	琵鹭
加拿大	枫叶（国宝）	
捷克	玫瑰、石竹花	
卡塔尔		
科威特		马、猎鹰
罗马尼亚	玫瑰	
马里		狗（颇爱）
马来西亚	扶桑花	犀牛（崇拜）
毛里塔尼亚		
孟加拉国	荷花（喜爱）	
美国	玫瑰	秃鹫、白头鹰、白猫
德国	蓝色矢车菊	白鹤
芬兰	铃兰花	
哈萨克斯坦		猫头鹰（偏爱）
法国	鸢尾花、百合、玫瑰	公鸡
菲律宾	茉莉花、纳拉树	
哥伦比亚	特莱兰花	蟾蜍（喜爱）
斐济	扶桑花（喜爱）	
刚果（布）	绿色棕榈枝（偏爱）	
阿尔巴尼亚		山鹰
叙利亚	玫瑰	
埃及		仙鹤（偏爱）、猫
阿联酋	椰枣树（喜爱）	羚羊（偏爱）、骆驼
阿根廷	赛波花	棕灶鸟
阿曼		牛（偏爱）
阿富汗		
阿塞拜疆		

续表

国　名	国花、国树	国鸟、国兽
埃塞俄比亚		
爱尔兰	三叶草	狗
奥地利	火绒草	燕
肯尼亚	肯山兰	雄鸡
津巴布韦		津巴布韦鸟
斯里兰卡	兰花、荷花	黑尾原鸡、狮子、大象（崇拜）
澳大利亚	篱笆树	袋鼠（喜欢）、琴鸟（国鸟）
乌拉圭	茉莉花和桃红色的山茶花（偏爱）	
新加坡	兰花（偏爱）、卓锦、万代兰	
意大利	雏菊（偏爱）、紫罗兰、玫瑰	狗、猫（偏爱）
波兰	玫瑰花、石竹花、兰花三色堇、菊花	雄鹰
英国	蔷薇、玫瑰	知鹎鸟、红胸鸽、狗
缅甸	东亚兰花、榕树、柚木	乌鸦、孔雀
尼泊尔	杜鹃花、樱花	绿雉、乌鸦、黄牛、狗（偏爱）
瑞典	白菊、睡莲（偏爱）、孪生花	乌鸦
古巴	姜黄色百合花、菠萝（国果）	
阿尔及利亚		乌鸦（偏爱）、鹤、乌龟（国兽）

主要参考书目

1. 李斌．国际礼仪与交往礼节［M］．北京：世界知识出版社，1985.
2. 金正昆．社交礼仪教程［M］．北京：中国人民大学出版社，1998.
3. 林颖，毛永年．西餐礼仪学［M］．北京：中央编译出版社，2007.
4. 迟铭．礼仪规范教程［M］．北京：高等教育出版社，1999.
5. 黄士平．现代礼仪学［M］．武汉：武汉科技大学出版社，1995.
6. 沙莲香．社会心理学［M］．北京：中国人民大学出版社，1987.
7. 胡成富．生存发展成功——打开人际关系的深层结构［M］．西安：陕西人民教育出版社，1989.
8. 胡成富．让交往伸向远方——涉外人际关系谈［M］．西安：陕西旅游出版社，1990.
9. 胡成富．社交礼仪［M］．北京：中国财政经济出版社，2005.
10. 胡成富．当代人际关系艺术［M］．西安：陕西人民教育出版社，1998.
11. 胡锐．现代礼仪教程［M］．杭州：浙江大学出版社，1995.
12. 关彤．商务礼仪手册［M］．北京：中国社会出版社，1999.
13. 狄保荣．社交礼仪［M］．济南：黄河出版社，2004.
14. 王晞，牟红．旅游实用礼宾礼仪［M］．重庆：重庆大学出版社，2002.
15. 胡静．实用礼仪教程［M］．武汉：武汉大学出版社，2003.
16. 何春晖，彭波．现代社交礼仪［M］．杭州：浙江大学出版社，2002.
17. 徐锐．现代社交礼仪必读［M］．济南：济南出版社，2004.
18. 普诚雨．秘书礼仪基础［M］．北京：高等教育出版社，2004.
19. 周朝霞．人际关系与公共礼仪［M］．杭州：浙江大学出版社，2004.
20. 杨眉．现代商务礼仪［M］．大连：东北财经大学出版社，2000.
21. 吕少平，孟桂南．现代秘书与礼仪［M］．青岛：青岛出版社，2000.
22. 严考亮，杨遵贤．最新实用礼仪全书［M］．上海：上海远东出版社，2003.
23. 刘裔远．实用礼宾学［M］．上海：立信会计出版社，2002.
24. 王淑林．公务礼仪与服务礼仪［M］．北京：中国物资出版社，1999.
25. 张四成．现代饭店礼貌礼仪［M］．广州：广东旅游出版社，1996.

26. 李晴，牟红. 旅游礼宾原理与实务［M］. 重庆：重庆大学出版社，1998.
27. 何春晖，彭波. 现代社交礼仪［M］. 杭州：杭州大学出版社，1995.
28. 李帛. 礼仪教程［M］. 北京：中国财政经济出版社，2001.
29. 陈萍. 最新礼仪规划［M］. 北京：线装书局，2004.
30. 李光，达明. 酒店礼仪［M］. 伊犁：伊犁人民出版社，2000.
31. 郑建荣等. 风度与礼仪［M］. 成都：四川大学出版社，1988.
32. 樊长坤等. 外事知识手册［M］. 石家庄：河北科学技术出版社，1987.
33. 周裕新. 公关礼仪艺术［M］. 上海：同济大学出版社，2004.
34. 李道魁. 现代礼仪教程［M］. 成都：西南财经大学出版社，2002.
35. 刘跟科，张和平. 社交礼仪［M］. 北京：中国商业出版社，2000.
36. 王振槐. 国际商务礼仪［M］. 北京：中国审计出版社，1997.
37. 金正昆. 商务礼仪教程［M］. 北京：中国人民大学出版社，1999.

关于作者

胡成富，男，籍贯辽宁，大学本科学历，学士学位，教授。科学出版社民航服务类教材专家组成员。

军旅生涯27年（其中部队院校教学15年，教官，上校军衔）；转业入职中国建设银行陕西省分行，担任部门主管，期间，积极推进金融服务改革，参与中国建设银行总行CIS战略教育推行与修订工作；先后受聘3所公办院校，担任专职民航空中乘务专业带头人/主任和所在院校二级学院院长/系主任，从事专业教学、学科建设与管理工作17年，其中，民航空中乘务专业成为陕西省高校精品专业和示范专业；多次应邀为高校、金融部门、政府机关、企业和各类服务行业以及大型国际会议讲授礼仪培训70多场，受到一致好评。

主讲（军地院校）心理学（社会心理学/管理心理学/民航服务心理学）、礼仪学（民航服务礼仪/金融服务礼仪）、社会学、领导科学等课程，多次被评为优秀教师。独立（或主编）出版《打开人际关系的深层结构》、《涉外礼仪谈》、《领导科学理论与实务》、《心理学与人的管理》、《社交礼仪》、《民航乘务情景英语教程》等8本专著/教材，独立发表学术论文60余篇，累计162余万字。其中，《社交礼仪》教材被评为普通高等教育“十一五”国家级规划教材，获陕西省高校优秀教材二等奖。

“乐于学习，用心做事，心地阳光，热爱生活”是我的人生格言。